天壹文化

广告有文字，方便人活别

REVOLT IN THE NETHERLANDS

海洋帝国的崛起

尼德兰八十年战争，1568—1648

[荷]安东·范德伦 著
(Anton van der Lem)
杜 原 译

The Eighty Years War,
1568-1648

天地出版社 | TIANDI PRESS

图书在版编目（CIP）数据

海洋帝国的崛起：尼德兰八十年战争：1568—1648 /（荷）安东·范德伦著；杜原译. —成都：天地出版社，2021.1
ISBN 978-7-5455-6143-2

Ⅰ.①海… Ⅱ.①安…②杜… Ⅲ.①荷兰—历史—1568—1648 Ⅳ.①K563

中国版本图书馆CIP数据核字（2020）第219152号

REVOLT IN THE NETHERLANDS: THE EIGHTY YEARS WAR, 1568-1648 by ANTON VAN DER LEM
Copyright © 2014 BY ANTON VAN DER LEM AND UITGEVERIJ VANTILT, NIJMEGEN
This edition arranged with Uitgeverij Vantilt/ Vantilt Publishers through BIG APPLE AGENCY, LABUAN, MALAYSIA.
Simplified Chinese edition copyright © 2021 by Tiandi Press
All rights reserved.

著作权登记号　图字：21-2020-372

HAIYANG DIGUO DE JUEQI: NIDELAN BASHI NIAN ZHANZHENG, 1568—1648

海洋帝国的崛起：尼德兰八十年战争，1568—1648

出 品 人　陈小雨　杨　政
作　　者　［荷］安东·范德伦
译　　者　杜　原
责任编辑　王　岚
装帧设计　水玉银文化
责任印制　董建臣

出版发行　天地出版社
　　　　　（成都市槐树街2号　邮政编码：610014）
　　　　　（北京市方庄芳群园3区3号　邮政编码：100078）
网　　址　http://www.tianditph.com
电子邮箱　tianditg@163.com
经　　销　新华文轩出版传媒股份有限公司

印　　刷　北京文昌阁彩色印刷有限责任公司
版　　次　2021年1月第1版
印　　次　2021年1月第1次印刷
开　　本　889mm×1194mm　1/32
印　　张　10.5
字　　数　278千字
插　　页　40P
定　　价　88.00元
书　　号　ISBN 978-7-5455-6143-2

版权所有◆违者必究

咨询电话：（028）87734639（总编室）
购书热线：（010）67693207（营销中心）

如有印装错误，请与本社联系调换

英文版序

一直以来，尼德兰的反叛引起了英语世界的极大兴趣。在《荷兰共和国的崛起》（1856年）一书中，美国人约翰·洛思罗普·莫特利（John Lothrop Motley）对反叛做了全面而引人深思的描述。他非常认可低地国家的居民，并热情地将奥伦治亲王威廉誉为"荷兰的乔治·华盛顿"。时任国家档案馆馆长的赖尼尔·C.巴克豪森·范登布林克（Reinier C. Bakhuizen van den Brink）将莫特利这部关于尼德兰反叛的浪漫作品翻译成了荷兰语。在翻译过程中，巴克豪森·范登布林克保持着冷峻的批判性视角，在修改之处以及与莫特利意见相左之处添加了大量标注。在20世纪下半叶，事实上直到今天，在这场辩论中影响最大的还是英国历史学家，如杰弗里·帕克（Geoffrey Parker）、乔纳森·伊斯雷尔（Jonathan Israel）*和阿拉斯泰尔·杜克（Alastair Duke）。他们在国际上独占鳌头，尼德兰、比利时和西班牙等国的历史学家都深

---

* 乔纳森·伊斯雷尔的作品 *The Dutch Republic: Its Rise, Greatress and Fall, 1477—1806* 于1995年由牛津大学出版社出版，是本书所属"荷兰世纪"三部曲的收官之作，将于2021年与您见面，敬请期待。——编者注

受他们影响。

低地国家在这次战争中的权力博弈一直让历史学家们着迷,学术界和大众领域内都有大量相关论著。这些论著涵盖了这一冲突的方方面面——政治和军事、宗教和社会、经济和文化,既有着眼于国内的,也有着眼于国际的,有的甚至着眼于全球,还有一些研究则针对特定地区乃至一个城市里的反叛。不幸的是,鉴于反叛的复杂性,大多数研究这一问题的历史学家都不愿意为更广泛的非专业读者提供概括性的介绍。但是,必须有人迈出这一步,当"第一个吃螃蟹的人"。这就是我写作本书的初衷。

2018年,在海利赫莱战役(Battle of Heiligerlee)450周年之际,基于当前的历史研究成果,本书对八十年战争(1568—1648)进行了概述。本书呈现了相关文本和图像的最新见解。书中许多珍贵的插图鲜为人知,出自莱顿大学图书馆的典藏。该校有关于反叛的专门网站(http://leiden.dutchrevolt.edu),是交流进一步信息的优秀平台。

本书的英文标题不是《荷兰的反叛》。首先,这是出于对杰弗里·帕克同名大作的尊重。其次,正如杰弗里·帕克明确指出的那样,荷兰并未反叛,而是反叛的产物。而且,不仅是杰弗里·帕克,在他之前的约翰·赫伊津哈(Johan Huizinga)和恩斯特·H.科斯曼(Ernst H. Kossmann)等荷兰历史学家也都强调,低地国家的居民其实根本不想反叛。他们不认为自己是反叛者,而只是想捍卫传统的政府体制——君主在居民代表们的辅佐下治理国事，并根据就职宣誓时允诺的权利和特权进行统治。只有当君主开始越来越独裁，只对上帝负责时，反对才会出现。起初，反对表现为公开批评，接着发展成政治性反抗，最后则发展成军事抵抗。然而，许多人仍然无条件地忠于国王，将其视为他们的合法君主。同时代的人们也发现了，反叛实际上是一场内战，它分裂了城镇和地区，甚至是家庭。刚开始时，西班牙统治者的宗教迫害将支持宗教改革的人驱逐到海外。反叛成功后的共和国中，许多天主教徒为了信仰自由而选择流亡。因此，这本书的英文名叫作"The Revolt in the Netherlands"（即发生在尼德兰的反叛），而不是"The Revolt of the Netherlands"（即尼德兰的反叛）。

把在尼德兰发生的反叛看作荷兰的独立战争，这种观点太简单了，实际上也并不正确。在勃艮第和后来的哈布斯堡王朝的领主的统治下，低地国家的十七个省组成了一个自治的、独立的和私人的联盟。为了方便，这位领主在历史书籍中被称为"尼德兰之主"（Lord of the Netherlands）。但是，如果将这位统治者称为西班牙各王国的君主也同样正确。像尼德兰一样，这些地域并没有形成一个统一的国家，而是一个君合国，由卡斯蒂利亚、莱昂、阿拉贡、巴伦西亚（Valencia）、纳瓦拉等组成。同样是为了方便，该统治者被称为西班牙国王。直到西班牙国王腓力二世也开始担任尼德兰国王时，问题才出现。与此同时，西班牙人开始将尼德兰视为西班牙的财产。因此，在尼德兰，八十年战争一直以来都被视为争取自由和独立的斗争。在比利时，1830年成立独立国家之前，外国统治的"神话"存在了数百年，先是"西班牙"时代，之后是"奥地利"和"荷兰"时期。这个神话在20世纪初一度被揭穿，但直到今天仍在顽固地苟延残喘。

在这本书中，"低地国家"或"尼德兰"主要指现在构成比荷卢（比利时、荷兰和卢森堡）地区的省份以及现在法国的北部-加来海峡大区。实际上，在使用"Dutch"这个词之前，历史学家应该效仿艺术史学家，使用"Netherlandish"和"Netherlanders"处理近整个16世纪的问题。本书中，"Dutch"这个词只用于1588年以后的事件。"Holland"这个词，常用于指称现在的整个荷兰王国，但Holland原本只是荷兰王国最重要的伯国，后来则是一个省，被称为荷兰省。本书中，"Holland"只指荷兰伯国或荷兰省，而不是现在的荷兰王国。这一原则同样适用于"Flanders"（佛兰德）。西班牙语中，从16世纪起，在低地国家发生的战争就被统称为 *la guerra de Flandes*，即佛兰德战争。本书中，"Flanders"一词只指显赫的老伯国，而不是现在比利时联邦中的佛兰德[*]地区。

1840年前后，时任比利时国家档案馆馆长的路易-普罗斯珀·加查德（Louis-Prosper Gachard）就开始研究和发掘西班牙国

---

[*] Flemish 一词，强调地区时，本书译为佛兰德，强调语言时，本书译为佛拉芒语。——编者注

家档案馆（Archivo General de Simancas）中关于尼德兰的资料，为后来者树立了很好的榜样。自此，许多比利时人开始跟随他的脚步，而荷兰历史学家则是在最近几十年才加入进来。约翰·洛思罗普·莫特利学习过许多语言，包括法语、西班牙语、意大利语和荷兰语。在这场反抗西班牙的斗争中，他热情地选择了"叛军"的一方。现在，全世界的历史学家都在阅读这些各种语言的资料，以理解当年的冲突，并评判每个人的立场和信念。

目 录

引言 //001

1 近处之地
勃艮第和哈布斯堡统治下的尼德兰：1555 年之前
 勃艮第家族 //009
 尼德兰和西班牙王国如何归于一人治下 //014
 路德宗和再洗礼派 //017
 低地国家的联合 //022

2 难题
腓力二世的忠诚反对者：1555—1567
 子承父业 //031
 摩　擦 //040
 新主教区 //046
 宗教裁判所 //049
 徒劳的西班牙之行 //052
 贵族协会 //057

恐怖年，还是奇迹年？ //060

圣像破坏运动 //063

3 被检验的忠诚
在阿尔瓦公爵的镇压之下：1567—1573

阿尔瓦公爵的到来和他最初的行动 //073

暴动事件委员会 //079

奥伦治亲王威廉1568年的战役 //082

大赦和"什一税" //090

奥伦治亲王威廉1572年的战役 //092

哈勒姆和阿尔克马尔 //099

4 尼德兰，分裂还是统一
从战争到和平：1573—1576

荷兰，一个军事训练场 //109

莱顿之围 //113

徒劳的和平尝试 //118

寻求外国支援 //121

尼德兰在抵抗中联合 //124

5 分裂的尼德兰
温和中心的短暂成功：1576—1584

奥伦治亲王的光辉时刻 //133

佛兰德和布拉班特反对派的极端化 //138

阿拉斯同盟和乌得勒支同盟 //142

帕尔马的法尔内塞 //146

奥伦治亲王的法兰西政策 //150

奥伦治亲王之死 //153

6 进攻战

北方出击南方：1584—1609

安特卫普的陷落 //159

无敌舰队 //166

关键的"十年"："荷兰花园"的关闭 //168

新对手——阿尔贝特大公夫妇 //176

尼乌波特战役 //179

从海上乞丐到全球性力量 //185

7 《十二年停战协定》

北方的分裂，南方的恢复：1609—1621

先停火 //191

一次欧洲会议 //196

最后的承认 //200

身心的恢复 //202

加尔文宗的分裂 //208

争论把国家撕成两半 //210

8 停战到和平的漫漫长路

北方无往不利，南方腹背受敌：1621—1648

欧洲内外的战争 //217

延长休战，徒劳一场 //219

西班牙创造奇迹的两年 //223

联省共和国的胜利 //227

西班牙最后的进攻 //234

战争的尾声 //239

复杂的和平 //244

后记：作为结论 //248

大事编年 //253

注释 //262

参考文献 //288

致谢 //305

专有名词对照表 //306

引言

这是一场什么样的战争？为什么我们要了解它？

  尼德兰反叛或八十年战争的历史是一个复杂的故事。这是一场什么样的战争？为什么我们要了解它？为什么这场战争耗时良久？为了清楚地理解当时复杂的现实，首先要找出意见分歧的三个最重要的原因，要知道，正是它们导致了抗议、动荡以及最终的战争和内战。所有的复杂性和争议，所有的联盟和条约，都可以追溯到这些主要原因中的一个或几个。它们基于三项普适性的基本权利，但不幸的是，这些基本权利在现代仍然不能得到普遍保障：宗教和良心自由，自决权，以及参与权。

宗教和良心自由

八十年战争是一场有关宗教的冲突，而奥伦治亲王威廉则是为宗教自由而战。关于停战协议或和平协议的谈判一再搁置，因为交战各方信仰两种或更多种宗教，他们难以在宗教共存与平等问题上达成共识。1564年12月31日，奥伦治亲王威廉在布鲁塞尔的国务委员会（Council of State）中声明，尽管他本人是一位虔诚的天主教徒，他也不赞成王侯们去控制他们臣民的良心。这个立场是原则性的，但同时也是出于实际考虑：如果天主教徒、门诺派教徒、路德宗教徒和加尔文宗教徒生活在一起，他们自然就不可能再针锋相对。奥伦治亲王威廉的军队在海利赫莱战役（1568年5月23日）中赢得首场胜利，而早在为这支军队招募士兵时，奥伦治亲王威廉就打出了"宗教和良心自由"的旗号。1579年1月，这一目标终于实现，乌得勒支同盟规定，任何人都不会因其宗教信仰而被调查或起诉。

实际上，这意味着良心自由，是实现宗教自由的重要一步。奥伦治亲王威廉成功地传播了宗教自由思想，甚至于只要一个地方有100名以上的户主请求实行宗教自由，便可以获得批准。在1578年到1580年之间，低地国家的27个城镇进行了尝试。用现代的眼光来看，这个数量很少，但在当时的艰难背景下，这已经非常难得。

遗憾的是，不久，所有地方的实践都失败了。只有经历不公、鲜血和悲伤，人们才能学会宽容。

自决权

如果在集体中会受到区别对待，那么每个共同体都会希望根据自己的法律和自由来统治自己，而不是服从更大集体的利益。在当今世界，这样的例子比比皆是。在16世纪的尼德兰，许多人都认为，比起腓力二世帝国内的其他地区，尼德兰的利益受到了轻视。他们觉得自己越来越屈服于王朝政治，而这样的统治并不符合他们自身的利益。

参与权

在当今的民主国家，人们可以通过选举投票和选择代表来发声。政府对人民代表负责。尽管代表的组织方式有所不同，但原则上，这与当时的尼德兰没有什么不同。向君主建言献策的国务委员会由神职人员、贵族和"第三等级"（市民和农民）组成。这三个等级的代表组成了本省的议会（States），各省的议会代表则在三级会议（States General）中会面。他们与君主一起代表了国家的普遍利益。当然，意见分歧仍旧存在，但国务委员会和议会发挥了协商机构的作用。议会与君主协商一致，比如说，未经议会同意，君主不能宣战或征税。然而，国王越来越偏离这种传统的共识。他相信自己的权力完全来自上帝，认为这允许他以绝对君主的身份来进行统治。在国王的眼中，国务委员会和议会有义务只听命于他。

为什么这场战争耗时良久？

宗教

自古以来，罗马天主教会始终宣称教会以外没有救恩。也就是说，真正的信仰只有一个；新教徒是"异端"，穆斯林是"异教徒"。另一方面，加尔文宗的信徒则认为他们的宗教才是唯一的真正信仰，并称天主教徒为教皇派。两个真正的信仰无法并存，因此西班牙的天主教国王不能容忍王国中的其他宗教，最终这场战争持续了八十年之久。

自决权

尼德兰十七省组成了一个独立国家。他们的君主同时也是西班牙王国的国家元首：先是查理五世，然后是腓力二世。这引起了人们的误解，即尼德兰属于西班牙——这种误解至今还一直存在于西班牙。西班牙国王是帝国的统治者，也是国际政治舞台上最强大的人物，他将尼德兰变成了自己国际政治利益的附属品。但尼德兰则希望统治者维护他们的利益，希望可以自己控制政治、军事、经济和信仰方面的问题。然而，如果西班牙承认了尼德兰的自决权，那么国王的其他领土（首先是在意大利，当然西班牙本土也一样）都会要求同样的地位，那意味着西班牙国王将颜面扫地。国王不能让这种情况发生，这是战争持续了八十年的另一个原因。

参与权

国王和其代理人阿尔瓦公爵（Duke of Alba）费尔南多·阿尔瓦雷斯·德·托莱多（Fernando Álvarez de Toledo）将未经协商的决策强加给了尼德兰的人民。国王及其代理人无视国务委员会，也不再召集三级会议。他们所强加的政策包括阿尔瓦公爵的什一税，尼德兰强烈拒绝缴纳此税。实际上，奥伦治亲王的追随者交的钱远远多于什一税，但奥伦治亲王的税款是在征得追随者同意的情况下征收的，而且符合他们的利益。事实上，阿尔瓦公爵本人惊讶地察觉了这一点，但他和他的继任者始终未能理解这一原则，这也是战争持续八十年的原因。

1
近处之地

勃艮第和哈布斯堡统治下的尼德兰：1555年之前

勃艮第家族

要想知道八十年战争如何使尼德兰一分为二，首先要知道这些土地是如何融合在一起的。促使那些如今被称为低地国家的地区统一的是勃艮第家族，这个家族本是法兰西王室瓦卢瓦家族（House of Valois）的支系。勃艮第公国［以第戎（Dijon）为首府］是法兰西国王的封地。法兰西国王约翰二世（Jean Ⅱ）在1363年将公国分封给儿子大胆者腓力（Philip the Bold），作为其收入来源。腓力（大胆者）与佛兰德-阿图瓦（Artois）伯爵富有的女继承人结婚，从而将这些北部富裕的伯国收入囊中。这场联姻还意味着腓力（大胆者）获得了勃艮第公国东边的勃艮第自由伯国，即弗朗什-孔泰（Franché-Comté），巩固了他在南方的地位。他们的孙子善良的腓力（Philip the Good）于1419年上台，成功地将领土向北扩张，先获得了那慕尔（Namur），然后是布拉班特（Brabant）和林堡-奥弗马斯（Limburg-Overmaas），接着是荷兰（Holland）和泽兰（Zeeland），最后是卢森堡。而在无法通过继承获得领地的主教辖区中，他则让自己的私生子当选为主教。现在，这些广阔的领地尚无统一的称呼。腓力（善良的）因此只能被称为勃艮第和布拉班特公爵，以及佛兰德、阿图瓦、埃诺（Hainaut）、荷兰、泽兰、那慕尔伯爵等。"海边的低地国家"这一名称仅在地理意义上是正确的，但也不适用于腓力（善良的）原本的领地勃艮第。最后，因为公爵本人通常长居佛兰德或布拉班特，出于他自己的角度，这些地区被称为"近处之地"（les pays de par deça）。相对地，勃艮第则被称为"远方之地"（les pays de par delà）。"地"（pays）既可以指布拉班特、海尔德（Gelre）这样的公国，佛兰德、荷兰这样的伯国，也可以指梅赫伦（Mechelen）、弗里斯兰这样的领地。这些大相径庭的领地没有通用语：南部的人讲法语，而北部的人讲佛拉芒语或荷兰语。"近处之地"一名很难被用作战斗口号。战场上的士兵们需要一个简洁明了的口号，例如"勃艮第，勃艮第！""根特，根特！"或"荷兰，荷兰！"，而"近处之地"这样的表述则很难一口气喊出（要知道，士兵们需要喊的是"*les pays de par deça*"，而不是中文的"近处之地"）。腓力（善良的）繁荣的世袭领地缺少的只是一个统称。[1]

所有这些不同的领地仅有一点儿联省结构的雏形。促使他们联合的主要因素是他们拥有同一个领主。此外，他们的社会结构也有某些相似之处，几乎全部由三个等级组成：神职人员、贵族和"第三等级"（市民和农民）。公爵从贵族中选择他的顾问和军队长官，授予他们较低的职位，例如城堡的看守人或长官，在他不能经常亲临的领地，则任命他们为代理人或执政[2]。而对那些来自最古老、最显赫家族的贵族，君主则会授予特别的荣誉：金羊毛骑士团（the Order of the Golden Fleece）。这是一个顶级贵族非常追捧的特别俱乐部，公爵能通过它来确保贵族们的忠诚。

富裕的市民通过工商业积累了财富，他们可以把钱借给公爵来支持战争和奢华的宫廷生活。如果需要钱，公爵可以向议会提出要求，这叫"财政帮助"。议会中有公爵下属三个等级的代表，通常，每片领地的议会应公爵的邀请召开。在特殊情况下，公爵可将各省议会召集到一起，召开三级会议。第一次三级会议于1464年在布鲁日举行，当时最富裕的省是佛兰德、布拉班特、荷兰和泽兰。在过去，这几个省经常发生冲突，[3]现在在勃艮第家族的统治下，他们由同一位君主统治，避免了彼此之间的许多摩擦。这四个富裕省的代表定期开会，讨论贸易争端、水陆交通以及通行费和货币问题。稳定而强有力的政府保证了货币的坚挺，商人们可以从中大大获益。不仅如此，他们还在与外国同行的竞争中得到了保护。比如，在与丹麦国王以及与波罗的海地区的汉萨同盟的纠纷中，公爵就为他们提供了支持。这几个低地国家核心区的省份一起构成了勃艮第公国的经济中心并为公国提供了近80％的税收。相较而言，北部、东部和南部的省在经济和政治上则不那么重要。

在腓力（善良的）的统治下，低地国家通过与公爵的合作以及彼此之间的合作，逐渐形成了一种团结感，但这种感觉仍是模糊的、无形的，还不能被称为民族意识。这种团结感最初萌生于公爵王朝周边，在与公爵的宫廷保持常规联系的官僚机构和教会的上层尤为普遍。腓力（善良的）通过尽可能尊重各省的特权，与各省建立了良好的关系。他只以非常缓和的方式追求政治统一，比如在各省分别引入一般性规则。为了维持贵族和市民的忠诚，他在调整有影响力的职位时非常谨慎。在继位仪式上，公爵还不得不庄严宣誓会尊重其臣民的权利。对公爵的权利限制最大的文件名为《欢乐入境》(*Blijde Inkomst*，即 Joyous Entry)。正是手按这份文件，腓力（善良的）于布拉班特发下了就职时的誓言。（这一传统一直延续至今，比利时和荷兰王国的君主一直都是宣誓就职而不是加冕。现在，他们手按宪法宣誓，就像布拉班特公爵手按《欢乐入境》宣誓一样。[4]）《欢乐入境》中有诸规定，例如，未经议会允许，领主不得发动战争或征税。认可这份文件意味着腓力（善良的）承认臣民拥有不再听命于自己的权利，当然，这是在腓力（善良的）有意损害臣民利益的情况下。然而，领主和臣民可以对这一文件做出截然不同的解释。许多省份不采用这一宪章，因为它使居民可以自由逃脱对统治者的义务。然而，一个多世纪之后，人们援引《欢乐入境》的条款终止了腓力二世的王权。

从1467年到1477年，腓力（善良的）之子、公爵大胆的查理（Charles the Bold）在执政期间，无休无止地发动战争以扩大自己的领地。他还雄心勃勃地想将所有这些土地合并为一个王国并成为这个王国的国王。只有教皇或神圣罗马帝国的皇帝才有权将领地"提升"到王国的地位。神圣罗马帝国有时也被称为德意志帝国，其国家元首被称为德意志皇帝，这实际上是不正确的。除了德意志领土外，这个帝国还包括奥地利、意大利北部的部分地区，以及1648年以前的低地国家。因此，我们将始终使用"神圣罗马帝国"这一术语。帝国的皇帝来自哈布斯堡家族，即奥地利的哈布斯堡家族。查理（大胆的）只有一个孩子，也就是玛丽（即后来的勃艮第女公爵）。查理（大胆的）请求皇帝腓特烈三世（Frederick Ⅲ），希望他允许玛丽（勃艮第的）与腓特烈三世之子马克西米利安（Maximilian，后来的皇帝马克西米利安一世）联姻，想借此将勃艮第的领地升级为王国。然而就在谈判进行到最终阶段、联姻获得同意之时，皇帝骤然离世，公爵的王国之梦化为泡影。

1477年，查理（大胆的）战死疆场。此时他的女儿年仅17岁，几乎没有任何政治经验。这种情况下，议会在维护尼德兰国家结构方面发挥了很好的作用，毕竟在分担政府责任方面议会拥有数十年的经验。这些经验促使议会做出了两项重要决定。第一，他们决心将各地联合起来。这是必要的，因为法兰西国王正试图将勃艮第公国重新纳入自己的掌握之下。他还趁着尼德兰没有男性统治者的机会，入侵了尼德兰。第二，三级会议增强了自身对政府的影响。他们不仅迫使年轻的女公爵接受《欢乐入境》，还让她批准了所谓的

《大特权》(Groot-Privileges, Great Privileges)，使她的权力较之其父和祖父进一步受限。例如，议会现在可以自行召开，而无须等待统治者出面召集。之后，玛丽（勃艮第的）的强大继任者们废止了《大特权》。从长远的眼光来看，众多公国和伯国组成的勃艮第联合体（Burgundian Circle）之所以能在1477年的冲击中幸存下来，在很大程度上归功于议会的应对。也正因如此，"近处之地"之间的联系仍然紧密。但勃艮第公国则自此归属于法兰西。

尼德兰和西班牙王国如何归于一人治下

今天，几乎无法想象，在中世纪和近代早期的社会中，伯国、公国和王国的命运与他们统治王朝的联系有这么紧密。一次联姻、出生或死亡都可以决定它们是分是合。当然，在《大特权》和《欢乐入境》的条款中，面对不符合自身利益的联姻，人民可以保护自身利益，如明确要求王子的婚姻需征得他们同意。长期以来，欧洲显赫的贵族家庭从另一个国家乃至从遥远的土地寻找新娘或新郎的现象并不罕见。腓力（善良的）娶了一位葡萄牙公主，而查理（大胆的）则娶了一位英格兰公主。

如上所述，玛丽（勃艮第的）和马克西米利安的婚约已经得到了双方父亲的同意。在查理（大胆的）突然去世之后，毫不拖延地进行这场婚姻似乎是明智的选择——马克西米利安的力量可以有效地牵制法兰西国王的野心。然而，事实证明，马克西米利安不可能实行纯粹的"民族"政策。这一点在他于1486年当选罗马人的国王（即神圣罗马帝国皇帝的继承人）之后更加确定。尽管法兰西国王路易十一占领了勃艮第公国，弗朗什-孔泰却仍是勃艮第家族的领土，而在玛丽（勃艮第的）和马克西米利安结婚后，勃艮第家族也可以被称为哈布斯堡家族。现在，弗朗什-孔泰将由布鲁塞尔管辖。从此，议会制定了自己的"尼德兰政策"。马克西米利安有自己的计划，而这些计划常与低地国家臣民们的利益相冲突。在马克西米利安的统治下，议会学会了如何与在其他地方也有利益的领主合作。在玛丽（勃艮第的）于1482年意外死亡之后，议会成功地将马克西米利安对其幼子美男子腓力（Philip the Fair，1482—1506）的摄政权降到最低。1494年，他们宣布腓力（美男子）已经到了亲政的年纪，能够以"自然王子"的身份接管尼德兰政府。当然，这位年轻的统治者受到了许多当地顾问大臣的密切监督。

马克西米利安能做的只是为腓力（美男子）娶一位国王的女儿为妻。因此，腓力（美男子）于1496年迎娶了胡安娜（Joanna）。胡安娜是阿拉贡国王斐迪南二世（Ferdinand Ⅱ）和卡斯蒂利亚女王伊莎贝拉（Isabella）的女儿。阿拉贡和卡斯蒂利亚是两个最重要的西班牙王国。这场婚姻促使新娘和新郎的领地合并的可能性非常渺茫，因为胡安娜的继承顺位在一个哥哥和一个姐姐之后，但是，无巧不成书，这两位均英年早逝。自从腓力（美男子）和胡安娜（后来患上了精神疾病）有望登上卡斯蒂利亚和阿拉贡的王位，腓力（美男子）的"尼德兰政策"就差不多结束了。或许是1506年腓力（美男子）的早逝缓和了他与尼德兰臣民之间的冲突，可能还缓和了他与西班牙王国之间难以避免的冲突——他偏爱低地国家的贵族，激起了西班牙王国的愤怒。

历史重演，"自然王子"还太年幼，无法执政：腓力（美男子）的长子查理于1500年2月24日出生在根特。与他父亲生前的情况一样，议会决定在查理还非常年轻的时候就宣布其足以亲政——1515年，查理接受了尼德兰统治者的角色。1516年，查理的外祖父阿拉贡的斐迪南二世去世后，查理又继承了阿拉贡和卡斯蒂利亚的西班牙王位。哈布斯堡的黄金——借自德意志银行世家富格尔（Fugger）家族——又帮助查理在1519年当选为神圣罗马帝国皇帝，史称查理五世。现在，欧洲的一半要么是他的领地，要么在他的影响范围之内：包括近一半意大利在内的西班牙王国、富有的低地国家以及奥地利和周边地区。哥伦布的发现之旅使南美洲和中美洲被西班牙王室（即卡斯蒂利亚）收入囊中，从而使其能够从秘鲁和墨西哥开采金银矿。这样一个由许多完全不同的部分组成的国家，其制度被称为复合君主制。[5]查理五世的盾形纹章其实只能代表他的这些领地中最重要的部分：尼德兰的领地中，盾形纹章仅仅凸显了象征布拉班特和佛兰德的狮子。

为了在所有领地中都有代理人，查理五世在西班牙王国设立了摄政王，在那不勒斯设置了一位总督（viceroy），在尼德兰也设立了总督（governor-general）。查理五世首先将在尼德兰的权力委托给了他的姑母——奥地利的玛格丽特（1507年至1530年担任总督），接着是他的妹妹——匈牙利的玛丽（1531年至1555年继任总督）。可以说，她们的家族自豪感甚至比皇帝本人还要高。尽管她们没有任何政治野心，却非常致力于维护哈布斯堡的利益，当然她们也以坚决的态度捍卫着尼德兰的利益。[6]

路德宗和再洗礼派

查理五世统治时期，战火不断。首先，与法兰西的对抗始终未曾减弱。皇帝和法兰西国王在意大利北部公国的问题上产生了很大的分歧。对于查理五世来说，收复勃艮第公国关乎荣誉，无论这个野心有多不切实际。这些战争耗费了巨额资金，而所有这些钱都必须从查理五世统治下的尼德兰及其他地区的臣民那里征收。其次，另一个宿敌，奥斯曼帝国也同样强大，查理五世不得不时不时地与之进行战斗。基督徒认为信奉伊斯兰教的奥斯曼人是异教徒，而伊斯兰教徒对基督徒也是同样的感觉。对查理五世这个天主教徒来说，对奥斯曼帝国的战争实质上是一场圣战。

图1.1 贫穷的耶稣和富有的天主教会。呼吁践行自己宣讲的教义,就像我们今天所说的那样。这样的图像在16世纪非常流行

然而,在1520年之后,一个意料之外的敌人崭露头角,它比任何世俗的王侯都更加危险:在德意志兴起的宗教改革运动。许多世纪以来,罗马天主教会一直是西欧唯一的基督教教会。它自称(至今仍然)是唯一的普世教会,在它以外没有救恩。纵观整个历史,教会一直受到批评家们的反对,他们不认可神职人员的生活方式、教条和信仰实践。

他们对教会过多的物质财富尤为批判。但是,一次又一次,教会要么成功地消解改革运动,要么促使世俗政府惩罚改革者。在16

世纪上半叶，鹿特丹的伊拉斯谟和德意志的马丁·路德是教会的尖锐批评者。但伊拉斯谟仍然忠于教会，试图从内部实现变革，而路德则推动了更多激进的改革，最终与罗马教廷分道扬镳。在教会和皇帝查理五世眼中，路德是一个异端。既然如此，为什么不能像过去对其他异端那样，用同样的方式对待这个来自维滕贝格（Wittenberg）的叛教奥古斯丁会修士？实际情况令人大跌眼镜：路德得到了一些德意志选帝侯的支持。选帝侯因承担选举新皇帝的任务而得名，总共有七位。支持路德的几位选帝侯之所以这样做，不仅是因为他们同意路德的改革，更是因为他们早就开始觊觎教会丰厚的财产。

查理五世认为，镇压路德和新教王侯是他身为基督徒的义务。在德意志的战役中，他自然而然地用了他其他领地的陆军指挥官。因此，西班牙的阿尔瓦公爵与比伦伯爵（Count of Buren），即埃格蒙特的马克西米利安（Maximiliaan of Egmont）一起战斗。后者的女儿安娜·范·比伦（Anna van Buren）后来嫁给了奥伦治亲王威廉。最终，查理五世未能击败德意志新教徒，以失败告终。1555年，《奥格斯堡和约》（Peace of Augsburg）出台，规定各邦诸侯有权决定其本人及其臣民的宗教信仰。这一原则在拉丁文中被表述为"*cuius regio, eius religio*"（即"教随国定"），后来得到了推广。

就此，尼德兰的人民看到，在神圣罗马帝国的范围内，许多公国允许不同的基督教信仰存在。这完全是史无前例的。同样基于圣经和教父们教诲的"异端"教派的存在,破坏了罗马教会的世界性权威。《奥格斯堡和约》也使查理五世得以在尼德兰放开手脚。因为德意志路德宗的王侯们从未利用自己的影响来推进新教在低地国家的传播,路德宗在那里势单力薄。查理五世别无选择,不得不允许德意志路德宗商人在贸易中心安特卫普(Antwerp)做生意。但在政治上,这些商人本分守己,从不挑事,以防受到抵制。

更大的威胁其实来自再洗礼派(Anabaptists),他们对基督教信仰有着截然不同的解释。他们不同意在孩子出生后立即为孩子施洗;他们认为洗礼必须是达到一定年龄之后做出的有意识的选择,因此,他们选择重新受洗。尽管这一行为本身已经足以使他们被绑上火刑柱,但他们的社会信仰——财产共有和禁止私产的理想——同样使世俗政府视他们为煽动者。

再洗礼派信徒相信,在进入上帝的王国之前,他们可以在现世建立天堂。1534年,在两名尼德兰男子的带领下,他们占领了威斯特伐利亚的明斯特(Münster)市。在基督受难并复活的1500年之后,他们想使明斯特成为神圣的耶路撒冷。低地国家的数千名狂热信徒涌向明斯特,希望在那里创造更好的生活,但再洗礼派如此彻底地摒弃既有认知中上帝所赐予的一切真实,这是既定的秩序所不能容忍的。1535年,明斯特的再洗礼派被当作煽动者和叛乱者受到围剿。

在阿姆斯特丹,同样的结局差点再次上演。再洗礼派几乎快要成功地接管这个地方,一小群赤裸的男女穿过市中心,大喊着"地狱"和诅咒。当局做出了强势的回应，再洗礼派最终以叛乱分子的身份被押上了绞刑架。尽管受到了如此严重的打击，尼德兰的再洗礼派信徒仍然比路德宗信徒要多。他们自己也意识到明斯特的局势已经脱离掌控，从那时起，他们宣扬绝对的非暴力行为。以他们的领袖门诺·西门（Menno Simons）为榜样，他们继续信奉成人洗礼并拒绝宣誓：他们相信自己说的每句话都是当着上帝的面说的，因此一个简单的承诺应该就够了。作为和平主义者，他们以热爱和平的传道而闻名，但在他们自己的队伍中，门诺绝不容异议。这导致了许多分裂，每个团体都声称自己是"真正的会众"。[7]

皇帝查理五世一次又一次发布针对异端的法令，下令采取最严苛的手段。这些宗教法令主要针对门诺派教徒，这是大多数人被施以火刑的原因。实际上皇帝过去就有进行严酷宗教迫害的记录：1523年7月1日，最早的路德宗教徒、来自安特卫普奥古斯丁会修道院的两名修士亨德里克·沃斯（Hendrik Voes）和扬·范·埃森（Jan van Essen），在布鲁塞尔被处决，成为新教的殉道者。实际上，许多下级的行政当局忽略了皇帝的命令。在各省市，人们越来越不愿因宗教信仰而处决人，他们选择视而不见，装傻充愣。当皇帝将尼德兰政府交给儿子腓力二世时，他夸口说异端的问题在"近处之地"几乎尽在掌控之中。

在腓力二世统治时期进行的宗教迫害中，人们常常怀念查理皇帝的时代。但实际上，皇帝一再加紧迫害异端的步伐，并随着1550

年《血腥法令》(Blood Placards) 的颁布达到最高点。

低地国家的联合

除外交和宗教事务政策外，皇帝查理五世还制定了低地国家的国内政策。他试图按照勃艮第公爵的传统扩大该地区的领地。他已经拥有了西班牙国王和神圣罗马帝国皇帝的权力和地位，这使他在1528年几乎不费吹灰之力地接管了乌得勒支主教的世俗权力。至此，他将乌得勒支、上艾瑟尔（Overijssel）和德伦特（Drenthe）的土地纳入了自己的帝国。1530年，教皇甚至允许他先自行选择主教，然后再由罗马教廷批准。之后，直到1543年，查理五世才成功将海尔德并入他在尼德兰的领地。一个多世纪以来，海尔德的公爵们一直是麻烦的邻居。作为法兰西国王的盟友，他们争夺勃艮第公爵们的土地，发起了一系列突袭，造成了巨大的伤亡，波及范围远及海牙。当查理五世在1543年终于让海尔德公爵臣服之时，周边的荷兰、泽兰、布拉班特、乌得勒支和上艾瑟尔省都充满了欣慰和喜悦。乌得勒支的一位公民显然对查理五世充满好感，以至于他将皇帝的雕像安装在他房屋的外墙上（见彩插2）。现在，须得海（Zuiderzee）从海战区变成了一片宁静的内海，这对贸易和航运的开展都是极为有利的。可以说，查理五世在低地国家的势力范围现已经形成了一个地缘整体，当然，这种说法仅鉴于它们的东部边界正好对应了今天荷兰王国、比利时和卢森堡的边界。但实际上，查理五世还得到了林根伯国，该伯国现在完全位于当今的荷兰王国和比利时之外，而查理五世却将其视为自己在低地国家领地的一部分。他还想吞并东弗里斯兰（East Friesland）伯国和明斯特主教区，但这些野心从未实现。虽然如此，记住这些意图仍很重要，因为这样我们就不会将后来的国家边界视为某种意义上的"理所当然""不言而喻"或"完整"：这只是我们想当然而已。

为了应对与法兰西之间的战争，查理五世需要尼德兰各省的密切合作，因此，他没有采取任何行动来削弱它们的权利。他还尽可能只安排"土著"官员在政府部门任职。当然，许多高级官员确实来自弗朗什-孔泰，但是这块传统的勃艮第土地培养了整整一代优秀的法学家和行政管理人员，历届统治者都很乐于任用这些精英。随着政府作用的扩大和复杂化，来自勃艮第和其他省份的法学家们的专长使其影响力逐渐增强。这些法学家通常被称为长袍贵族（conseillers de robe longue），得名于他们的正式着装。他们之中最优秀的会被提升为低等级的贵族。于是，在用军功证明自己价值的老贵族——佩剑贵族之外，又出现了一种新的长袍贵族。这些新贵族影响力极大，以至于尼德兰总督玛丽（匈牙利的）致信查理五世，说其他贵族抱怨受到了冒犯。正因如此，勃艮第人往往被视为"外国人"。然而，用现代的话来说，政府的专业化是不可避免的，1531年，查理五世重组了他的顾问委员会。查理五世之前的统治者治下，同样有独立的司法和财政委员会，因此，查理五世希望他的政府更符合现代要求的愿望并不新鲜。他设立了三个委员会，也就是后来所谓的附属委员会（Collateral Councils）。首先是国务委员会（Council of State），此委员会提供政策咨询，由最显赫的贵族和必不可少的法学家组成。其次是枢密院（Privy Council），此委员会负责一般立法和法理学。只有受过良好教育的法学家（上过大学的法学家）才有资格参加这一委员会的工作。最后是财政委员会（Council of Finance），此委员会同样只由具有必要经验的专业公务员组成。后来，腓力二世从父亲那里全盘继承了整个附属委员会体系。

同年，查理五世同意他的弟弟斐迪南（后来的皇帝斐迪南一世）当选罗马人的国王，这意味着斐迪南有望接替查理五世成为神圣罗马帝国皇帝。这两兄弟统领着哈布斯堡家族或者说奥地利哈布斯堡家族的两个分支，常常紧密合作——在反抗路德宗和奥斯曼帝国威胁的联合斗争中，表现得站在同一战线是必要的。但这并不意味着他们之间没有竞争。1547年，阿尔瓦公爵在米尔贝格战役（Battle of Mühlberg）中击溃德意志新教诸侯，此后，查理五世在神圣罗马帝国中拥有最高权力，这使他有机会在奥格斯堡帝国会议中为自己争得一席之地。

由于地理位置偏僻，几个世纪以来尼德兰与帝国的联系变得有些松散。这也适用于帝国许多其他的外围领土，例如意大利北部、瑞士和匈牙利。查理五世从父亲那里继承了许多这样的领地——粗略地说，就是主要河流［莱茵河和马斯河（默兹河，Maas river）］以南的低地国家，再加上荷兰伯国。这些地区叫世袭领地。查理五世本人还获得了河流以北的其他土地：乌得勒支、上艾瑟尔、弗里斯兰、格罗宁根（Groningen）和海尔德兰（Gelderland）。除了斯海尔德河（Scheldt river）以西的佛兰德以及隶属于法兰西的阿图瓦以外，严格说来，所有的低地国家仍然是帝国的一部分。因此，在1548年，查理五世将佛兰德和阿图瓦移交给了帝国，并以所谓的"勃艮第联合体"的名义统一了所有的低地国家。自1500年以来，帝国一直被划分为数个行政"联合体"，旨在加强地区之间的合作，以应对国家结构的逐步弱化。但同时，因为查理五世让各"联合体"脱离帝国，所以它们拥有了更强的独立性，这成了许多问题的根源。

帝国给予尼德兰故有的自由和特权，并且不再干预勃艮第联合体的内政。此外，帝国律法不再适用，而尼德兰的代表将被允许参加帝国会议。为了表示友好，尼德兰仍然会每年主动缴纳财政税，金额相当于选帝侯所支付的两倍。日益增强的独立性看起来极大地削弱了帝国：查理五世基本上为自己建立了一个新的国家，其子腓力将继任该国的统治者。现在，他缺少的仅仅是一项王冠。"勃艮第联合体"一名体现了查理五世的立场，毕竟选帝侯们恐怕会更喜欢"尼德兰联合体"这样的名字。通过这一命名，查理五世强调了自己在勃艮第传统中的地位。佛兰德和阿图瓦的加入意义不大。尼德兰没有向帝国缴纳税款,而向皇帝进贡的习俗也很快就被废除了。帝国还能做的就只有在战争发生时向尼德兰提供援助,换句话说,也就是在法兰西要入侵低地国家的时候。因此,当尼德兰在八十年战争中陷入内部冲突时,帝国的选帝侯们拒绝采取行动。[8]

在帝国中取得这场外交胜利后,查理五世把注意力集中在了下一步上。1549年,他让低地国家的所有省份都同意所谓的《国事诏书》(Pragmatic Sanction),让他们承诺,在查理五世死后接受其子腓力为统治者。这是把还在西班牙的腓力介绍给他未来将要继承的领地的一个绝佳机会。来到尼德兰时,腓力才22岁,但他绝不是一个毫无经验的年轻人。他于1527年出生在瓦尔拉多利德(Valladolid),是查理五世和葡萄牙公主伊莎贝拉的独子,只有两个姐妹:玛丽亚和胡安娜。父亲的长期缺席部分导致了腓力与母亲伊莎贝拉的亲密。伊莎贝拉在西班牙王国担任查理五世的摄政王,后来在腓力11岁时去世,这给他造成了很大的冲击。之后,当查理五世不在的时候,年仅16岁的腓力就代替父亲管理西班牙王国。当然,因为父亲查理五世时常写信给他提供指导,他本人还是很好地履行了摄政王的职责。腓力在与西班牙议会(Cortes)进行磋商时态度强硬,并严格控制那些想要结成裙带关系的贵族家庭。1543年,腓力与葡萄牙的玛丽结婚,不幸的是,玛丽(葡萄牙的)在1545年生下儿子唐·卡洛斯(Don Carlos)后去世,腓力自此陷入了自责和悲伤。经历过以上种种，腓力在抵达尼德兰之前就已经积累了丰富的政治和生活经验。此外，他还总是保持着镇定和自制，就像一个理想的王子那样，尤其是在西班牙的时候。[9]有了在西班牙积累的经验，查理五世将腓力介绍给他在尼德兰的臣民就完全是水到渠成的事了。1549年，腓力穿过父亲在意大利、奥地利和德意志的领地，到达了尼德兰。

除了最北部的那些地区（弗里斯兰省和格罗宁根省）之外，腓力巡视了低地国家的所有省份，让他们向即将君临天下的自己致敬。[10]受访城市为了展示自身最好的一面，为腓力安排了招待会、游行、戏剧表演、礼物、热情洋溢的演讲和豪华宴会。腓力访问安特卫普的报告用拉丁语、法语和荷兰语发表。这位品位朴素、头脑清醒的王子，一定觉得低地国家是名副其实的"科凯恩之地"（Land of Cockayne）*。尽管不热衷于吃喝，腓力确实热爱尼德兰的园艺、音乐和绘画。

---

* 出自英国民谣，指人间天国，欢乐和平之地。——编者注

2 难题

腓力二世的忠诚反对者：1555—1567

子承父业

1555年10月25日，皇帝查理五世将尼德兰政府移交给儿子腓力。虽然要举行权力移交仪式，但布鲁塞尔库登贝格（Coudenberg）山上宫殿的大厅却并未张灯结彩。墙壁上仍然悬挂着黑色的窗帘，悼念着皇帝当年早些时候去世的母亲胡安娜（疯癫者）。不知是有意为之，还是因为没钱进行更合适的装饰，窗帘原封不动，加强了这个场景的庄严肃穆。尽管从表面上看，查理五世是世界上最有权势的君主，但这一天看起来就像是他要因为自己的政策请求破产一样。连年征战已经耗尽了他的金库。在他55岁那年，政府的压力、频繁的海外活动和持续的战争终于击垮了查理五世。不仅如此，几年后，他还罹患痛风。

自愿退位是非常不寻常的。[1]君主从上帝那里获得权威，通常依靠上帝全能的力量一直统治到寿终正寝。然而，皇帝查理五世却宣布，他作为一名虔诚的天主教徒，希望在西班牙一所修道院附近的豪华住宅区中度过自己最后的岁月，等待死亡的降临。实际上，无论是在精神上还是身体上查理五世都已经完全崩溃了。他无力阻止神圣罗马帝国内部的宗教改革。在与法兰西的战争中,他在争夺梅斯(Metz)主教区的战斗中遭受了惨痛的失败。战败归来后,查理五世不想再住在库登贝格宫,而是住进了布鲁塞尔公园边上的一所小房子里。[2]当然,他的退位可能还有另一个政治原因。在他执政的后面几年,他收到报告,称尼德兰政界对他可能传位于陌生的腓力王子一事存在相当大的质疑,甚至心存抵抗。[3]可能正是这一状况促使他亲自安排权力交接,以确保其子顺利继位。

1554年7月25日,腓力与英格兰的天主教女王玛丽一世(即"血腥玛丽")结婚。从此,他的生活发生了根本性的变化。玛丽一世是新教国王亨利八世的长女,也正是亨利八世把英格兰教会从罗马教廷剥离了出来。玛丽一世和腓力在英格兰成功地恢复了天主教,亨利八世夺回的财产又重归天主教会。这可不是什么了不起的壮举。1554年底,查理五世召儿子到布鲁塞尔,腓力拒绝了。他认为自己留在英格兰对维持政府良好运转至关重要。更何况,玛丽一世怀孕了,腓力想留下来等到她分娩。直到玛丽一世的怀孕被证明是精神性假妊娠之后,腓力才决定暂时离开英格兰。1555年9月8日,腓力应召回到布鲁塞尔,与查理五世团聚。[4]

在权力正式移交的过程中,皇帝查理五世糟糕的健康状况已经非常明显。他右手拄着拐杖,左手搭在年轻的奥伦治亲王威廉的肩膀上,支撑着自己。年仅22岁的威廉此时还没有成为执政或国务委员会的成员。他在对法战争中担任军队指挥官,皇帝此次特别邀请他到布鲁塞尔来参加仪式。来自低地国家的历史学家们强调这是因为皇帝特别喜欢亲王。然而,威廉之所以有幸搀扶皇帝,更有可能是因为身为奥伦治亲王,他的地位等级最高。一般,如果有亲王在场,皇帝不会倚靠一位伯爵或公爵。[5]西班牙历史学家后来就此指责亲王日后以怨报德、煽动议会反对腓力二世。[6]

所有谈及查理五世退位的描述都强调,腓力二世发言结结巴巴并为自己不流利的法语向大家道了歉。他把用法语发言一事交给了他的顾问大臣格兰维尔——安托万·佩勒诺(Antoine Perrenot)。这位格兰维尔勋爵和阿拉斯主教(1517—1586),来自弗朗什-孔泰。其父曾是皇帝查理五世的首席顾问,子承父业,在父亲的教导下,格兰维尔成了腓力二世的顾问。年轻的格兰维尔非常聪明,能流利地说多种语言,而且有从政的天赋。他对年轻的腓力二世的建言是如此周到、巧妙,以至腓力二世常常以为这些建议本就是自己的意思。[7]

在退位仪式中,格兰维尔代表皇帝发言,但查理五世补充了一段简短的个人讲话。在这段个人讲话中,他甚至请求在场的众人原谅他过去可能的不公行为。查理五世与腓力二世父子两人形成了鲜明的对比:父亲平易近人,对尼德兰关怀备至;而儿子则充满距离感,甚至无法说当地语言。

在此,我们看到了本书所描述的戏剧化场景中最重要的三个人物：腓力二世、奥伦治亲王威廉和格兰维尔。彩插30是第一幅描绘皇帝靠在奥伦治亲王威廉肩膀上的画作。在格兰维尔的出生地贝桑松（Besançon）的前格兰维尔宫中，可以看到对这个场景完全不同的描绘（见彩插31）：画面中腓力二世在查理五世面前屈膝，亲吻着他的手，而格兰维尔本人则与皇帝站在同一高度，认同地注视着腓力。弗里斯兰议会的会议室中，一幅19世纪的瓷砖画（见彩插32）中所描绘的腓力二世继位仪式则深受弗里斯兰人欢迎：坐在王座上的国王大惊失色，因为弗里斯兰的代表们拒绝下跪宣誓效忠。然而，实际上，他们并不需要下跪，因为宣誓时双方本来就该站着。这展示了后世的历史著作和视觉艺术如何影响了我们对一个事件的理解。因此，我们在把文献记载和图像资料作为史料进行分析时必须慎之又慎。

就职和宣誓持续了好几天。布拉班特和佛兰德的代表们于10月26日宣誓，其他省的代表们则在第二天宣誓。1556年1月16日，同样是在布鲁塞尔，查理五世作为西班牙王国及其海外领土的国王退位。[8]但他一直干涉政府事务，无论是在低地国家时，还是在1556年9月前往西班牙之后。这使腓力二世大为光火，而许多人也因此认为腓力二世还是个傀儡。[9]

腓力二世在执政初期，乃至整个统治时期，都尽可能地遵循父亲制定的政策方针。但也正是他的父亲留给他一个最大的难题：令人绝望的财政状况。这对腓力二世的内政外交政策都是一个巨大的障碍。实际上,在查理五世统治的最后几年,国家就应该宣告破产,但碍于皇帝的荣誉,未能实行。腓力二世上台后,立即下令组建委员会,撰写了一份报告,报告梳理了整个帝国(尼德兰、西班牙王国以及它们的所有领地)的财务状况并提出了最佳重组方案。为此,腓力二世决定任命一个代理来编制所有债务、收入和支出的清单,然后对其进行管理,同时还要求该代理留在低地国家。10月31日,腓力二世即刻任命银行家加斯帕尔·舍茨(Gaspar Schetz)担任这一要职。但由于腓力二世尚未成为西班牙国王,西班牙人看到了可乘之机。他们主张任命一个永久性的第二代理,该代理也将留在低地国家,但必须是西班牙人,且应握有控制权。腓力二世同意了这些提案,而这给他的尼德兰顾问大臣带来了极大的困扰。这项看似优秀的计划很快便流产了,部分是因为授权的分割,更多的则是因为王国内不同地区利益的广泛差异和日常实践的操作难度。但是,至少,那些王国的掌权者们现在看清了问题的本质。[10]

1557年,为了缓解严峻的财政问题,腓力二世将国债利息降至5%。实际上,这相当于宣布破产。[11](腓力二世统治期间,还分别于1560年、1574年和1596年三次降息。)所以,在当时,迫在眉睫的是与三级会议协商确保国家财政收入的方案。荷兰议会已经管理了该省大部分的金融交易。在荷兰省担任行政职务的富商们也出资购买本省债券来为本省提供资金,并对这些债务进行监管。他们高调地行善，期待自己的善行广为人知。安特卫普的银行家们有意从荷兰省为中央政府借债，并要求荷兰议会为利息的支付做担保，[12] 希望借此将荷兰议会的信用与腓力二世破产的国家绑在一起。

在荷兰议会的管理下，荷兰省的收支状况逐年改善。[13] 荷兰议会代表有权自行召开议会。他们反感贸易税，但如果他们认为本省的金融状况有必要征税，也会同意征收什一税。但这并不意味着他们愿意通过增加额外税收来帮助中央政府摆脱财政危机。[14] 在尼德兰八十年战争期间，也是荷兰省负担了中央政府的大部分开销。所以，荷兰省对中央政府的贷款担保才如此重要。鉴于查理五世和腓力二世统治时期糟糕的财政状况，尼德兰发生起义和起义成功的基础已然具备。荷兰议会也明白诸侯们都是贪得无厌的纨绔子弟，对从哪儿筹措资金和如何筹措等问题一无所知。腓力二世曾经这样写信给一位顾问大臣：

> 你知道我对财政事务一无所知。在这方面，我连报告的好坏都不能区分。我才不会费力去理解我这辈子都不曾理解，也不会理解的东西。[15]

不幸的是，尼德兰最重要的两个省，布拉班特和佛兰德的情况与荷兰完全没有可比性。虽然这两个省可能更富裕，却有更多的声音阻碍决策进程。这些声音来自城市的行会和神职人员，两者的税收分属于不同体系。此外，大城市把目光投向了周围的乡村，彼此之间的竞争越来越激烈。而且，由于有如此众多的机构和个人享受免税待遇，对于那些必须纳税的人来说，负担就变得更重了。[16]

1558年，即宣布国家破产一年以后，三级会议再次召开，这一次是在阿拉斯。在让议会代表相互协商这一点上，腓力二世仍然足够明智。[17]他希望他们能通过一项流转税，就像他看到西班牙所实施的那样，这样他就能实现收入独立，不用再等待议会批准他每年提交的援助款项。各省代表当然意识到了这一点，便拒绝了这项提议。他们打算严格限制腓力二世的资金来源。他们在仿效荷兰吗？三级会议要求对款项的使用进行控制和联合管理。至于腓力二世要求的流转税，他们提议向腓力二世提供为期九年的固定金额款项作为替代。这与腓力二世所希望的统治方式并不完全一致，但西班牙也采用了同样的方案。国王以个人身份向议会提出紧急申诉，但议会没有理会。腓力二世不能再仅仅倚仗君主制独断专行。[18]值得注意的是，以才华横溢和长于理财而著称的格兰维尔没有向国王说明联合管理财政的优势。这位勃艮第的皇室奴仆只想讨好腓力二世，完全同意不再召集三级会议。实际上，不论是从国家的立场出发还是从君主的立场出发，分摊低地国家财政事务的责任都更有利。但是，在腓力二世的不同领地中，根本没有单独的预算和财务责任。这种不透明的财务状况加剧了人们的指控——他们认为尼德兰诸省的利益被当成了西班牙利益的牺牲品。然而，与此同时，西班牙王国也苦苦抱怨,认为他们被迫一直向尼德兰这个无底洞扔钱。

腓力二世在尼德兰期间,布鲁塞尔一直是帝国的首都*。这意味着腓力二世身边的随从和顾问大臣有着国际背景。结果是,他几乎没有时间在尼德兰的管理机构中履行其义务。尽管继位时他本人在场,但此后他即刻任命了一位总督作为代理:公国被法兰西占领了的萨伏依公爵(Duke of Savoy)伊曼纽尔·菲利贝尔(Emmanuel Philibert)。[19]这样一来,腓力二世就可以专心于国际政治。1555年,一位意大利红衣主教被选为新教皇。保罗四世对西班牙和西班牙人的态度不太友好,并于1556年在意大利对腓力二世宣战。腓力二世命阿尔瓦公爵捍卫西班牙王室在意大利的统治。他的命令不是针对保罗四世个人,而是针对作为罗马天主教会和罗马教廷负责人的教皇。阿尔瓦公爵成功地完成了这一棘手的使命。[20]他对意大利的平定使该国在之后的半个世纪中免受战火侵袭。

在外交政策上,腓力二世最头疼的就是对法战争。他认为,最好是从低地国家展开对法作战。[21]1556年7月,战争再次升级,腓力二世认为,是时候拜访他在英格兰的妻子玛丽一世了。从1557年3月底到7月,腓力二世第二次也是最后一次驻留英格兰。在那里,他成功地说服英格兰人相信他们的利益也受到了威胁。1557年6月

---

* 1555年,腓力继承尼德兰后,定都布鲁塞尔,直到1559年,腓力二世前往西班牙。1561年,腓力二世将宫廷迁至马德里。——编者注

1日，玛丽一世向法兰西宣战。[22]

腓力二世希望在同年和英格兰军队一起与法兰西人作战，并命令他在低地国家的军队指挥官伊曼纽尔·菲利贝尔先按兵不动，等他带着英军增援抵达再进行决战。腓力二世打算带领自己的军队亲征一次，以证明自己最高统帅的身份。但这对于萨伏依公爵来说是一个不容错过的有利时机。8月10日，萨伏依公爵在圣康坦（St-Quentin）取得了对法军的决定性胜利。这次胜利在很大程度上要归功于埃格蒙特伯爵（Count of Egmont）拉莫勒尔（Lamoraal）的领导，正是他率领骑兵打开了通往巴黎的道路。这时腓力二世赶到，仅赶上检阅胜利的军队。[23] 他不敢冒险前往巴黎，而是围攻和占领了圣康坦。这是腓力二世一生中唯一一次如此近距离地接触战场，从各方面的资料都能看出，他得心应手。[24] 从那以后，他开始在宫殿的书房中指挥所有战斗和围攻。一年后，也就是在1558年，埃格蒙特伯爵取得了对法军的第二次决定性胜利，这次是在敦刻尔克（Dunkirk）以南的格拉沃利讷（Gravelines）。[25] 这次的胜利部分归功于英格兰海军，是他们从近海炮击并重创了法军。这不是巧合：正是在腓力二世的紧急军令下，海军才穿越了那片海岸。

看上去我们现在似乎已经偏离了本书的主题，但事实并非如此。这些事件告诉我们，对像腓力二世这样的统治者来说，内政和外交是交织在一起的。一个能在像英格兰这样的国家成功恢复天主教的君主，不可能在自己的土地上对宗教问题让步。一位同时兼任其他国家国王的领主身边,常围绕着一个国际顾问团队。在低地国家,本国的国务委员会继续运作,但腓力二世真正倚重的是他的私人顾问或西班牙议会的成员,这激怒了低地国家的官员们——他们的统治者在他们身边,却不听取他们的意见。法国历史学家费尔南·布罗代尔(Fernand Braudel)在其代表作《地中海与菲利普二世时代的地中海世界》一书中指出,我们应理解腓力二世的立场,毕竟他是一个庞大而复杂的帝国的统治者:距离遥远,帝国之内的沟通有时就需要数周,如果领地内的某处发生了危机,腓力二世实在难以做出迅速而充分的回应。[26]尽管这种观点是正确的,但从腓力二世在布鲁塞尔执政的那段时间,也就是他可以当场对尼德兰的发展做出应对之时,就可以清楚地看出,他是一个令人费解又优柔寡断的管理者。

摩 擦

1559年,西班牙和法兰西缔结了《卡托-康布雷齐和约》(Cateau-Cambrésis,康布雷以东的一个小镇)。和约确认了西班牙的霸权地位,因而对于西班牙而言,这是一项有利的协定。为了确保和平,法兰西国王亨利二世(Henri II)获准选择三名人质。他按等级顺序选择了奥伦治亲王、阿尔瓦公爵和埃格蒙特伯爵。这三人留在了法兰西宫廷,没有证据表明共事一主的尼德兰贵族和西班牙贵族之间存在敌意。多年后,奥伦治亲王透露了他在法兰西宫廷的一段逸事。他声称亨利二世暗中勾结腓力二世,打算毫无怜悯地共同反对"异端"。假定奥伦治亲王了解这些计划,那么法兰西国王应该已与他进行了详细讨论。在那之后,奥伦治亲王大概猜到了腓力二世的回应。[27]然而,奥伦治亲王对宗教不甚关心:一年前,他的妻子安娜·范·比伦去世了,此后他一门心思寻找合适的、富有的续弦——天主教徒还是新教徒对他而言没什么差别。他与国王亨利二世的对话收录到了1580年出版的宣传物《护教书》(*Apology*)中,奥伦治亲王在其中为自己的行为进行了辩解。

父亲查理五世去世后,出于继承王位的政治需要,腓力二世别无选择,只能前往西班牙。由于严峻的财政状况,那里的人民也处于即将叛乱的境地。[28]1559年8月25日,当腓力二世的船离开弗卢辛(Flushing,现在的弗利辛恩Vlissingen)时,没人想到他会再次返回尼德兰。人们以为他会像他父亲那样,通过定期的巡游来巩固自己在各个领地的王室权威,并只在必要时返回他在尼德兰继承的土地。腓力二世目睹了自己因为离开英格兰一年半而失去大部分政治影响力的状况,[29]他会就此吸取教训并尽量避免离开尼德兰太久吗?

像他父亲早年所做的一样,腓力二世在低地国家任命了一位女总督作为他的代理人,这就是他同父异母的姐姐,帕尔马的玛格丽特(Margaret of Parma)。她的出生有一点小问题:她是皇帝查理五世的私生女。私生女的身份和作为皇帝女儿的血统哪个影响更大，取决于人们对她的好恶。[30]

腓力二世没有改变政府的基本结构：辅佐总督的三个委员会——国务委员会、枢密院和财政委员会——已经运作了近25年。总督玛格丽特（帕尔马的）自己担任国务委员会主席。枢密院则有一位能力非凡的主席，维格勒·阿伊塔·范·兹维赫姆（Wigle Aytta van Zwichem），人称维格留斯（Viglius，后文统称维格留斯）。维格留斯是一位杰出的法学家，对国家事务了若指掌，并致力于建立更强大的中央政府。作为弗里斯兰人，他可以客观判断佛兰德、布拉班特和荷兰代表们之间的冲突。临终前一年，当他态度大变改用温和政策解决起义军与强硬的王权之间的分歧时，他甚至受到了广泛的赞赏。财政委员会则由查尔斯·德·贝尔莱蒙（Charles de Berlaymont）担任主席。这位高级贵族的任命完全是由于皇室的宠爱。他的工作很大程度上由他的众多子女来完成。他没什么特别之处，但是奥伦治亲王曾两次寻求他的支持。

过去对八十年战争的历史学研究一般认为，腓力二世曾正式任命格兰维尔、维格留斯和贝尔莱蒙为秘密私人顾问（secret Privy Council），即荷兰语中的 *Achterraad*，以辅佐玛格丽特（帕尔马的）。但这一说法很难证实，毕竟幕后政治的说法随处可见。当然，腓力二世确实指示总督在做重要决定或人事任命时注意绕过高级贵族，仅咨询这三位高级官员。三位顾问影响政策的程度取决于政府的日常运作。高级贵族确实在国务委员会中占有席位，但如果他们同时担任执政一职，那么他们在本省待的时间可能比在布鲁塞尔待的时间要多。相对地，这几位法学家却从未在首都缺席，此外，鉴于该市的三名高级顾问基本常任，再加上格兰维尔可以与总督无限制地接触，他们看起来已经像是腓力二世任命的独立委员会了。[31] 维格留斯和贝尔莱蒙在思想上绝非反民族主义。作为法学家，维格留斯敢于一次又一次地质疑阿尔瓦公爵的决定，指责它们的非法和不公平，这一直让阿尔瓦公爵非常恼火。贝尔莱蒙则警告国王，尼德兰不能受到像其意大利领地一样的统治。[32]腓力二世离开后，唯一留在尼德兰的西班牙人只有玛格丽特（帕尔马的）的信徒托马斯·德·阿门特罗斯（Thomas de Armenteros）。然而，作为国家的君主，国王始终保留着最终决定权。这导致法兰西和英格兰从布鲁塞尔召回了他们的代表，因为一切都是在西班牙决定的。[33]

所有这些高级贵族之间的事务都是在幕后进行的，普通民众则对两个具体问题更加恼火。首先，因对法战争，腓力二世大约还有3000名士兵驻扎在边境省份。因此，民众觉得他们正在为"占领"自己国家的部队买单。其实，这不是腓力二世的初衷：他原本曾答应会在和平后从尼德兰撤军，但因为他一时用不上这支军队，就把他们留在了原地。第二个激起民愤的原因是国王坚持不懈地实行宗教迫害政策。问题在于，是否真的还有必要出于宗教信仰而迫害人民？是否还有必要惩罚他们、迫使他们放弃原来的信仰，甚至在他们放弃原本的信仰并承认自己"背离真理"之后还将他们推向死亡?

顺便提一下,被迫害和处决的人数比以往估计的要少得多。最新的统计出自阿拉斯泰尔·杜克,他根据审判报告和其他官方资料得出,在1566年之前各地受害者人数如下:阿拉斯约9,布拉班特228,佛兰德265,法属佛兰德约60,弗里斯兰102,海尔德16,格罗宁根1,埃诺44,荷兰403,林堡-奥弗马斯6,卢森堡0,梅赫伦11,那慕尔12,上艾瑟尔35,图尔奈和图尔尼斯53,乌得勒支31,泽兰23,马斯特里赫特〔与列日(Liège)主教共治〕21。在列日和康布雷(Cambrai)的独立主教区中,分别有26名和6名受害者。总共有大约1300名受害者的记录。[34] 与欧洲其他地区宗教迫害的受害者人数相比,这是一个巨大的数字。[35] 要知道,即使是西班牙的宗教裁判所,在诞生之初的几个世纪中,也只宣判了大约200个判决。但是,这与围绕宗教迫害的宣传战中提到的成千上万还是截然不同的。例如,奥伦治亲王在1568年的《辩白书》中说有50000名受害者。而站在八十年战争的立场上,法学家胡戈·格劳秀斯(Hugo Grotius)甚至说有100000名受害者。[36]

受迫害者因为对信仰的坚定和虔诚而遭受命运的折磨,这使他们得到了许多尊重和同情。尽管低地国家受迫害的新教徒人数很少,但他们的痛苦仍在天主教徒为主的其余人群中引起了同情。无论如何,要区分16世纪的天主教徒和新教徒是非常困难的,尤其是在上半叶。莱顿历史学家J.J.沃尔特耶(J.J.Woltjer)在他的《改革中的弗里斯兰》

（*Friesland in Hervormingstijd*）一书中，成功地对宗教改革时期的天主教会做了有效的区分。他将天主教徒分为两种：一种是传统的信徒，他们接受教会告诉他们的一切；另一种则是新教化的天主教徒，他们支持新教徒提出的改革主张。因此，从传统的天主教徒，到新教化的天主教徒，再到新教徒，三者之间并没有明确的界限。[37] 自罗马天主教会在特伦托会议（Council of Trent，特伦托今属意大利）决定自上而下地改革教会之后（反宗教改革），天主教徒很难再在教会内拥护新教思想了。更严格的条款明确规定了天主教徒应该相信什么，也规定了哪些宗教实践是被允许的，哪些是不被允许的。这些"新"的反宗教改革派天主教徒非常清楚罗马天主教徒与新教徒的区别。

在16世纪，与今天不同，宗教不是人们仅在家里或在教堂里进行的活动。习惯上（在世界上的许多地方至今仍是如此），天主教会会在宗教节日期间举行穿越市镇的游行。在此期间，商店必须关门，人们则应该装饰自己的房屋。游行的高潮是圣餐礼，即在弥撒期间由神父给面包祝圣变体并将之装在镀金的圣体匣中。对天主教徒而言，通过变体的过程，经过祝圣的面包实际上已经变成了基督的身体。当游行队伍带着这个"真在"穿过街道经过人群时，信徒们会跪下来，脱掉他们的帽子，手画十字。相对地，大多数新教徒否认变体论：对他们而言，面包仍然是面包，仅仅是象征基督的身体。此外，跪下和画十字也并不是新教仪轨的组成部分。因此，每到游行时，这些宗教差异就会形成鲜明的对比。有些人会拒绝下跪，拒绝脱下帽子、画十字。这刺激了双方的情绪，冲突一触即发。新教徒不会向他们口中的"面包神"下跪，而天主教徒则说，难道我不该在我的主和拯救者面前屈膝吗？

新主教区

由于勃艮第和哈布斯堡王侯的政治联盟，尼德兰形成了一个相对较新的国家，其边界与当时已有的教会分界并不完全重合。低地国家传统上分属于法兰西的兰斯（Rheims）大主教区和德意志的科隆（Cologne）大主教区。格罗宁根周围的土地属于明斯特主教区。只有四个主教负责低地国家人民的宗教福利：乌得勒支主教、阿拉斯主教、图尔奈主教和康布雷主教（除最后一位外，其他三位主教均由国王任命）。皇帝查理五世治下已经制订了新的教会组织计划，但是国际政治的发展阻止了它们的实现。然而，作为一个反宗教改革派天主教徒，腓力二世想认真地进行重组工作。一个由维格留斯领导的委员会以最秘密的方式准备了这些计划。之所以必须采取这种谨慎措施，首先是为了避免法兰西和德意志的主教因为即将失去大部分富裕领地而动武，其次则是因为低地国家中可能会有许多反对意见，因为新结构会不可避免地影响部分人的既得利益。想要给出令人满意的答卷是十分困难的，最后当此大任的是罗马的弗朗西斯库斯·桑尼乌斯（Franciscus Sonnius），也就是后来斯海尔托亨博斯（'s-Hertogenbosch）的首任主教以及安特卫普主教。1559年5月12日，教皇签署了重组计划。[38]正当腓力二世打算从泽兰出发前往西班牙时，教皇同意重组计划的消息传来了。

从那时起，尼德兰成了一个自治的教会省，下分三个大主教区。说法语的各省和瓦隆布拉班特归康布雷大主教区。地位重要、人口稠密的佛兰德省和布拉班特省合为一个大主教区，大主教在梅赫伦。最后，从前的乌得勒支主教区升格为第三个大主教区，涵盖了主要河流之上的所有省份和泽兰。这三个大主教区总共划分为十四个主教区。此外，现在要想担任主教，至少也要拥有神学或教法的学位。那些喜欢让幼子担任主教的贵族现在不得不先将他们的孩子送入大学。新的主教们被迫永久居住在他们的主教区里，建立神学院来培养神父，并定期检查所有教区。同样地，教皇也应国王的要求，在尼德兰的杜埃（Douai）建立了一所新大学。之所以选择这个讲法语的佛兰德小镇，是因为印刷机还没来得及在那里传播异端思想。来自低地国家的讲法语的学生现在必须在那里学习，讲荷兰语的学生则去了鲁汶（Leuven），而出国留学则只能去罗马或其他有特别许可的地方。[39]腓力二世任命格兰维尔为梅赫伦大主教，亦即尼德兰的"首席主教"。后来，教皇又将他提升为红衣主教。格兰维尔声称他本人与这些计划毫无关联，但从头到尾，他一手提拔的维格留斯毫无保留地向他汇报了一切。[40]

从教会的角度来看，重组是非常明智和负责任的举措。既然教会的不法行为、下层神职人员的无知和高层的滥用职权遭到了如此猛烈的批评，那么教会引入改革肯定是广受欢迎的。比起加强监督教义和信徒对教义的实践，更重要的是落实这些改革。作为一个人文主义者和伊拉斯谟的支持者，维格留斯早已深信，暴力迫害毫无意义。他认为，击败异端最好的且唯一的方法，就是在罗马天主教廷内部进行改善，从而消除问题根源。但别人却不是这么理解这些计划的。几乎所有人都认为，是红衣主教格兰维尔在幕后操纵一切，首先是为了提高王权在教会内的影响力，但同样也是为了他自己的个人利益。传统上，高级神父比高级贵族更享有优先权，现在轮到格兰维尔来享受这个优先权了。1562年，当奥伦治亲王回到国务委员会时，他发现格兰维尔已占据首席，而他自己只好屈居第二。

此外，教会内部也不断出现批评的声音。为了在财务方面给主教区的行动创造空间，人们决定，每位主教都将兼任其教区中富裕修道院的院长。主教在修道院设一名代理，修道院的收入则惠及"主教的餐桌"，即主教的家庭支出。因此，哈勒姆（Haarlem）主教将成为埃格蒙特修道院院长，安特卫普主教被任命为地处海米克瑟姆（Hemiksem）的圣贝尔纳德修道院院长，梅赫伦大主教则获得了阿夫利赫姆修道院（Affligem Abbey），等等。因为修道院院长们经常参加各省议会的会议，任命主教为修道院院长因而具有一定的政治影响。例如，阿夫利赫姆修道院的院长是布拉班特议会中最重要的教会成员之一。这些议会的世俗领袖是布雷达男爵（Baron of Breda），即奥伦治亲王威廉。一个绝佳的例子可以证明在布拉班特议会占有一席之地的重要性，那就是佛兰德执政埃格蒙特伯爵为了议会的席位而买下了布拉班特哈斯贝克（Gaasbeek）的领地。人们普遍认为，日后国王将通过任命主教为修道院院长的权力来提高自身在议会的影响力。[41]

后来，格兰维尔和其他相关人士承认，吞并修道院是一个错误。1564年7月30日吞并被撤销后，批评声有所减弱，然而，从那以后修道院院长每年必须向主教区交纳8000荷兰盾。主教们依旧占据着议会，而让腓力二世大为恼火的是，他们实际上并非简单的应声虫。他们经常投票支持本省的利益，即使那不符合腓力二世的利益。反对主教的声音持续不断，安特卫普市和布拉班特议会的不满者们甚至派了代表向身在西班牙的国王表达了他们的不满，并要求实行其他解决方案。例如，安特卫普担心更严格的宗教控制会损害贸易和商业。但他们的努力都白费了——国王和教会不断将他们的意志强加于尼德兰。

宗教裁判所

传统上，每位主教座下都有两名官员，即教区审判官，他们调查主教区中是否存在异教徒或异端。教会的秘密改组引发了相关谣言，即国王也想在尼德兰引入所谓的西班牙宗教裁判所。历史上很少有机构能像西班牙宗教裁判所这样，成为如此多寓言和虚构故事的素材。这一切都与黑色传奇（Black Legend）有关。它是一种神话和寓言复合体——部分基于事实，部分完全虚构——用负面的眼光描绘西班牙的历史，这种历史在某些圈子中从古至今一直流行着。[42] 西班牙教区审判官的工作方法有严格的规范。该国的大部分人将宗教裁判所的活动视为一种精神上的医疗保健：人们可以证明自己的虔诚，从而制止虚假的指控和谣言。他们中的大多数人不仅不惧怕宗教裁判所，反而对其表示欢迎，而例外的是被迫改变信仰的摩里斯科人（moriscos）和犹太人（conversos）。[43] 西班牙的几个著名城市惊现"异端"路德宗集会，这引起了教会内部的惊恐和抱团。[44] 砍头和焚烧是惩罚的世俗形式，与之相比，宗教裁判所的方法人道得多：严格制定和遵守审判程序。如果需要用施加痛苦的方式讯问犯罪嫌疑人，那么只有一种酷刑是被允许的：将犯罪嫌疑人的胳膊在背后绑在一起并吊起来。这种刑罚的持续时间和频率都有非常明确的规定，而且有些人具有豁免权，例如，孕妇可以不受酷刑讯问。此外，通过酷刑获得的口供必须经自愿复述才能合法生效。腓力二世从未打算在尼德兰引入西班牙宗教裁判所，他反驳道：尼德兰现有的宗教裁判所比西班牙的宗教裁判所更多、更严苛。怎么会这样呢？

16世纪，持有异议的宗教人士数量增加，故而除了已有的教区审判官外，又任命了教廷审判官。其中最臭名昭著的是彼得·蒂特尔曼斯（Pieter Titelmans）。他于1545年被任命为荷兰和佛兰德法语区的审判官，在此后到1566年的20余年间，他处理了1500多件异端案件，其中127件以死刑结案。他的"成功"很大程度上归功于布鲁塞尔中央政府的支持，这使他能够抵御地方当局的阻力。

在低地国家还有一位活跃的西班牙奥古斯丁会修士，洛伦佐·德·比亚维森西奥（Lorenzo de Villavicencio）。他是布鲁日西班牙商人的神父，同时也是国王的追随者。比亚维森西奥完全相信尼德兰的绝大多数人都是忠诚的罗马天主教徒。尽管如此，他仍然能在各地看到"异端"和"异端"活动。而且，他不信任许多高级"土著"官员和城市的领导人，尤其是布鲁日的领导人。他给西班牙的书信和报告决定了腓力二世对低地国家这片领地上宗教状况的看法。比亚维森西奥认为，维格留斯是当地政权的主要领导者，应为纵容异教徒承担责任。然而，比亚维森西奥在腓力二世和玛格丽特（帕尔马的）那里诋毁维格留斯并没产生什么影响。[45]他认定政府金字塔底层的城市官员，尤其是那些受雇用的人，犯下了放过异教徒的罪。在他的眼中，他们和维格留斯是一丘之貉。腓力二世付给比亚维森西奥200达克特的酬金，并允许他直接写信向自己汇报情况。即使在帝国最遥远的角落，国王也对低地国家的异端案件了如指掌。例如，他听说在泰瑟尔岛（Texel）的教堂里（当然是天主教教堂），神父与许多门诺派教徒之间就宗教和儿童洗礼的问题发生了公开争议。每个人都可以一眼认出门诺派教徒，但治安官为了捞回自己当初买官花费的钱,对此放任不管。因为法官们既不想审判自己的同胞,也得不到海牙的荷兰省政府的支持。[46]

徒劳的西班牙之行

如果确实有必要的话,高级贵族们一定会主动批评国家的统治者或政府。在参与机构、公众调查、民意测验和抗议示威产生之前的那个时代,高级贵族就代表了人民的声音。奥伦治亲王威廉、埃格蒙特伯爵拉莫勒尔、霍恩伯爵(Count of Horn)菲利普·德·蒙特莫伦西(Philip de Montmorency)及其支持者们觉得国王、总督及其顾问忽视了自己,认为他们被系统地、永久地排除在政府事务之外了。国务委员会在荷兰、佛兰德和其他地方似乎发挥了重要作用,完成了作为执政的职责。他们生气的地方在于,哪怕是他们不支持的措施,他们也要在形式上承担部分责任,而实际上,对于这些措施他们根本无法表达自己的意见。他们选择对立还有一个原因,就是他们害怕自己参与决策的传统权利——尼德兰人民通过议会影响政府的可能性——会被终结。

奥伦治亲王和埃格蒙特伯爵再也不能忍受这种状况了。1561年7月23日,他们给国王写了一封抗议信,抱怨他们对政府几乎没有任何影响力。这是在格兰维尔被任命为红衣主教(2月26日)后的第五个月。[47] 之后接近一年的时间里，政府的政策依旧没有任何改变，高级贵族决定整合他们的批评意见，并在布鲁塞尔成立了一个号称"忠诚反对者"（"loyal opposition"）的联合阵线。像他们的对手法兰西那样，他们也结成一个联盟。霍恩伯爵、图尔奈市政长官的兄弟蒙蒂尼侯爵（Marquis de Montigny）弗洛里斯·德·蒙特莫伦西（Floris de Montmorency），作为他们的发言人去觐见国王。然而，他只带回了几句冠冕堂皇的话。

1563年3月11日，奥伦治亲王、埃格蒙特伯爵和霍恩伯爵又写了一封信，要求国王免去格兰维尔的职务，并拒绝继续承担对国家政府的责任。[48] 同年年底，高级贵族以一种荒谬的形式抗议：他们让所有仆人都穿上同一种简单的灰色材料制成的制服。官方说法是为了节省开支，但他们还想以这种符号来表达不满。埃格蒙特伯爵有幸设计了这个象征符号。他选择了一个傻瓜帽，上面绣着仆人制服的袖子。谁都知道这是在讽刺红衣主教。[49] 作为布鲁塞尔非正式的首席顾问和红衣主教，格兰维尔似乎是尼德兰的利益从属于西班牙君主这一事实的化身。除了贝莱蒙特和格罗宁根的执政阿伦贝格伯爵以外，金羊毛俱乐部的所有执政和骑士都认同这一观点。高级贵族的愿望是实现国王和贵族的共治，就像中世纪的御前会议（curia）那样。

同年，总督玛格丽特（帕尔马的）还决定停止与格兰维尔合作，因为她觉得他在写给国王的信里暗中反对她。作为帕尔马和皮亚琴察（Piacenza）的公爵夫人，玛格丽特（帕尔马的）非常想占有皮亚琴察城堡,这就要求国王撤走西班牙驻军。红衣主教格兰维尔劝阻了国王,这让玛格丽特(帕尔马的)觉得很难接受。这说明,在事关重大利益的严重冲突中,看似微不足道的问题也可能会导致意想不到的裂痕。腓力二世准许格兰维尔到弗朗什-孔泰去看望他的老母亲。这只是把格兰维尔体面赶走的借口,从贵族到乞丐,低地国家的人民识破了这个诡计。无论如何,格兰维尔在马德里的政治盟友对他离开尼德兰一事一点也不失望:他们一直认为他在那里任职是大材小用。[50] 格兰维尔这位红衣主教走后,高级贵族回到国务委员会,再次加入讨论。他们很快注意到少量的人事变动并不能改善这个国家的状况。对异端的严酷迫害是国王个人政策的重点之一,他绝不会轻言放弃。就连国王的忠实追随者维格留斯和格兰维尔也曾呼吁国王宽大处理,并请他允许尼德兰的新教徒像奥斯曼帝国的基督徒一样生活:只要他们表现得当并做出了财政贡献,就让他们保持自己的信仰。但是国王充耳不闻,死守着他严格的原则。

1564年12月31日,奥伦治亲王威廉在国务委员会发表讲话,阐述了他在这件事上的原则,他说:"虽然我是一位虔诚的天主教徒,但我不赞成王侯们去控制他们臣民的良心。"[51] 格兰维尔对亲王的天主教信仰持肯定态度,声称他知道亲王威廉没有任何可疑之处,也没做过任何可能损害信仰的事情。[52] 如此直言不讳地呼吁宗教自由的行为以前从未出现过,要知道,哪怕是在神圣罗马帝国境内,居民也需要和领主保持同样的信仰。亲王的提议基本上允许了两个或两个以上宗教的共存。这不是天真的理想主义，而是一种基于现实的可操作的、超越宗教的观点：如果罗马天主教徒、门诺派教徒、路德宗教徒和加尔文宗教徒共同生活在一个社会（更不用说其他许多较小的团体），迫害他们乃至将他们处以死刑都将是没有意义的。

既然国王和他的重臣们没有达成一致，那么最好的解决方案似乎是派一名代表到国王那里澄清贵族们的观点，如果能让国王改变心意，就再好不过了。除了希望减轻宗教迫害和更多地参与决策外，贵族们还希望重启对法战争。

埃格蒙特伯爵，这位曾两次击败法兰西人的杰出贵族，似乎是前往西班牙的最佳人选。从2月上旬到4月初，他一直待在宫廷里。国王对他的到访十分不满，但国王和宫廷都表现出了他们最好的一面。招待会、宴会和比赛给埃格蒙特伯爵的印象是，国王欢迎他的来访。然而，没多久腓力二世就在一件事上现了原形：他希望不惜一切代价维护与法兰西的和平。他宁愿失去尼德兰，也不愿重燃与法兰西的战火。[53]这一点应该特别注意，因为历史学家们常常将注意力放在贵族身上，并认为贵族代表着尼德兰真正的利益；至于反民族主义的立场则被学者归于国王。实际上，正是因为把尼德兰的利益放在心上，腓力二世才想维持与法兰西之间的和平。埃格蒙特伯爵和国王谈了好几次，最后一次是4月4日在阿兰胡埃斯（Aranjuez）。国王问他，贵族让他们所有的仆人都穿上同样的制服、戴上傻瓜帽到底想干什么。埃格蒙特伯爵回答说，这只是一场游戏。对此，国王回答，"Conde, no se haga mas"，意思大致为"伯爵，这必须停止"。[54]事实上，他们没有讨论任何实质性问题；国王向埃格蒙特伯爵保证他会关照尼德兰的福利，然后用礼物和暧昧不清的声明打发埃格蒙特伯爵回家。奥伦治亲王威廉逼问埃格蒙特伯爵时，埃格蒙特伯爵不得不承认，他未能求得国王对当前情况的谅解，更不用说预期的政策转变了。在5月13日的一封信中，国王下令处决了6名在尼德兰已经获得缓刑的门诺派教徒。

腓力二世更喜欢听比亚维森西奥的意见。1565年7月29日，他们进行了第一次交谈。谈话持续了两个小时。国王请这位修士把他的发现写在纸上并让他在四天后再来。比亚维森西奥性格强硬，很善于说服人，最终成了腓力二世良心的代言人。此时，玛格丽特（帕尔马的）仍在贵族的魔咒下，不得不满足他们的要求：贵族统治、宗教宽容以及召集三级会议。出乎预料的是，腓力二世同意在尼德兰举行一次宗教会议。6名神职人员和3名法学家齐聚一堂，当然还有国务委员会的维格留斯和约阿希姆·霍佩鲁斯（Joachim Hopperus）。他们建议对年轻人进行更好的教育，对神职人员实行更严格的控制，并尽可能让异端去划船而不是将他们处以死刑。比亚维森西奥对此非常不满：他认为这样的会议没有实现政府的目的，他宁愿由教会举行一次地区性的会议。他表达了激进的立场，并援引教父圣奥古斯丁的观点，强调异端的皈依不是出于爱，而是出于对火刑柱的恐惧。如果地方法官不想采取行动，就应该换掉他们。毕竟，到当时为止，所有问题都是由放纵引起的。要想解决问题，必须想办法秘密执行死刑，并且尽量支持现有的宗教裁判所。最后，他表示不能指望玛格丽特（帕尔马的）做出这样的改善。当腓力二世犹豫不决时，比亚维森西奥指出，他的拖延会在死后造成恶果。[55]最终，在10月17日和20日，腓力二世铤而走险，在塞戈维亚森林里的乡间别墅中写下了那些臭名昭著的信。他在信中下令，法令必须严格执行。[56]总督玛格丽特（帕尔马的）不敢在国务委员会讨论这些信件，但奥伦治亲王坚持要求她透露其中的内容。国王一成不变的政策只会让不满和批评与日俱增。

贵族协会

1565年12月，布鲁塞尔举行了总督玛格丽特（帕尔马的）之子、帕尔马公爵之子（1586年继承公爵之位，故后文1586年后方称其为帕尔马公爵）亚历山大·法尔内塞（Alexander Farnese，后文简称法尔内塞）的婚礼。[57]许多客人聚集于此。在庆祝活动中，20个小贵族经过多次会议和协商，成立了名为贵族协会（Compromise of Nobles）的联盟。因为埃格蒙特伯爵西班牙之行的失败，他们认为必须采取行动，集体反对宗教法令和宗教迫害并维护祖国的利益。

奥伦治亲王的弟弟拿骚的路易（Louis of Nassau）和加尔文宗的一个小贵族、图卢兹领主约翰·马尼克斯（John Marnix）起草了一份请愿书。他们制作了几份副本，寄送至全国各地，收集签名。大约400名贵族要求召集三级会议并暂停宗教法令和迫害。这些贵族中有天主教徒和新教徒，但大多数人可能没有明显的宗教倾向。奥伦治亲王建议总督玛格丽特（帕尔马的）和贵族们把请愿书作为官

图2.1 《宗教裁判所的桅杆》(*The Mast of the Inquisition*)，匿名，1566年4至6月。左边的乞丐试图把桅杆拉过来，而右边的天主教神职人员则试图使桅杆保持直立。上面的文字是荷兰语和法语，是当地通行的两种语言。格兰维尔把这幅画的一份摹本寄给了西班牙的腓力二世，该摹本至今仍然保存在锡曼卡斯的国家档案馆。这件摹本藏于莱顿大学图书馆

方请求递交，以缓和冲击。玛格丽特（帕尔马的）犹豫地同意了。1566年4月5日，200名贵族徒手游行到布鲁塞尔的宫殿。级别较低的贵族在前面，级别较高的贵族在后面，最后则是布雷德罗德伯爵（Count of Brederode）亨利和路易（拿骚的），两人将亲手提交请求。总督玛格丽特（帕尔马的）回应说，她不能做出具体的承诺，但她保证会在执行宗教法令时尽量"适度"。

贝尔莱蒙注意到玛格丽特（帕尔马的）非常紧张，便对她说："不要害怕，夫人。他们只是些乞丐。"贵族们确实是来"乞讨"的，但不是为了自己：他们要求宽容那些有其他宗教信仰的人，并请求召集三级会议。他们中的许多人负债累累，但他们并不是传统意义上的乞丐。尼德兰的新财富可能是建立在贸易和商业的基础上的，但通过拥有土地或服务宫廷而来的旧财富尚未流失。19世纪至20世纪的尼德兰历史学家倾向于把贵族描绘成对重大事件几乎没有实际影响的无知的落魄者，直到H. A. 恩诺·范·赫尔德（H. A. Enno van Gelder）和亨克·范·尼洛普（Henk van Nierop）才重新检视了贵族的真正价值。[58]在尼德兰南部，人们则很少低估贵族的作用，这说明贵族在阿图瓦、埃诺和那慕尔等省的经济和政府中占有更重要的地位。提出请求几天之后，贵族们把"乞丐"这个名字当成了荣誉勋章。他们把乞讨的碗或"乞丐勋章"挂在脖子上，提出了 *Fidèles au roy, jusqu'à la besace*（"忠于国王，忠于乞丐的袋子"）的口号。高级贵族派蒙蒂尼侯爵再次前往马德里。这次，随他一同前往的是贝亨奥普佐姆侯爵（Marquis of Bergen op Zoom）让·德·格利姆（Jean de Glymes）。1566年7月30日，12位小贵族的代表（很快被称为十二使徒）向总督玛格丽特（帕尔马的）提交了第二份请愿书。他们现在进一步要求完全的宗教自由，并要求将政府移交给忠诚的贵族，也就是奥伦治亲王、埃格蒙特伯爵和霍恩伯爵。可以说，他们的野心有两方面：宗教的和政治的。

在法兰西，贵族们也认为自己是国家的喉舌，哪怕是在要反叛的时候，也有责任捍卫国家利益。有人请求一位高级贵族参与反抗君主、保卫祖国的斗争，这位贵族回答说，做这种事的人总是输得最惨：事实通常证明国王是最强的，那些反抗国王的人最后都屈服了。[59]在法兰西当时的情况下，这无疑是个好建议，毕竟直到两个世纪之后那里的革命才会成功。但我们最好还是记住这个例子，因为在尼德兰的部分地区，国王才是最终屈服的一方。

恐怖年，还是奇迹年？

西班牙-布鲁塞尔政府的严格执政不仅基于有原则的宗教信仰，还基于政治策略。法兰西的例子清楚地展示了宗教分歧是如何分裂和毁灭一个国家的。1559年《卡托-康布雷齐和约》签订后，法兰西国王亨利二世在一次比武中受了致命伤，英年早逝。他留下了四个身体虚弱的未成年儿子，其中，长子成为国王查理九世，并由其母摄政。强大的吉斯家族（House of Guise）所支持的天主教宫廷，遭到了孔戴和科利尼等显赫的新教家族（在法兰西被称为胡格诺派）的反对。两派之间的冲突几乎无异于一场内战。1562年3月，胡格诺派被击败后，许多新教徒越过法兰西北部边境，来到瓦朗谢讷（Valenciennes）、图尔奈和安特卫普。[60]他们的领袖之一是吉多·德·布利（Guido de Brés / Guy de Brès, 1522—1567）。1559年以来，他一直在图尔奈当牧师。1561年，他在那里写下了《信仰的告白》（Confession de foy），并于一年后以荷兰语出版，题名 Belydenisse des gheloofs。之后，以《比利时信条》（Confessio Belgica）之名，它被尼德兰的加尔文宗教徒用于陈述他们的信仰。同年秋天，德·布利朝图尔奈城堡的墙上扔了一块石头，石头上附了一封信。这封信是写给国王的，信中说，加尔文宗的成员希望成为国王忠诚的臣民。1561年12月19日，玛格丽特（帕尔马的）将这封信寄给了腓力二世。1562年7月12日，加尔文宗的首次仪式在巴约勒露天举行。1565年5月1日，根特聚集了大量加尔文宗教徒，他们请求地方法官允许他们建造自己的教堂。到1566年夏天，露天仪式在全国各地吸引了成千上万的人，不仅是在佛兰德和布拉班特，在荷兰也有，例如在奥弗芬（Overveen）附近的沙丘（位于布雷德罗德伯爵亨利的管辖区）。与其他新教教派相比，加尔文宗有一个优势：这是一个深思熟虑且极有效率的组织。会众由教会理事会或会务委员会管理，会务委员会的代表定期在地区长老会议和教会会议上聚集。牧师们接受了全面的教育——不是师从加尔文本人，就是师从他在日内瓦的弟子——并在全国各地费尽心力地吸引信徒。加尔文宗将政府视为上帝的仆人，认为政府也必须皈依上帝。7月15日，贵族和会务委员会的代表们聚集在列日的中立领土圣特赖登（Sint-Truiden）。他们可能已经在那里讨论过进行有组织的甚至武装抵抗的可行性。

　　加尔文主义出现在尼德兰最南端，不仅是因为该地区与法兰西邻近，还与阿图瓦人和埃诺人讲法语有关。除此之外，还有一个重要原因。阿图瓦的农村地区和佛兰德的西南角此时已因纺织业的发展而高度工业化。成千上万的人在这个行业里勉强糊口，即使在繁荣时期，也很难超过贫困线。当与英格兰的贸易冲突导致羊毛供应短缺之后，该地出现了大规模的失业。而瑞典与丹麦的军事冲突则造成了更严重的后果。1565年，厄勒海峡（Øresund）停止航运，这切断了来自波罗的海的谷物供应，再加上尼德兰本身的歉收和异常寒冷的冬天，造成了1566年的大饥荒。这在低地国家人们的记忆中是史无前例的。在苦难最为严重的地方，天主教会的财富引人嫉妒，而加尔文主义得到了最热烈的支持。贝亨奥普佐姆侯爵将宗教问题归咎于瓦朗谢讷数以千计的雇佣劳动者。[61]而在图尔奈，情况更为极端，以至于穷人被称为"光溜溜的人"，因为他们几乎衣不蔽体。这些衣衫褴褛的人想要的不是什么教条，而是食物。在如此悲惨的境况之下，各种形式的暴力抗议似乎是他们唯一的出路。维格留斯写信给西班牙的一位朋友说，由于奥德纳尔德（Oudenaarde）周围贸易和商业的停滞，8000多人失业了。他们通常受雇于商人，但现在没有工作机会，不得不寻找其他的维生之计。[62]

圣像破坏运动

牧师塞巴斯蒂安·马特（Sebastiaan Matte）出身帽匠，布道通俗易懂。1566年8月10日，在圣劳伦斯节当天，他在斯滕福德（Steenvoorde）的圣劳伦斯修道院（St Lawrence monastery）外进行了一次煽动人心的布道。斯滕福德这个村庄位于当时佛兰德的西南端，正好在今天的法国边境线上。演讲结束后，20名听众在另一位牧师的带领下进入了修道院，开始毁坏所有的雕像。三天后，同样的事情发生在附近巴约勒的圣安东尼修道院。第二天，马特在北边不远处的波珀灵厄（Poperinge）布道，大约100人砸碎了教堂里的一切。从那里开始，民众几十人一组，成群结队地横冲直撞，破坏了佛兰德和布拉班特的教堂、修道院和女修道院。实际上，不能把这场低地国家的圣像破坏运动（beeldenstorm）看作单一的一致行动。在一些地方，破坏是由长时间生活在贫困线以下的失业者和饥饿者组成的愤怒群体造成的；而在另一些地方，破坏是由致力于

"清洗"教堂的群体进行的，更有纪律和效率。

因此，运动的情况因村而异，因市而异。作为统治中心，布鲁塞尔没有受到影响。在许多城镇，局势取决于民兵。这是一个有组织的武装公民团体，他们的任务是维护法律和秩序。在城镇遭受军事袭击时，他们必须随时待命。如果民兵不支持破坏教堂，就像在鲁汶、里尔（Lille）、布鲁日和许多其他城市一样，那么破坏运动就不会发生。而安特卫普（8月20日）、根特（22日）和瓦朗谢讷（24日）却饱受破坏运动之苦。在根特，这是食物短缺造成的直接后果。丰收之后，人们预计粮食价格会迅速下跌，但实际情况并不像预期的那样。8月21日，粮食暴动爆发，穷人自行定价。第二天，人们已经处于极度激动的状态，他们把怒火指向教堂、修道院和女修道院。[63]编年史家马库斯·范·瓦恩韦奇克（Marcus van Vaernewijck）记录道，父亲们带着孩子们去教堂用小锤子敲打雕像。[64]这些城市周围的村庄也感受到了抗议者的愤怒，但在主要河流的上方，破坏活动则更加孤立。为了防止更糟的情况发生，一些城市授权有序地销毁雕像，以吕伐登（Leeuwarden）和格罗宁根为例，两地分别于9月6日和9月18日授权。9月14日，屈伦博赫伯爵（Count of Culemborg）把他城镇上的所有雕像都移走了。25日，布雷德罗德伯爵也在菲亚嫩（Vianen）这样做了。

圣像破坏运动摧毁了无数艺术品，以致低地国家中只有为数不多的教堂仍然保留着1566年以前的艺术氛围。1566年8月和9月发生的这些短暂但严重的事件令人印象深刻，但随后几年系统性清洗教堂建筑所造成的影响也不容小觑：大多数雕像消失了，大多数壁画在16世纪70年代宗教改革运动胜利后被新的涂料覆盖了。[65]有时，教会或世俗当局意识到了昂贵的祭坛画在宗教和艺术上潜在的双重价值。凡·爱克（Van Eyck）兄弟在根特的圣巴冯大教堂创作的祭坛画《羔羊受崇敬》（Adoration of the Mystic Lamb），被转移到了安全的地方。在莱顿，市政当局下令搬走路加斯·范·莱登（Lucas van Leyden）的《最后的审判》（Last Judgment），全赖于此，我们现在才能在莱肯布料厅市立博物馆看到这一作品。在阿尔克马尔（Alkmaar），新的加尔文宗城市领导人不想把梅尔滕·范·海姆斯凯克（Maerten van Heemskerck）的大型祭坛画留在教堂里，但又觉得销毁它十分费钱，就把它卖给了瑞典（路德宗的！）林雪平大教堂。[66]

实际上，只有一小部分人参与了圣像破坏运动，大多数人都选择冷眼旁观。有趣的是，与法兰西宗教战争期间的情况不同，在尼德兰，大多数人选择任由激进分子从事破坏活动。人们对此的解释千差万别。可以肯定地说，1566年夏天，第一次严重的破坏浪潮让虔诚的天主教徒们大吃一惊。至少，当时的许多编年史家表达了他们的愤怒、惊讶和无奈。作为单纯的信徒，他们总是根深蒂固地认为应该服从他们的神父，他们的牧羊人。但现在他们该怎么办？全副武装地去战斗吗？那可能会导致可怕的内战，就像法兰西那样。

一些人建议允许新教徒建造自己的教堂。在鲁汶和里尔等没有发生圣像破坏运动的保守城市，有一些神父则呼吁政府进行干预。在大多数地方，市政当局都希望恢复秩序，因此没有组织起诉。然而，在法兰西，大多数天主教徒信奉"一个信仰、一个法律、一个国王"（une foi, une loi, un roi）的理念，任何反对这一理念的人都是违背人民神圣统一的罪人。国王蒙上帝的恩典而成为国王，受教会的加冕和施膏。而在尼德兰，情况并非如此。在那里，由于土地的复合性，领属关系错综复杂，腓力二世有4个公爵头衔、6个伯爵头衔和7个领主头衔，以统治者的名义宣判死刑是完全不可能的。[67]

尽管如此，天主教徒的反应也足够激烈了。他们可能曾经同情那些歌唱着、祈祷着、英勇赴死的贫穷可怜虫，但现在，反对者们已经变得如此强大，甚至能在教堂里砸碎雕像，他们必须出手应对了。天主教贵族远离了反对者们，解释说恢复秩序还是相对容易的。局势已经够紧张了：8月20日和22日，安特卫普和根特发生了激烈的圣像破坏运动。起初，总督玛格丽特（帕尔马的）非常绝望，但她被高级贵族们救了出来。在与奥伦治亲王和埃格蒙特伯爵商量之后，贵族协会决定解散。作为交换，玛格丽特（帕尔马的）同意允许在此前已经开始传教的地方继续传教。针对这些事件埃格蒙特伯爵回应道"首先是国家，然后是宗教"，恢复了佛兰德的秩序。作为安特卫普的子爵，奥伦治亲王也恢复了安特卫普的和平，并把几个头目绑了起来。屈伦博赫的居民向他们的伯爵递交了一份请愿书，要求他禁止新教传教并强制执行宗教法令,[68]但他没有采取任何行动。

圣像破坏运动的势头之猛和规模之大给尼德兰的世俗和宗教当局,给天主教徒、路德宗教徒和加尔文宗教徒都留下了深刻的印象。但他们应该是受到了法兰西事态的警示的:短短四年之间,法兰西大部分地区的教堂、修道院和女修道院的雕像和画作均被剥夺。[69]因此,政府是可以预见这样的事也可能在尼德兰发生的。尽管如此,国王和西班牙宫廷还是震惊了。[70]

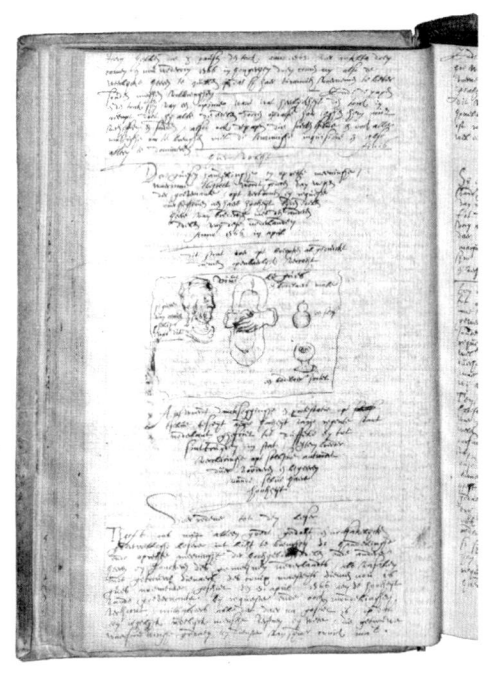

1566 年 10 月 3 日,埃格蒙特伯爵、霍恩伯爵、奥伦治亲王和路易(拿骚的)在佛兰德的登德尔蒙德(Dendermonde)会面。传统观点认为,他们讨论了武装抵抗的可行性。但到底是为了什么,针对谁,如何进行?他们中有没有人想过接管强大的城市并向国王展示宗教自由社

图2.2 贵族联盟的象征。速写出自戈德瓦特·范·海赫特(Godevaert van Haecht)的《编年史》(*Chronicles*,1565—1574 年)

2 难题

会的既定事实？简言之，就像之后历经艰辛在1572年所达到的那样？（见第三章）埃格蒙特伯爵对国王过于忠诚，他不会考虑这样的选项。而布雷德罗德伯爵亨利则想战斗，并在乌得勒支以南自己的小镇菲亚嫩建立了防御工事。奥伦治亲王为他提供了许多大炮。在南部，瓦朗谢讷和图尔奈选择了加尔文主义，拒绝政府军在本地扎营。随后的实力较量也许没有达到以后几年的规模，但确实是第一次艰苦的斗争。总督玛格丽特（帕尔马的）多次试图让这两个城市与国王握手言和，但屡次遭拒，之后她命令菲利浦·德·诺伊卡尔姆斯（Philippe de Noircarmes）将军以武力征服它们。1567年1月，图尔奈被攻下。这给了玛格丽特（帕尔马的）新的勇气。在维格留斯的建议下，她要求贵族们重新宣誓效忠，准备借此看看她能信任谁，不能信任谁。奥伦治亲王、霍恩伯爵和布雷德罗德伯爵拒绝了。低级贵族威廉·布洛伊斯·范·特雷斯隆（Willem Blois van Treslong）第三次提出了宗教自由的要求并威胁说，如果这次不兑现，他将发动武装叛乱。总督玛格丽特（帕尔马的）断然拒绝了这一要求，但在2月底，她给国王写了一封信，说布雷德罗德伯爵的军队和她的一样强大。又过了一个月，她的将军们成功地粉碎了反抗者的最后希望。3月13日，图卢兹的约翰·马尼克斯率领的一小支加尔文宗军队在安特卫普北部的奥斯特维尔（Oosterweel）惨遭杀害。[71]令人心碎的场面在城墙上演，乞丐的支持者们正要从那里向政府军展开攻击。奥伦治阻止了他们。他们不是训练有素的士兵

068　　　　　　　海洋帝国的崛起：尼德兰八十年战争，1568—1648

的对手,这样战斗将必死无疑。11天后,政府军占领了瓦朗谢讷,消灭了反抗者的最后一个重要温床。然而,在西班牙,国王已经下令惩罚尼德兰的反抗者,以儆效尤。

3
被检验的忠诚

在阿尔瓦公爵的镇压之下：1567—1573

阿尔瓦公爵的到来和他最初的行动

阿尔瓦公爵认为控制低地国家大概需要6个月的时间。在他看来，当贵族们反对国王的时候，让几颗人头落地是为王室立威的最佳方式。阿尔瓦公爵是西班牙宫廷中鹰派的一员，他甚至在所谓的圣像破坏运动之前就主张强硬路线。尼德兰总督玛格丽特（帕尔马的）在贵族们提出要求后承诺克制和温和，但国王拒绝了。这激怒了蒙蒂尼侯爵，他愤怒地冲进国王的房间。即便是一直想保持镇静的腓力二世，也被他气得脸红脖子粗。[1] 1566年9月3日，总督玛格丽特（帕尔马的）的信到了，信中说到教堂、修道院和女修道院被毁的消息。这吓坏了宫廷里的许多人，国王在床上躺了好几个星期。阿尔瓦公爵自己则被痛风击倒。这是他第一次抱怨命运的不公，但后来他还会多次有这样的体验。[2]

直到9月22日，皇家国务委员会才在马德里开会讨论尼德兰的局势。反对阿尔瓦公爵及其同僚所主张的强硬路线的是一些贵族，多年来他们一直是阿尔瓦家族的竞争对手。埃沃利亲王（Prince of Eboli）鲁伊·戈麦斯·达·席尔瓦（Ruy Gómez da Silva）是腓力二世的儿时好友。他是国王手下西班牙枢密院（Spanish Privy Council）的一员，也是腓力二世在低地国家时最重要的顾问。他甚至有"国王戈麦斯"之称。他的阵营被称为"埃沃利派"，而阿尔瓦公爵的支持者被称为"阿尔瓦派"。埃沃利派的一个代表人物是国王的秘书弗朗西斯科·德·埃拉索（Francisco de Eraso）。[3] 埃沃利派倡导哈布斯堡帝国的分权统治，因此对尼德兰的问题采取温和的态度；而阿尔瓦公爵和他的支持者则认为，帝国应该由天然的权力中心——卡斯蒂利亚的国王腓力二世直接统治。[4] 因此，低地国家的贵族们希望埃沃利亲自来到尼德兰，以温和的手段恢复权威和信任。阿尔瓦公爵认为这是不可能的。首先，军队需要重建秩序，在阿尔瓦公爵看来这需要执行800次死刑。只有这样，国王才能亲自前往低地国家，扮演仁慈善良的统治者角色，并给予赦免。换言之，要先打一棒子，再给颗枣吃。他们必须杀鸡儆猴，否则意大利的领地也会有样学样地反抗国王的权威。国务委员会派阿尔瓦公爵将他的建议付诸实践。公爵因为耍嘴皮子而得到这项工作，尽管不情不愿，也只能硬着头皮去了。埃沃利和埃拉索一派为此很高兴，因为阿尔瓦公爵将长期缺席宫廷生活，这有利于他们自己的野心。[5] 阿尔瓦公爵多年来战功赫赫，是王权不可或缺的支柱。现在，经验丰富和值得信赖使他成为重建尼德兰秩序的不二人选。但他的竞争对手却在他离开宫廷之前就开始试图削弱他。记住这一点很重要，因为我们稍后将看到，西方世界最高权力者的代表，事实上却无力镇压低地国家的反抗。

直到1566年底，前往尼德兰的大型远征军才动身。这支部队驻扎在意大利，想要进入低地国家，必须先越过阿尔卑斯山，然后通过中立领土——这项庞大的行动需要数月的准备。就在阿尔瓦公爵准备离开西班牙卡塔赫纳（Cartagena）港前往意大利之前，他收到了埃拉索的最后通知，通知他将分到比计划中更少的兵力，而且他自己的军费也被缩减了。[6]这说明了西班牙官员之间的分歧是如何让事情变得混乱且烦人的。虽然阿尔瓦公爵不允许自己被这种事阻挠，但他已经开始后悔接受这项任务了。

看一看当今欧洲的地图，我们发现他的路线经过了现在的法国东部：萨伏依、弗朗什-孔泰和洛林。腓力二世时期，萨伏依和洛林是西班牙的盟友，而弗朗什-孔泰则是哈布斯堡的领土。自杰弗里·帕克的经典专著问世以来，这条一直被使用到1622年的"西班牙之路"[7]变得广为人知了。在这条西班牙走廊的西面，法军密切地关注着局势。在走廊的另一边，瑞士的长矛兵守卫着他们的边境各州，就像一只刺猬在狐狸靠近时为了自保而蜷成一团。阿尔瓦公爵本可以利用这一机会，在路过日内瓦的时候把这个异端的巢穴一锅端，但公爵治军严格，不允许他的军队偏离既定路线一毫米。在路上，他收到了总督玛格丽特（帕尔马的）的来信，通知他不用去

3 被检验的忠诚　　075

了，因为她已经成功地恢复了秩序。公爵对这个消息不予理会；国王已全权委托他做他认为必要的事。此外，他认为玛格丽特（帕尔马）之所以能够恢复秩序，完全是借他的势狐假虎威。[8]

1567年8月28日，阿尔瓦公爵抵达布鲁塞尔。玛格丽特（帕尔马）很快意识到谁才是实际的掌权者，因而决定就此辞职。9月13日，腓力二世批准了她的辞职，年底，她离开尼德兰返回帕尔马。阿尔瓦公爵原以为，作为将军，他只需要恢复秩序，然而现在却发现他被任命为总督，不得不承担管理任务。这一任命的意义在于，这是尼德兰历史上第一次出现非王室出身的国王代理人。阿尔瓦公爵在到达尼德兰后的头几个星期里表现出了仁慈和谦恭的态度，但这只是为了尽可能多地抓住前反对派的成员。他的计划有一小部分成功

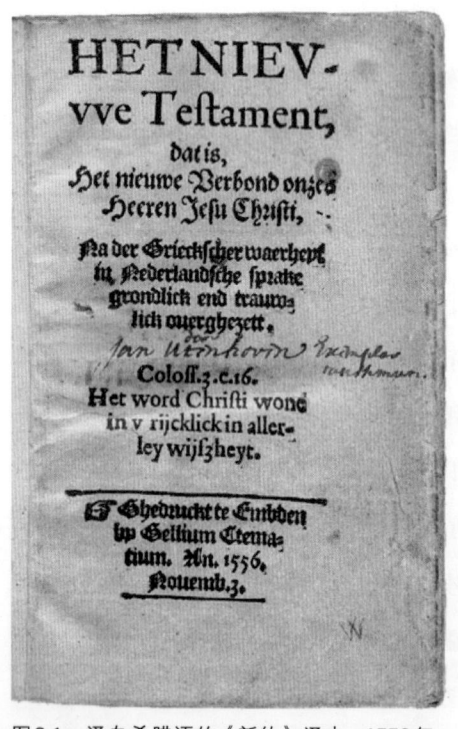

图3.1 译自希腊语的《新约》译本，1556年。在埃姆登印刷的许多出版物之一。译者的名字是手写在扉页上的

了——埃格蒙特伯爵和霍恩伯爵被引诱到了布鲁塞尔。当他们意识到他们的忠诚会让他们垮台时，一切都太晚了，9月9日，他们被阿尔瓦公爵逮捕了。阿尔瓦公爵显然对这件事在国内外引起的轩然大波感到欣慰。大约在同一时间，蒙蒂尼侯爵在西班牙被捕并被关进了锡曼卡斯的国家监狱。

其他的反对派没有这样的麻烦，他们早在局势宽松的时候就旅居海外了：布雷德罗德伯爵亨利留在克莱沃公国（Duchy of Cleves）；1567年4月，奥伦治亲王威廉就经布雷达回到了他在拿骚的祖籍地迪伦堡（Dillenburg）。9月份，亲王给阿尔瓦公爵写了一封信，形式上向公爵臣服。他们都不相信这是真的。这种装腔作势的行为为亲王赢得了"沉默者威廉"的绰号。当然，这个绰号绝不意味着亲王生性沉默——实际上他非常健谈，是一位出色的演说家。亲王之所以被称为"沉默者"，是因为他死后审判官彼得·蒂特尔曼斯说过（原本是用拉丁语说的），"如果精明的威廉逃走了，欢乐将是短暂的"[9]，而"精明的"（*astutus*）一词被错误地翻译成了荷兰语的"沉默"。奥伦治亲王的敌人蒂特尔曼斯原本打算借此诽谤亲王的性格，没想到后来这个绰号反而逐渐得到了积极的解释，特别是在19世纪——似乎正是亲王的寡言少语使他成为一个精明的政治家。实际上，亲王在有生之年，从未被称为"沉默者"。[10]

除了这几位主要的领导人物之外，还有成千上万信奉新宗教的普通人离开了这个国家。大多数人去了邻国，也就是德意志和英格兰，并在流亡过程中定居在诺里奇（Norwich）、埃姆登（Emden）、克莱沃、法兰克福和海德堡等地。在一些地方，他们的人数极多，甚至超过了本地人。但是他们也用人口和专业技能，为经济发展贡献了力量。同时，他们还成立出版社，用自己的语言创作宗教和政治作品。就是在这种背景下，埃姆登成了主要的出版中心，在1554年至1574年间出版了200多本书。[11] 被荷兰人称为"诺德韦克"的诺里奇也出版了许多书，包括荷兰语的《海德堡教义问答》（*Heidelberg catechism*）。[12]

除了这些想在海外侨居地继续实践宗教信仰、从事专业工作的守法公民之外，还有一些人在佛兰德的森林或公海寻求避难：他们就是"森林乞丐"（*bosgeuzen*）和"海上乞丐"（*watergeuzen*）。他们被迫以非法手段谋生。森林乞丐通常是政府的猎物，政府的势力在陆地上很强大，这致使他们在1568年之后几乎不成气候。[13] 而海上乞丐则标志着一个根本性变革的开始。历史上他们被视为一群粗鲁的人，事实上他们来自社会的各个阶层，从贵族到乞丐。作为海盗，他们靠截获船只生存，包括他们本国人的船。而一旦落入保皇党手中，他们的命运就注定了，要么是被绞死在绞刑架或桅杆上，要么是被运往布鲁塞尔进行审讯和处决。

暴动事件委员会

面对统治整个国家的问题，阿尔瓦公爵可以寻求三个附属委员会的支持，但没有中央官僚机构。三级会议一直抵制这样的行为。阿尔瓦公爵从西班牙带来了一小部分官僚，因为他不信任当地的官员。然而，他带来的官员不通当地语言，只能依赖当地的信息来源，故而经常得到错误的消息，甚至对很多事毫不知情。此外，官僚机构不仅人手不足，还因为内部争论产生了分裂。[14]在这种情况下，机构腐败盛行。这是阿尔瓦公爵意料之中的事，实际上，只要军队能按时得到报酬，他就不关心钱的问题。[15]如果他采取了与十年后的帕尔马相同的宗教战略——让政见不同者要么成为顺民要么移居国外——冲突的结局将截然不同。但阿尔瓦公爵不仅坚决维护罗马天主教信仰，还禁止任何形式的移民。

公爵抵达布鲁塞尔一周后，立即成立了暴动事件委员会。随后的逮捕和审判实际上都是政治性的。他指控那些前一年参与动乱的人犯有叛国罪，借此证明成立该委员会的合法性，说明它不涉及特权问题。表面上，这个由低地国家里忠于国王的天主教徒组成的委员会受阿尔瓦公爵控制，实际上，它的权力掌握在两名西班牙顾问大臣的手中。两名顾问大臣中的一个叫路易斯·德尔·里奥（Luis del Río），他的母亲是佛兰德人，他完全听命于另一位顾问大臣胡安·德·瓦尔加斯（Juan de Vargas），对其言听计从。瓦尔加斯只不过是个普通的恶棍,他在西班牙时被指控虐待继女,来低地国家就是为了逃避西班牙的审判。[16]那些喜欢强调阿尔瓦公爵高贵的绅士风度和文化的人从来不提瓦尔加斯的名字,但若没有公爵的保护,瓦尔加斯就不会如此猖狂,若不是阿尔瓦公爵的权力衰落了,瓦尔加斯也不会离开。瓦尔加斯处决了1037人,下达了11130项没收财产的裁决。[17]死刑判决的数目其实更多,但许多被告人早已离开尼德兰,是在缺席的情况下被判刑的。所有逃亡者的财产都被没收了。这些规则在审判期间得到严格执行,但大量罚款在一定程度上也是因为新的制度需要资金支持。事实上,在阿尔瓦公爵离开后,再没有人被判死刑,这足以证明此前的判断和决定存在偏见。

很快,普罗大众就把法院称为"血腥委员会"(Blood Council)。受害者的人数被严重夸大了。在大众的想象中,委员会采用的酷刑是没有底线的。埃格蒙特伯爵和霍恩伯爵只是两个级别最高的受害者。实行正规法律流程是不可能的。两位伯爵没有纸笔来为自己辩护,也不能与律师交谈。判决可能不是事先设定好的,但不敬君主、损害王权的指控足以使他们死罪难逃。[18]埃格蒙特伯爵的秘书被推上肢刑架,被迫泄露了其主人的政治计划。曾于1566年3月14日在安特卫普市冒着生命危险镇压了一次起义的市长安东·范·斯特拉伦(Antoon van Straelen),同样遭受了可怕的酷刑,被处决了。1567年10月4日,暴动事件委员会判处蒙蒂尼侯爵死刑。十天后,他在西班牙的监狱里被处死,不是根据贵族特权用剑执行，而是被秘密勒死的。冲撞腓力二世是导致他不光彩结局的一个因素吗？我们很难断定，不过腓力二世宣布蒙蒂尼侯爵是自然死亡的。

阿尔瓦公爵强调，所有这些镇压措施针对的都是"反叛者"，而不是那些信奉不同信仰的人。他想以此来避免低地国家的受害者们引发德意志路德宗诸侯们的同情。阿尔瓦公爵与德意志新教和天主教的诸侯们保持着通信，向他们保证他的良好意愿，态度亲切但非常坚定。[19]在总督任期快结束时，他越来越多地将自己的使命视为与异端战斗。

阿尔瓦公爵对奥伦治亲王威廉毫不留情。他逮捕了亲王12岁的儿子腓力·威廉（Philip William），将当时正在鲁汶大学（Leuven University）读书的少年作为人质送往西班牙。在那里，腓力·威廉可以在阿尔卡拉大学（University of Alcalá）继续学习，也享有一定程度的行动自由，但直到30年之后，也就是1596年，他才获准返回尼德兰。[20]

与广受憎恶的暴动事件委员会相比，阿尔瓦公爵的积极成就之一是刑事司法的法典化和人性化。鉴于前文所述，我们很难立即将这一成就与公爵联系起来。阿尔瓦公爵蔑视尼德兰的司法惯例，他说："在低地国家，正义是可以买到的，就像从屠夫那里买肉一样。"[21]他指示法学家们将刑法和刑事司法管理统一起来，这一进程的高潮是1570年《刑事秩序》（Criminal Ordnances）的推行。[22]这一成就实际上应该归功于低地国家的法学家。长期以来,他们始终认为分析和协调差异化的法律规则有助于发展尼德兰的中央政府。阿尔瓦公爵非常赞成这一点,并对此进行鼓励。之后,虽然《根特协定》废除了暴动事件委员会和《刑事秩序》,实际上,1570年施行的全新的、人道的刑法在西属尼德兰仍然有效。

对罗马天主教会和天主教徒来说,要想最终任命那些早就被任命但还没有正式举行仪式的主教,阿尔瓦公爵的强大武装是必需的。此外,公爵还要确保那些在荷兰语地区任职的主教可以讲荷兰语。

奥伦治亲王威廉1568年的战役

如果一定要有人主动进行武装抵抗,那人一定是奥伦治亲王威廉。作为最高等级的贵族和国家最杰出的领导人之一,由他来捍卫传统特权和人民利益是众望所归。此时,他的荣誉岌岌可危,当然,他也想夺回自己被夺走的领地。为此,他一方面与海上乞丐保持联系,授予他们私掠许可证以攻击敌人,另一方面则联合加尔文宗长老法庭,为自己的倡议争取财政支持。他用拿骚家族的资金招募了一支军队,制订了一项雄心勃勃的行动计划:派他的两个弟弟路易(拿骚的)和阿道夫(拿骚的)率兵进军低地国家北部。而他自己则率领一支庞大的部队进入尼德兰中部，袭击布鲁塞尔的统治中心，试图诱使阿尔瓦公爵展开公开战。他希望低地国家的人民经过一年的苛政之后已经受够了阿尔瓦公爵，会或多或少地支持自己。

奥伦治亲王威廉真的认为自己能打败阿尔瓦公爵吗？他有没有想过如果他成功了，以后要采取什么样的政策？总督阿尔瓦公爵是尼德兰的合法统治者，他坚定地信奉天主教。大多数人都已经接受了这一点，并试图在"铁血公爵"的领导下尽可能地利用这一点。那么，奥伦治亲王威廉真的只是一个煽动者吗？阿尔瓦公爵当然会把亲王描绘成这样，他想让指挥官们觉得，拿骚兄弟的军队并不是外国势力。因为这样，拿骚兄弟的军队就不是士兵而是叛军，不应该受到任何怜悯。他们中的任何人落入皇家军队之手都会被立即处死。奥伦治亲王威廉深知自己被打上了反叛者的烙印，他试图用一个引人注目的论据来为自己辩护：他不是在与合法当局交火，他的敌人是那些给国王提供了糟糕建议、违反了国家法律的人。也就是说，他不是在和国王腓力二世作战，而是在和阿尔瓦公爵作战。他把"为国王、法律和人民"（*Pro rege, lege et grege*）作为座右铭。1568年4月，他用多种语言发表了一篇《辩白书》（*Justification*），解释了他过去和现在各种行为的原因。这是一场16世纪舆论战的开始，在这场战争中，许多牧师和笔杆子为奥伦治亲王威廉出谋划策。他这场纸面上的战斗是为了向低地国家的人民以及外国统治者证明，他现在在战场上进行的战斗是正当的。

奥伦治亲王威廉的两个弟弟,路易(拿骚的)和阿道夫(拿骚的)进攻了格罗宁根,目的是转移人们的视线,掩护对布拉班特的主要攻击。起初,一切都按计划进行。1568年5月23日,路易(拿骚的)在海利赫莱战役中击败了西班牙军队,可惜阿道夫(拿骚的)也在阵亡者之列。奥伦治亲王威廉下令路易(拿骚的)打出宗教和良心自由的旗帜来领导他的军队。这场战役在之后被视为八十年战争的开端。[23]1648年签署的《明斯特和约》标志着这场冲突在事实上和法律上的结束,因为冲突持续了80年,所以它在历史上被称为"八十年战争"。如果和约能早一年签署的话,1567年的奥斯特维尔战役可能就会被视为开端,而这场战争很可能仍会被叫作八十年战争——仅仅是为了凑个整数。迪尔克·扬松(Dirck Janszoon)是弗里斯兰圣安娜帕罗希(Sint Annaparochie)的一位富有农民,他把自己经历的一切都记在回忆录里,他提到,"尼德兰战争"开始于1566年。[24]实际上,关于八十年战争是否开始于1568年5月23日这一天,没有哪位历史学家会特别较真。[25]

海利赫莱的胜利是一次孤立的胜利,也许只是碰了一次运气。保皇党方面因为这次失败而笼罩着一种令人不快的色彩。皇家执政阿伦贝格伯爵(Count of Arenberg)让·德·利涅(Jean de Ligne)在战斗中牺牲了,他是腓力二世特别喜欢的一位高级贵族。阿尔瓦公爵曾明确命令他不要孤军与路易(拿骚的)的军队交战,要等待海尔德兰执政梅亨伯爵(Count of Megen)查尔斯·德·布里默（Charles de Brimeu）的增援，他们已经在赶来的路上了。然而，阿伦贝格伯爵最终铤而走险，据说是因为受到了他手下西班牙官员贡萨洛·德·布拉卡蒙特（Gonzalo de Bracamonte）的怂恿。据说，在阿伦贝格伯爵回答说他会服从命令之后，布拉卡蒙特问他是不是害怕孤军作战。是要成为一个贪生怕死的阿伦贝格伯爵吗？让·德·利涅当然不会如此，他选择与路易（拿骚的）的军队交战。这造成了灾难性的后果。[26]如果西班牙指挥官对那些低地国家里忠于国王的人也如此轻蔑，他们会如何看待起义军？

  阿尔瓦公爵对阿伦贝格伯爵的死感到失望，因为阿伦贝格伯爵是少数几个能毫无保留地效忠国王的高级贵族之一，但他也确实觉得，阿伦贝格伯爵本该有足够的判断力来无视布拉卡蒙特的奚落，他还认为阿伦贝格伯爵的富有遗孀现在应该嫁给一个西班牙人。阿尔瓦公爵立即采取了惩罚性措施，5月28日，他下令将布鲁塞尔屈伦博赫伯爵的宫殿夷为平地。这里是贵族协会成立的地方，这一事实足以成为这一象征性行动的理由。据《旧约》的传统，阿尔瓦公爵在地上撒了盐，以防止任何东西生长。[27]1568年6月1日，他在布鲁塞尔的帕登马尔克广场将第一批被判处死刑的贵族斩首。6月5日，埃格蒙特伯爵和霍恩伯爵在更著名的安特卫普大广场上经历了同样的命运。而直到最后，埃格蒙特伯爵还一直天真地相信，即使已经站在刑台上他也会被赦免。正如蒙田在《蒙田随笔》中写到的那样，这一事件使整个欧洲都不寒而栗。[28]

在那之后，恐惧笼罩了低地国家的人民。阿尔瓦公爵自己去了北方，在那里，路易（拿骚的）曾试图围攻格罗宁根城，最终无功而返。但城里的人不想让路易（拿骚的）进城并不一定意味着他们是阿尔瓦公爵的朋友。事实上，当公爵的军队在斯洛赫特伦（Slochteren）城附近寻找敌人时，突然间好像没人知道他们去哪儿了。[29] 路易（拿骚的）的军队一旦被盯上，就完全不敌阿尔瓦公爵的军队。在埃姆斯河（Eems river）上的耶姆古姆战役（Battle of Jemmingen）中，他们被杀得片甲不留，路易（拿骚的）自己也是跳进河里才得以逃脱。这是生于卡斯蒂利亚的阿尔瓦公爵到过的最北的地方，之后他很快便回到布鲁塞尔备战，对付奥伦治亲王威廉的进攻。

1568年的夏天，奥伦治亲王威廉非常有效地调动了三万大军。但如此大规模的军队耗资甚巨，而他的财政收入却非常有限。虽然他在查理五世对法战争期间领导过两次战役，积累了带兵的经验，但与埃格蒙特伯爵在圣康坦和格拉沃利讷那两次大败法兰西人的战绩相比，这些都不值一提。此外，奥伦治亲王威廉面对的是他那个时代最成功的将军之一——曾经平定了意大利起义并击败了神圣罗马帝国的新教统治者。然而，阿尔瓦公爵在此前与奥伦治亲王威廉的战役中始终未直接与亲王交战，因为后者通过有效的组织没有给他机会。[30] 现在，阿尔瓦公爵避开了一场战斗，寄希望于奥伦治亲王威廉的军费撑不过几个星期。后来，他为此受到了官员们的批评。[31] 阿尔瓦公爵追踪来袭的部队，惊讶地发现亲王在队伍的前方，成功地带领军队越过了马斯河（默兹河）。在斯托库姆（Stokkum）村附近水位较低、可涉水而过的河段，奥伦治亲王威廉用一根长绳把骑兵连在一起，挡住了水流。在这座由马匹和士兵组成的活生生的水坝后面，军队带着装备过了河。[32]亲王随后穿过列日的中立领土。但当他到达布拉班特时，没有一个城镇愿意为他打开大门。因为他们知道，阿尔瓦公爵有最强的军队、最深的资历和最高的地位。于是，亲王在没有正当理由的情况下围攻了列日。[33]围攻失败了。12月，奥伦治亲王威廉试图带军穿过那慕尔和埃诺，失败后便在法兰西解散了军队。格兰维尔写信给国王说："奥伦治完蛋了。"但他错了。

图3.2　阿尔瓦公爵的雕像，其委托设计师用在耶姆古姆缴获的青铜大炮制成。关于这座雕像的意见仍有分歧。大多数评论者认为这体现了阿尔瓦公爵的骄傲和自负。还有人说，公爵想把责任从国王身上转移到他自己身上。他们把他伸出的手臂看作是友谊的表示。后来，阿尔瓦公爵的继任者把雕像移走了

这次进攻失败后，一位匿名诗人写了一首赞颂亲王事迹的颂歌，即《威廉颂》(Wilhelmus，见图3.3)。这首颂歌，与其说是对历史的描绘，不如说是对亲王的行为近乎崇拜的颂扬。1932年，《威廉颂》正式当选荷兰国歌。这首颂歌的作者是谁一直存在争议。圣阿尔德贡德领主（Lord of Saint-Aldegonde）菲利普·马尼克斯（Philip Marnix，1540—1598）被视为这首歌最有可能的作者，尤其是在新教传统中。他是图卢兹领主约翰·马尼克斯的弟弟。约翰·马尼克斯死于奥斯特维尔。他们都是加尔文宗的小贵族，曾在日内瓦跟随加尔文学习。在那之后，菲利普·马尼克斯成了一个小册子作家。他的作品《罗马教会的蜂房》(De Bijen-corf der H. Roomscher Kercke)对罗马天主教会的黑暗面进行了尖锐的讽刺。[34]当然，门诺派也是他笔锋所指的对象。在流亡低地国家之外的岁月里，他曾担任奥伦治亲王威廉的秘书，很快就成了亲王的得力助手。《罗马教会的蜂房》和《威廉颂》迥然不同，前者毫不留情、咄咄逼人的语气与后者的庄重、平静形成了鲜明对比。这就是为什么菲利普·马尼克斯不太可能是《威廉颂》作者的一个很好的理由。除了上述一厢情愿的观点，在对其他文本进行批判性分析的基础上，专家们认为这位仍不知名的作者出自奥伦治亲王威廉治下的德意志，更具体地说是拿骚的环境中。[35]然而，在比利时，菲利普·马尼克斯更受欢迎。他因反教权主义而在19世纪的自由主义者中广受欢迎。1998年，他的肖像出现在比利时的邮票上；2012年安特卫普展出了一座奥伦治亲王威廉和菲利普·马尼克斯的双人现代雕塑,后者之所以在安特卫普如此受尊崇,是因为他在1585年将城市交给帕尔马时使用了公正的条件。

当《威廉颂》成为奥伦治亲王威廉永久的纪念碑时,阿尔瓦公爵用他在耶姆古姆缴获的青铜大炮为自己铸了一座雕像。他的主要传记作者认为,这表明他已经开始丧失政治判断力了。[36]1569年,奥伦治亲王威廉和路易(拿骚的)在法兰西宗教战争中继续与胡格诺派的科

图3.3 威廉·德·戈特(Willem De Gortter)记录下的《威廉颂》。德·戈特是一位来自梅赫伦的演说家,死于1620年。他写下了大量的诗歌和歌曲,并用当时军事人物的精美彩绘作为插图

3 被检验的忠诚

利尼和孔戴并肩作战。他们的合作建立在互惠的基础上：法兰西人已经宣布，他们愿意在低地国家与拿骚兄弟并肩作战。科利尼始终感谢他们的支持，并把这次协议视作一项信誉借贷。[37]

大赦和"什一税"

在解除了军事威胁之后，阿尔瓦公爵终于可以进一步巩固尼德兰的政府机构了。大家已经清楚地认识到，在阿尔瓦公爵镇压了他们之后，腓力二世不会亲自到低地国家来实现和解并进行特赦。每一次，国王都因国内问题或国际义务而无法启程，因此，只能由公爵来进行宽大处理。这是不合常理的，而且阿尔瓦公爵心不在此，但这是他自己建议的政策的一部分。他起草了一份大赦文件，这一做法受到了忠于国王的人的欢迎，他们认为这可以表明政府的诚意。但赦免中有太多例外，在实践中几乎没有任何效果，基本上没有逃出尼德兰的人敢返回。当然，安特卫普举行了一个宣布赦免的正式仪式，主教们也在其中发挥了重要作用。但即使是阿尔瓦公爵的支持者也觉得赦免得太少也太晚了。[38]

1569年，阿尔瓦公爵想开始改革税收制度。[39]这一改革迫在眉睫，因为国王要将所有的资金用于他的国际政策，尼德兰今后将不得不为自己的政府和国防买单。阿尔瓦公爵现在别无选择，只能召开三级会议——不是为了征求他们的同意,而是通知他们。1569年3月21日,为了防止议会自行组织起来,像往常一样发表批评,公爵召集他们在布鲁塞尔待了一天。公爵的意思很简单,就是看领主们和绅士们是否同意以下三项税收建议:(1)对所有财产一次性征收1%的税,换言之,就是资本税;(2)5%的流转税,也就是所谓的"双什一税"(*twintigste penning*),适用于出售房地产,如房屋和庄园;(3)对所有动产,特别是日用必需品和商品征收10%的流转税。如果说前两种税已经让人难以接受,那么第三种针对动产的什一税简直令人恐惧。同时代的人认为,在像尼德兰这样的贸易国,这样的税收将意味着贸易的终结。国王以前曾几次试图实行这种征税形式,都遭到了拒绝,这一次他的代表

图3.4 尼德兰起义,或者说八十年战争,也是一场由印刷文本和小册子引发的宣传战。画面中间是奥伦治亲王威廉。右边是他的盾形纹章和一只羊羔;左边是阿尔瓦公爵的盾形纹章和一匹狼。正上方的盾牌上画有十枚便士,第十枚便士上有一个十字架。作品的意义非常明确

也将承受同样的命运。

抵抗阿尔瓦公爵的什一税,是1569年到1572年间"忠诚抵抗"的一个主要内容。这足以使阿尔瓦公爵放弃在执政初期推行这一政策。1569年8月13日至1571年8月13日的两年间,他以征收固定金额补偿金的方式作为替代。但在此之后,他立即不顾后果,下令收取什一税。这引起了广泛的抵制,不论是在阿姆斯特丹这样的保皇党城市,还是在统治中心布鲁塞尔。尽管什一税最终并未实行,但它仍然让很多人想到了改变。唯一的问题是:当下需要什么样的变化?

奥伦治亲王威廉1572年的战役

1572年,奥伦治亲王威廉想冒险再次进攻,希望跟1568年的时候相比,这次有更多人无法继续忍受阿尔瓦公爵的统治。此外,在这几年里,他加强了与法兰西新教胡格诺派的联系。也就是说,他现在可以指望孔戴和科利尼的支持。在法兰西的军事援助下,他在陆上的第二次进攻和海上的进攻有望成功。海上的进攻是由海上乞丐进行的。这些乞丐是来自尼德兰各省的贵族、市民、商人和渔民。由于阿尔瓦公爵的船上根本没有西班牙人,乞丐们发现与自己对战的船员和军队同样也来自低地国家。1568年7月10日,在埃姆斯河上,乞丐们就在海军上将博舒伊森(Boschuysen)的领导下打败了一支来自荷兰的舰队。在突袭陆地时，海上乞丐重创了神职人员和政府官员，并偷窃了他们的同胞。[40]例如，他们多次将矛头指向弗里斯兰的泰尔斯海灵（Terschelling）岛。1571年3月2日和3日，他们袭击了阿姆斯特丹北部的港口城镇蒙尼肯丹（Monnickendam）。一个月后，他们又抢劫了荷兰北部的13个村庄。佛兰德海岸也是他们经常袭击的目标。他们攻击中立船只，并在埃姆登、拉罗谢尔（La Rochelle）或英格兰的港口出售战利品。

奥伦治亲王威廉试图在这些不守纪律的海盗中建立某种秩序，以建立一支可靠的舰队，但没有成功。海上的攻击直击阿尔瓦公爵的弱点，因为他缺乏海军力量。亲王以奥伦治亲王国君主的名义，给了海上乞丐"宣战权"。他还给了他们自己的三色旗作为区别标志，橙色*、白色和蓝色出自他亲王国的盾形纹章（在金色的底子上有一个这种配色的猎号）。正如在前一年出其不意地占领蒙尼肯丹一样，乞丐们现在有能力占领另一个城镇，比如布里尔，或者恩克赫伊曾（Enkhuizen）。奥伦治亲王的大问题，除了为自己的军队提供资金外，还有协调所有乞丐和他自己的行动。1572年3月27日，他任命他的弟弟路易（拿骚的）为乞丐舰队司令。

然而，路易（拿骚的）还没来得及做任何事，海上乞丐就已经采取了大胆的行动。1572年3月1日，由于阿尔瓦公爵的施压，

---

*　原文为"红色"。据核，亲王旗原为橙色，1630年后逐渐被红色取代。——编者注

英格兰女王伊丽莎白一世下令让乞丐们全部离开英格兰港口。他们在公海漂荡，又发动了另一次突袭，这次是在布里尔港。这个小港位于鹿特丹以西20多千米处，在马斯河（默兹河）口附近的沃恩（Voorne）岛上。4月1日，在卢梅领主（Lord of Lumey）威廉·范·德·马克（Willem van der Marck，也就是威廉二世）和威廉·布洛伊斯·范·特雷斯隆的带领下，乞丐们出现在城镇的大门前，声称这是奥伦治亲王的命令。威廉·布洛伊斯·范·特雷斯隆拿出了他父亲（曾任岛上的治安官）的图章戒指，以安抚镇民。一些人逃走了，其他人留了下来。

因为西班牙军队已经离开，乞丐们一反常态地决定留在城里，并用大炮加强城墙防御。4月6日，乞丐们还占领了泽兰省瓦尔赫伦（Walcheren）岛上的另一个重要港口费勒（Veere）。巧的是，这个港口存着勃艮第－哈布斯堡舰队的军火。乞丐们现在获得了充足的船只、武器和弹药补给。

到现在为止，乞丐们都是武力占领城镇的，但就在几天后，弗卢辛的居民主动将乞丐迎进了城。天主教徒在复活节当天离开教堂时，遇到了三位军需官。这三位军需官是来为西班牙步兵团筹措军饷的。见识过先前驻扎在这里的西班牙军队，城中的居民对此表示反对，称自己是国王的忠实臣民，但只允许低地国家的军队进驻。那是4月22日，在弗卢辛同意接纳一批乞丐的船进港之前。在乞丐们进港时，船上悬挂着国王和奥伦治亲王双方的旗帜。[41]

据称，阿尔瓦公爵对该城镇的倒戈做出了回应，说："那无关紧要。"[42]荷兰的执政，布叙伯爵（Count of Boussu）马克西米利安·德·埃宁-利塔德（Maximilien de Hénin-Liétard）率领一支军队前往布里尔，但未能夺回该城镇，因为城镇居民已经放水淹了周围的土地*。乞丐们发起反击，洗劫了代尔夫沙文（Delfshaven），但布叙伯爵又把他们赶走了。鹿特丹拒绝给予布叙伯爵过境权，但经过谈判，西班牙军队获准以小队的形式通过。然而他们言而无信，一进城，就制伏城市民兵，大肆烧杀抢掠。[43]这种情况一再发生：城镇只能通过引水淹没周围的土地来自卫，而西班牙军队言而无信、烧杀抢掠，使大量保皇党人民与国王日益离心。当然，海上乞丐同样有动用私刑的罪过。在这方面，卢梅领主是最过分的，他的报复手段非常狠毒，不分敌友。在霍林赫姆（Gorinchem），他逮捕了20名神职人员，对他们进行虐待，并将他们送往布里尔。尽管奥伦治亲王威廉写信给他，要求他不要伤害这些人，但卢梅领主认为自己是一位高级贵族，只有亲王的亲笔信才配得上他，而不是一封仅由奥伦治亲王口述和签名的信。7月9日，他威胁说，如果这

---

* 低地国家地势低洼，大部分土地低于海平面，破坏堤坝、引水灌敌是该地区常见的作战方式。——编者注

图3.5 政府军将乞丐们赶出代尔夫沙文。在左上方的狭窄街道上，政府军挥舞着带有圣安德鲁十字的旗帜。右边的广场上，乞丐们拿着红白蓝三色旗

些神职人员不放弃他们的信仰，就将他们绞死。最终，只有一个人屈服了。那些死去的人现在被天主教会认定为殉道者。[44]正因如此，大多数城镇都不太愿意承认乞丐是解放者。这并不奇怪。

奥伦治亲王威廉最初很恼火，因为海上乞丐这么早就发动了袭击，让他原本计划于此时展开的袭击不能按时进行，不得不延后。一开始，他的计划似乎是成功的：5月23日，法兰西新教贵族和军队指挥官弗朗索瓦·德·拉·努（François de La Noue）为奥伦治亲王攻下了瓦朗谢讷。一天后，路易（拿骚的）对蒙斯（Mons）发动了突然袭击。这两个埃诺的城镇已经掌握在起义军手中，现在只差奥伦治亲王本人的进攻和法兰西胡格诺派的帮助了。6月，增援部队迟迟未到，恩克赫伊曾市决定主动支持亲王。之后，亲王的

支持者成功地占领了荷兰和泽兰的大部分城镇。在荷兰的北部和南部，城镇接纳了海上乞丐，让他们能够再次进入大海，自由地贸易和捕鱼。[45]只有米德尔堡（Middelburg）、阿姆斯特丹和胡斯（Goes）还站在布鲁塞尔政府的阵营。

1572年7月，荷兰最古老的城镇多德雷赫特（Dordrecht）主动召集荷兰省议会。严格地说，它无权这样做，因为只有国王或国王的代表，也就是执政，才能召集议会。这正是多德雷赫特这一行为被认为具有革命性的原因——尽管1477年在布拉班特的倡议下召开的三级会议可以被视为一个先例。在议会的会议上，马尼克斯担任奥伦治亲王的代表。议会做出了令人难忘的决定，即承认亲王是国王的执政，假定亲王在1559年获得的旧任命仍然有效。像奥伦治亲王一样，议会声称自己作战的对象不是国王而是国王那些罪恶的代表。亲王亲自确认了这一解释，声称他从未与国王决裂，只是根据《欢乐入境》第58条，因不满而停止了与政府的合作而已。现在，他复职了。[46]

重要的是，议会也在会上投票，决定为奥伦治亲王提供资金支持以启动他的第二次战役。在海尔德兰东部的阿赫特霍克（Achterhoek），亲王的妹夫威廉·范·登·贝赫（William van den Bergh）占据了大部分土地，包括聚特芬（Zutphen）和代芬特尔（Deventer）市。弗里斯兰几乎全境都宣布效忠亲王，亲王立即任命了一名代表管理该省。8月，奥伦治亲王比上一次更加果敢地进军低地国家，在8月4日占领了鲁尔蒙德（Roermond）。这一次，是他的部下犯下了谋杀部分僧侣的罪过。[47]几个星期后，在8月30日，当梅赫伦向他打开大门时，亲王在布拉班特的行动取得了成功。鲁汶市和鲁汶大学上交了16000荷兰盾的贡金来避免被占领和洗劫。随后，登德尔蒙德也被成功占领。

然而，占领这些布拉班特中心城镇的喜悦却被来自法兰西的坏消息冲淡了：8月24日，圣巴托罗缪节的清晨，法兰西国王冷血地下令杀害了巴黎的许多新教徒，包括他们的领袖加斯帕尔·德·科利尼（Gaspard de Coligny）。几天前，数千名胡格诺派教徒来到首都，庆祝国王的妹妹玛格丽特与新教徒纳瓦拉的亨利（Henri of Navarre）的婚礼。天主教徒趁机集体杀害他们。这是一场政治谋杀。类似事件在法兰西其他许多城市也屡见不鲜。

在所谓的圣巴托罗缪惨案之后，奥伦治亲王再也不能指望法兰西的支持，因此他不得不亲自去蒙斯解救他的弟弟和军队。亲王带着他的军队接近了这个城镇，但阿尔瓦公爵早已经将之包围了，不仅有一条面向城墙的内部包围线（circumvallation line），还有一条用来阻断外部救援的外部隔离线（contravallation line）。在随后的几十年里，这种方法在低地国家被反复使用。奥伦治亲王的攻击在外环就失败了——亲王在城南5千米处扎营后，阿尔瓦公爵命令他的一名指挥官朱利安·罗梅罗（Julián Romero）在夜间袭击营地。这种战术被称为"夜间奇袭"，袭击者们在他们的盔甲之外穿上白衬衫，以便他们可以在黑暗中认出同伴。[48]奥伦治亲王的人要么惊慌失措地逃走要么惨遭杀害。亲王本人也几乎难逃一劫，传说他是被他的狗叫醒的。没有法兰西的帮助，兄弟俩只好放弃战斗。路易（拿骚的）设法与阿尔瓦公爵协商，希望可以体面地撤退，阿尔瓦公爵同意了。奥伦治亲王从梅赫伦和鲁尔蒙德撤退，继续前往坎彭（Kampen）。在那里他穿过须得海，来到了恩克赫伊曾市。用亲王自己的话说，这样他就可以在荷兰"找一块葬身之地"。

哈勒姆和阿尔克马尔

腓力二世对清除法兰西胡格诺派一事感到很高兴。更让他高兴的是，他将有一年的时间在地中海地区大展身手。1571年10月7日，他同父异母的弟弟唐·胡安（奥地利的）在勒班陀（Lepanto）大败奥斯曼帝国，使国王能够把所有的钱和精力都用在征服低地国家的叛乱省份上。阿尔瓦公爵决定采用"杀鸡儆猴"的方法，把梅赫伦作为威慑整个布拉班特的例子。他组织了一次惩罚性远征，将领导权交给了他的儿子法德里克·阿尔瓦雷斯·德·托莱多（Fadrique Álvarez de Toledo，下文简称法德里克）。这支皇家军队被授权自由地抢劫、掠夺，也可以强迫镇上的人出钱以换取安宁。士兵们横行无忌，造成了众多灾难。这种报复行为激起了强烈的愤怒，以至于阿尔瓦公爵现在不得不发表一份书面声明,为自己的行为辩护,这对公爵来说是有史以来头一次。[49]布拉班特的其他城镇和鲁尔蒙德一样,立即主动向西班牙军队敞开大门。在海尔德兰,则是聚特芬成了目标,数以千计的镇民被屠杀,直接断绝了所有的抵抗思想:整个公国承诺立即服从阿尔瓦公爵。

纳尔登(Naarden)是荷兰第一个感受到公爵愤怒的城镇。如果纳尔登在8月20日时接纳了执政布叙伯爵,那么很可能什么都不会发生。但是,就在同一天,就在布叙伯爵之前,一群乞丐来到了这里,他们甚至在城墙上向布叙伯爵开火。布叙伯爵不得不离开,经过默伊登(Muiden),到了乞丐们刚刚离开的阿默斯福特(Amersfoort)。11月19日,他从那里再次派出一队骑兵前往纳尔登,试图改变他们的想法。这一次,西班牙小号手被打了一枪。11月30日,最后警告也被纳尔登忽视了。这些事件已经注定了纳尔登不可避免的命运。只有100人的纳尔登驻军意识到城镇守不住了,因为城墙很容易被攻破。12月1日,7名男子前往比瑟姆附近法德里克的营地进行谈判。在那里,他们遇到了西班牙军队的指挥官朱利安·罗梅罗。这位指挥官已经知道这座城镇将遭遇什么样的命运,但他三次向他们保证城镇居民不会有事。罗梅罗和他们一起回到纳尔登,城镇领导在市政厅为罗梅罗举办了宴会。饭后,镇上的人被鼓点召集到市政厅。门关上后,一位神父叫他们做好赴死的准备。西班牙士兵用步枪、刀剑和棍棒大开杀戒,纳尔登无人幸免。当然,这里的伤亡人数同样被记忆和宣传夸大了。任何人，只要看到这座前山墙上刻着纪念这次罪行的浮雕的小楼，恐怕都很难相信能有500人被聚在这里杀害。在后来的版画中，这座曾经是教堂的建筑比现实中要大得多、高得多。士兵们在城镇中追捕了那些没去市政厅集会的男人，之后就自由地抢劫城镇，虐待妇女。最后，他们放火烧了一些建筑。在接下来的日子里，周围村庄的人来向士兵们购买抢来的赃物。这一切都是我们从拉丁语学校的神父兼校长兰伯特斯·霍滕修斯（Lambertus Hortensius）留下的记录中了解到的。他可能是为数不多的幸存者之一，能活下来是因为他神职人员的身份。[50]

现在，西班牙军队通过保皇党的阿姆斯特丹继续向哈勒姆前进。法德里克预计哈勒姆会像其他城镇一样迅速投降，但是城镇中新驻扎的卫戍部队和男女老幼都不这么想。由于他们知道自己将遭受与鹿特丹、梅赫伦、聚特芬和纳尔登居民同样的命运，他们决定拼死一搏。哈勒姆进行了顽强的抵抗。奥伦治亲王现在以代尔夫特（Delft）为根据地，在他的领导下，荷兰的其他城镇持续通过哈勒默梅尔湖（Haarlemmermeer，与哈勒姆毗连的一个大湖）向哈勒姆居民提供粮食和武器，帮助他们抵御法德里克的围攻。哈勒姆一直坚持到最后，直到一支乞丐舰队在湖上被一支保皇党中队（还有来自阿姆斯特丹的船）击败。从1572年12月中旬到1573年7月中旬，西班牙人花了7个月的时间才使这个城镇屈服。在投降谈判期间，哈勒姆通过协商得以用赔偿金来避免被劫掠的命运。驻军中的数百

图 3.6 这张罕见的德意志的哈勒姆地图，显示了围城期间国外是如何密切关注这场战斗的。注意城市周围区域的广阔水域以及中心的三角形堡垒，这在现实中是不存在的。纽伦堡，1575 年

人被处死，只有一些德意志人幸免，这是为了避免阿尔瓦公爵军中的德意志人感到不满。然而，直接因为战斗，或间接因为寒冷、雨水、薄雾和霜冻等艰难困苦的条件而死亡的皇家士兵有数千人。据称，国王腓力二世在听说有大约 8000 名士兵丧生时大为震怒。就连朱利安·罗梅罗也写下了人们谈及阿尔瓦家族（也就是说不仅仅是公爵一人）时的恐惧："诅咒什一税和它的发明者，因为这是所有这一切的原因。"[51] 哈勒姆后来被称为"西班牙人的墓地"。

阿尔瓦公爵非常关注皇家军队中为数不多的西班牙人。历史学家和其他资料一般都称这支军队为"西班牙军队",但军队中真正的西班牙人通常只占总数的10%左右,其他则是意大利人、德意志人、瓦隆人等。当然,西班牙人确实是核心,特别是在高级军官中,这些军官一般都是贵族,但即便如此,他们的人数也因死亡和逃亡而减少了。[52]数月的艰苦生活使西班牙军队士气低落,就连指挥官也对整个占领行动的价值产生了怀疑:如果占领每个城镇都要牺牲这么多时间、金钱和生命,那么哪里才是终点?难道非要牺牲如此多的人命来夺回荷兰和泽兰那些大部分都被水包围着的城镇吗?

攻占哈勒姆后,西班牙军队发生哗变,开始反抗他们的指挥官。这种情况在尼德兰是第一次发生。他们选择了一位发言人(*eletto*)去与指挥官谈判,要求补发被拖欠的薪酬。像这样的哗变实际上是一种绝望的表现。西班牙或意大利的士兵是不可能逃走的。他们能去哪儿呢?穿过敌对的人群,徒步回到他们的祖国吗?因此逃跑是不可能的。对士兵们来说,哗变是他们反击的唯一方式。军队领导层同意士兵们的要求后,双方和解了。哈勒姆是一个特例,在第一次和解后,哗变的头目最终被绞死了,但那是专横的法德里克的命令。[53]

从军事角度考虑,西班牙人别无选择。1573年8月21日,他们围攻了阿尔克马尔。在围攻开始之前发生的一件事很好地说明了阿尔克马尔市政委员会和市民内部的分歧。当时,一个城门前有一支保皇党军队，另一个城门前有一支乞丐小队，他们都要求获准进城。虽然城镇上绝大多数人是天主教徒，但他们同样不喜欢西班牙人。就在市政委员会开会讨论这个情况时，两名奥伦治亲王的坚定拥护者将乞丐军队迎进了城。于是死亡降临了。阿尔瓦公爵夸口说——他发誓不会给这个镇留下一个活口。[54] 围困持续了一个半月以上。随后，在奥伦治亲王威廉的倡议下，他在荷兰北部的代表迪德里克·索诺伊（Diederik Sonoy）下令破坏堤坝，淹没了阿尔克马尔周围的土地。10月8日，西班牙人放弃围攻，他们看似不可战胜的军队撤退了。三天后，在须得海边的霍伦（Hoorn）港，科内利斯·范·蒙尼肯达姆（Cornelis van Monnickendam）指挥的乞丐舰队大获全胜，击败了由布叙伯爵率领的阿姆斯特丹政府海军中队。执政布叙伯爵亲自指挥了一艘名为"宗教裁判所"的船只，这其实是在自找麻烦。一个叫扬·哈林（Jan Haring）的普通海员爬上了该船的桅杆，成功地降下了指挥官的旗帜。布叙伯爵被俘，然后被关押在霍伦一个自此被称为布叙屋（Bossuhuizen）的房子里。人们在这些房屋墙壁的巨大浮雕上用文字和图像描绘了这场战斗。其中一段文字写道："在这里，人们因对祖国的爱而战斗，不求回报。"但严格来说这并不真实。实际上就在战斗之后几天，科内利斯船长在街上被一些还在等工资的船员搭讪。[55] 而尼德兰的"黄金时代"，以及养牛、打鱼、贸易和航运带来的一切财富，直到许多年后才曙光初现。

虽然如此，陆上和海上的首战告捷仍令起义军士气高涨。当

图3.7 霍伦布叙屋是尼德兰最美丽的战争纪念地之一，山墙的部分浮雕描绘了战胜皇家舰队的场景

然，这并不意味着伊吉河（IJ river）以北的荷兰已经没有西班牙军队了。阿姆斯特丹仍然是一个稳固的保皇党大本营。[56]其他地方，如赞丹（Zaandam）和贝弗韦克（Beverwijk）之间的阿森德尔夫特（Assendelft）村，也仍然忠于国王，然而，其附近的韦斯特赞（Westzaan）却在1573年受到了西班牙人的劫掠。在那个寒冷的冬天，西班牙人看到一个朴素的年轻人拉着雪橇穿过冰面。他们怀疑他在运送珍贵的战利品，就追了上去。但是他们没有找到金子或银子，那个年轻人拖着的是他的母亲——这对他来说更加珍贵。他想把母亲带到霍伦的安全地带。然而，这个动人的故事并不是以真正的英雄之名，而是以兰贝特·梅利斯（Lambert Melisz）之名载入史册的。兰贝特·梅利斯声称是他救了自己的母亲，而真正的英雄则被遗忘了。伟大的斗争总是像这样伴随着卑鄙的行为。直到今天，这个冰场和韦斯特赞的老人之家都是以兰贝特·梅利斯的名字命名

3 被检验的忠诚

的。这并不公平。[57]荷兰许多村镇的民间故事都保留了西班牙统治年代的记忆。[58]

须得海战西班牙战败三天之后，加泰罗尼亚人路易斯·德·雷克森斯（Luis de Requesens）被任命为阿尔瓦公爵的继任者。他于11月17日抵达布鲁塞尔。11月29日，也就是阿尔瓦公爵本人接受任命的整整七年之后，权力进行了交接。法兰西代表报告说，阿尔瓦公爵一直留在室内，不仅是因为痛风，还因为他害怕在公共场合露面。如果人民够大胆，他们一定会放烟花来庆祝阿尔瓦公爵的离开。[59]阿尔瓦公爵说过，6个月的时间和800人的死亡足以让他给尼德兰一个教训。但最终，他花费了6年的时间，以及无数的金钱和生命。当他离开时，情况比他到达时更糟。腓力二世自己后来也说，阿尔瓦公爵让他失去了低地国家。

4
尼德兰,分裂还是统一

从战争到和平:1573—1576

荷兰，一个军事训练场

到西班牙人放弃围攻阿尔克马尔时，为了对抗这个远比自身强大的力量，荷兰和泽兰的城镇已经苦苦撑了一年半的时间。虽然赢下了这第一场胜利，局势仍然岌岌可危。即便是在占上风的地方，起义军扩张领土的希望也不大。他们只能尽可能自保，等着看斧头下一步会落在哪里。起义发展到现在，情况已经与16世纪60年代末大不相同。站在国王一边的同时代历史学家已经在谈论第二次起义。[1]在起义的第一阶段，行动者主要是高级贵族和低级贵族。现在，高级贵族中的主要批评者要么已经沦为刽子手的牺牲品（比如埃格蒙特伯爵、霍恩伯爵、蒙蒂尼侯爵和许多较低等级的人），要么已经自然死亡（比如贝亨侯爵和布雷德罗德伯爵）。其他人有的出于信念，有的出于必要，都顺从了新制度。唯一支持荷兰和泽兰起义目标的高级贵族就是奥伦治亲王威廉。自上次战役以来，奥伦治亲王一直在沿海省份领导抵抗王室政权的行动。

在第二阶段，亲王和他的支持者在荷兰和泽兰站稳了脚跟。起义的主力是加尔文宗：他们为了信仰而冒着生命和财产受损的危险，经常被流放好几年，几乎陷入绝境。最终，奥伦治亲王也在1573年12月公开加入加尔文宗，遵循加尔文宗的惯例参加了圣餐礼的庆祝活动。当然，这并不意味着他已经彻底转变了信仰。亲王不是一个笃信宗教教条的人。在与路德宗女伯爵萨克森的安娜（Anna of Saxony）结婚前进行讨论时，他说，在他看来，每个人都可以用自己的方式享受神圣的救赎，这激怒了他未来的姻亲。而在他"皈依"加尔文宗以后，也没有理由认为他的观点发生了变化。除此之外，我们只能猜测亲王信仰的性质和内容。他仍然是宗教和良心自由的支持者。无论是出于原则还是出于实际原因，他拒绝所有限制这种自由的东西。然而时间一次又一次证明，宗教自由的理想对战争来说是极大的绊脚石：每当天主教徒或加尔文宗教徒占上风时，他们就禁止敌方的信仰实践，但并不会仅因宗教信仰问题置对方于死地。

从多年的冲突中，奥伦治亲王和他的支持者还学到了什么？首先，乞丐和亲王的军队需要更严格的纪律，这并不是一件容易的事。[2]这一变化是从撤回私掠许可证和宣战权开始的。私掠船已经被禁止了。像在布里尔、鲁尔蒙德和其他许多地方一样对修道士和神父的暴行，必须停止。臭名昭著的卢梅领主最先被逮捕，他不仅要为杀害霍林赫姆的殉道者一事负责，还要为科内利斯·穆修斯（Cornelius Musius）之前代尔夫特由酷刑造成的可怕死亡负责。1574年4月底，他被遣送出境。[3] 乞丐部队和武装民兵组织必须逐步转变为陆上和海上的正式武装力量。实现这一目标的先决条件是奥伦治亲王与荷兰、泽兰诸城之间的合作——亲王领导政治和军事斗争，两省城镇则提供资金和所有其他必要的支持。根据低地国家的传统，可以让城镇共同分担政策责任，他们是愿意接受这些政策的，这意味着可以从根本上解决问题。另一个基本要求是明确等级制度：权力掌握在亲王和议会手中，武装部队必须向其宣誓效忠。一切就这样进行着。1574年，奥伦治亲王威廉在荷兰制定了有关军事问题的法律，并于1578年将其推行到整个三级会议。[4] 通过这种方式，他用自己对形势的了解和组织技能，为后来的荷兰共和国（Dutch Republic）正规武装部队奠定了基础。

第一个改进是按时支付士兵的工资，最初是每几周支付一次，之后则改成每周支付一次。[5] 城镇则为部队提供住宿。这两项措施确保了士兵们可以负担日常所需，所以他们也就不再需要乞讨或抢劫了。而住宿费的支付还意味着，那些快要撑不下去的人可以趁机通过副业稍微多赚一点。奥伦治亲王将步兵连的规模缩小了一半（从大约300名士兵减少到150名士兵），使其更易于管理和部署。下一步则是检查这批人是否真的能与工资单上的每个人对上号。为了落实这一点，亲王定期在军队和城镇的管理者的陪同下视察部队，以确保公款的正确使用。这就让每个城镇和省份分担了责任，增加了他们与军队的接触。

然后,军队必须接受训练,学会服从命令、根据战斗命令组织起来,等等。训练还包括如何挖掘战壕和建造防御工事,有时,他们还能借此赚点外快。军队的装备也得以规范。与起义无关,大约在同一时间,从意大利开始,在全欧洲范围内,石头防御工事取代了石头城墙。防御工事被设置成星星的形状,堡垒像星星的角点一样突出到周围的土地,使侧翼也能得到保护。整个低地国家逐渐形成了一个防御工事网络,从北部的布尔坦格(Bourtange)到中部的纳尔登和赫斯登(Heusden),再到南部的利尔(Lier)和格拉沃利讷。地方承包了防御工事的建筑和维修,城镇的经济也就此受益。

迫于形势,舰队也实行共享责任制。亲王本想把鹿特丹这个港口建成一个政策中心和中央军火库,但由于实际的困难和其他港口城镇的嫉妒,这个计划失败了。结果,事实上出现了五个海军部:分别位于泽兰(米德尔堡)、南荷兰(鹿特丹)、北荷兰(阿姆斯特丹)、北荷兰北端(霍伦和恩克赫伊曾轮番交替)和弗里斯兰〔先是多克姆(Dokkum),后来是哈灵根(Harlingen)〕。通过与城市和区域网络的互动,这个系统最终比中央的、全国性的网络运行得更好。奥伦治亲王提出的这一整套措施,虽然经过数年才得以实施,但它意味着荷兰和泽兰的战争实际上带来了进步和利益,而不是衰落和毁灭。奥伦治亲王的继任者,他的儿子拿骚的莫里斯(Maurice of Nassau)和莫里斯(拿骚的)的堂弟拿骚的威廉·路易(William

Louis of Nassau），都将受益于他所奠定的基础。

值得强调的是，奥伦治亲王威廉本人的心态发生了彻底的变化。许多贵族对市民嗤之以鼻，哪怕这些市民是富有的商人和银行家，但亲王发现，荷兰、泽兰以及布拉班特和佛兰德的人民能成就一番伟业。前文那位法兰西贵族说反抗君主的人总会一败涂地，而奥伦治亲王的例子正好驳斥了这种论点。当然，亲王仍然是一位高级贵族，尽管由于环境的原因，他无法再像在布鲁塞尔时那样养尊处优。[6]现在，他成了商人和工匠的亲王，甚至是渔民和农民的亲王。在荷兰议会，传统上只有6个大城市（多德雷赫特、哈勒姆、莱顿、阿姆斯特丹、代尔夫特和豪达）有投票权；在奥伦治亲王的统治下，这个数字增加到18，其政策的支持基础因此扩大。[7]1575年7月11日，为了向亲王表示感谢，荷兰和泽兰议会授予他在两省的"最高权威"（Hoogste Overheid），以使他在统治方面发挥更大的作用。[8]

莱顿之围

1573年12月，在阿尔瓦公爵离开后，奥伦治亲王威廉发现他不得不面对一个新对手——加泰罗尼亚人路易斯·德·雷克森斯。此人与其说是军事家，不如说是外交家。他在意大利有个肥差，根本不想搬去艰苦寒冷的低地国家。更何况，他已经从阿尔瓦公爵那里知道了他即将面临的困境。他拖延了很久,以至于腓力二世最终不得不正式地命令他前去赴任。在第一次了解低地国家的地理情况,或者更确切地说,水文情况之后,他惊呼道:"它们都是些岛屿!"当然,从某种意义上说,它们确实是。与阿尔瓦公爵不同的是,在任期内,雷克森斯认真尝试与起义军达成协议。但就当时的情况而言,军事手段仍是斗争的主要形式。就在阿尔克马尔失陷的同一个月,西班牙军队包围了莱顿。哈勒姆之围夺去了许多西班牙人的生命,军队领导者绝不允许这种情况再次发生。因此,他们采取了新的战略,把这座城市完全与外界隔绝,希望这种手段能迫使市民最后因为饥饿而投降。这其实也是不得已而为之,因为他们没有大炮。荷兰的其他城镇没有足够的人力来解救这座城市。对莱顿的围攻一直持续到1574年初,在此期间,起义军在泽兰取得了两次胜利。1月27日,他们在莱默斯瓦尔(Reimerswaal)附近的东斯海尔德(Eastern Scheldt)击败了一支皇家舰队,这与须得海战的胜利一样,证明了他们在海上的优势。这一胜利导致米德尔堡在2月向奥伦治亲王投降。此时,在强硬的西班牙指挥官克里斯托巴尔·德·蒙德拉贡(Cristóbal de Mondragón)的领导下,这个保皇党城镇已经把乞丐们困在海湾好几个月了。具有代表性的是,奥伦治亲王下令不要抢劫这个城镇。毕竟,镇民也是同胞,必须予以尊重。但这激怒了士兵们,因为他们一直想要洗劫这个城镇。在随后米德尔堡市政府改组的过程中,还有一个典型的例子说明亲王不喜欢吹毛求疵。门诺派拒绝通过宣誓来确认他们对这个城市的忠诚。市政府不认同这种行为,但奥伦治亲王下令不能逼迫门诺派违背他们的意愿宣誓,只要他们保证效忠就足够了。在今天,这看起来似乎微不足道,但考虑到当时的标准,这是非常特殊的。这是亲王成功扩大支持基础的又一个例子。

与此同时,对莱顿的围攻仍在继续。似乎只有成功地从国外发动牵制性的进攻才能解救这座城市。这项任务再次落到了路易(拿骚的)身上。得到了他的堂哥约翰(拿骚的)的资金支持和一笔来自法兰西的捐助后,他从神圣罗马帝国招募了一支军队,试图打破包围圈。按照计划,围城者离开阵地,准备与敌方援军公开对战。但他们其实根本不需要战斗:1574年4月14日,安特卫普城堡的队长桑乔·达维拉(Sancho Dávila)的军队,就在奈梅亨(Nijmegen)以南的莫克(Mook)荒地与敌方援军遭遇了。莫克战役成了第二次耶姆古姆战役。与那时一样,西班牙人毫不留情,但这次路易(拿骚的)没有逃走。他和他的弟弟拿骚的亨利(Henry of Nassau),都与许多战士一样死不见尸,可能是因为身体受损而无法辨认,也可能是在逃跑时陷入了沼泽。路易(拿骚的)一直是奥伦治亲王的得力助手,他的死让亲王非常伤心。获得胜利后,达维拉的军队想得到报酬,并因此发生了哗变。

荷兰和泽兰无路可退,它们不得不依靠自己的资源。不幸的是,莱顿的人民没能利用西班牙撤军的机会囤积粮食和弹药,他们还没来得及喘口气，西班牙人就再次出现在城墙外。这一次，西班牙的指挥官试图利诱，他说，国王会这样做，国王会那样做……而他从这座城镇得到的唯一回答是"口蜜腹剑"（*Fistula dulce canit, volucrem dum decipit auceps*，当捕鸟人想把鸟引诱到他的网中时，笛子的音符是甜美的）。[9]这一博学而机智的回答无疑出自诺德韦克领主（Lord of Noordwijck）扬·范·德·杜斯（Jan van der Does），保卫这座城镇的领导人物之一。扬·范·德·杜斯还是一位新拉丁诗人，他的拉丁名字雅努斯·杜萨（Janus Dousa）十分著名。抵抗运动的其他领导人还有：市长迪尔克·布朗克霍斯特（Dirck Bronckhorst），他后来在围困中因贫困屈服；彼得·范·德·韦夫（Pieter van der Werff），他后来夸大了自己在莱顿保卫战中的作用，据说，他宣称宁愿砍掉自己的手臂给大家吃，也不愿投降；另一个在这次捍卫自由的保卫战中起决定性作用的官员是冷峻的市政秘书扬·范·豪特（Jan van Hout）。市政厅召开了一场会议，参会人员就是否继续斗争一事发表意见，扬·范·豪特命令所有人保持安静，以便他能记录下每一位发言者的姓名和意见。这使那些赞成与西班牙谈判的人不敢开口。

另一件关于扬·范·豪特的著名逸事后来被证伪了。在围城期间，与各地的情况一样，对于这场战斗到底是为了自由还是为了信仰，人们的意见存在分歧。布道者当然是大声疾呼，宣称这是为了拯救加尔文宗信仰。据说，当一位布道者在讲坛上述说这一点时，扬·范·豪特拔出了手枪，对坐在他旁边的市长说："我可以开导开导他吗？"实际情况是，扬·范·豪特根本没有参加这次布道，而布道者也只是很温和地表达了他的意见。[10]

莱顿的困苦不是轰炸和袭击造成的，而是饥饿和疾病造成的。在18000名居民中，有6000人死亡。亡者大多是穷人，因为富人总是有办法弄到食物的。[11]现在，解救这座城市的唯一办法就是像阿尔克马尔居民曾经做的那样，引水淹没周围的农村地区。这当然会给周边广大地区的农民造成极大的损害，但人们别无选择。[12]荷兰议会经过多次讨论后才决定采取这种极端措施，亲王需要倾尽全力来说服他们。[13]但水不是那么好引的，直到整整两个月后，水位才高到足以迫使西班牙人第二次放弃围攻。这次，一劳永逸了：1574年10月3日，莱顿将乞丐们视为解放者，向其敞开大门。亲王在代尔夫特参加瓦隆教堂的弥撒时听到了这个消息——即使是在荷兰，他仍然偏爱法语——并下令在讲坛上宣布这个好消息。第二天他到莱顿视察时，批评了一些领导者的疏忽大意，并对市政府做了一些调整。同年晚些时候，他发起倡议，想建立一所大学，并提议将其设在莱顿。大学创建契约明确说明，大学是亲王和议会以国王腓力二世的名义建立的，这再次强调他们的不满不是针对君主，而是针对恶劣的西班牙政府。实际的建校工作被委托给扬·范·德·杜斯和扬·范·豪特。他们在围攻中的合作为亲密的友谊奠定了基础。

徒劳的和平尝试

为了把交战各方团结起来,新总督雷克森斯进行了不少尝试。战争除了给人们带来痛苦外,还给贸易造成了巨大损害。雷克森斯采取了一些措施,试图赢得舆论的支持。他解散了暴动事件委员会,并正式废除了什一税。当然,实际上阿尔瓦公爵和腓力二世在一年前就已经废弃了这项税费。他还宣布特赦那些反对政权的人,但由于这次特赦并不包括大约300名异端,最终收效甚微。与此同时,军队花费了巨额资金,西班牙的金库再一次近乎空空如也。1574年6月,在莱顿之围尚未解除时,作为紧急措施,雷克森斯在布鲁塞尔召开了三级会议,主要是为了获得征收新税的许可。像往常一样,议会利用这个机会发泄他们的不满:针对西班牙士兵的不当行为、该政权的政策和侵犯基本权利的行为。布拉班特议会特别敦促总督尊重起义者的要求。最终,会议决定派一名代表去见亲王,看看他对可能的和平条件有何看法。在皇帝马克西米利安二世的调停下,1575年3月3日,和平谈判在布雷达开始了。

当然,这并不意味着双方真的坐在了一起。对王室代表团来说,直接与这些叛乱分子谈判,大大有损他们的尊严。最终,包括亲王的妹夫金特·冯·施瓦茨布格(Günther von Schwarzburg)在内的调解人只得分别与双方代表交谈。事实证明,宗教的分歧是不可逾越的:布鲁塞尔代表团根据国王的命令,要求新教徒离开起义省份，并交出所有武器和防御工事。只有这样，国王才会仁慈地接受荷兰和泽兰的所有人民成为他的臣民。这对荷兰和泽兰来说当然是不能接受的，但他们同样提出了让对方不可能接受的要求：让新主教离开尼德兰。不用说，谈判破裂了。

尽管资源有限，但雷克森斯别无选择，只能继续武装冲突。对荷兰和乌得勒支的边境地区来说，这将是一个艰难而血腥的夏天。1575年8月8日，皇家军队攻占了小城奥德瓦特（Oudewater），并犯下了骇人听闻的暴行。在此我就不向读者详细介绍这些暴行的细节了，但同时代的人对此进行了详细描述。[14]实际上，亲王曾建议奥德瓦特引水淹没周围的土地，但那里正晒着干草——这是牲畜必不可少的食物，市民因此无视了他的建议。神奇的是，当附近的城镇斯洪霍芬（Schoonhoven）被占领时，镇民竟逃过一劫，附近的武尔登（Woerden）也成功地撑过了至少11个月的围攻，并在亲王下令引水淹没周围的土地之后再次获救。武尔登的遭遇和莱顿一样糟糕，但在文献中记载不多。[15]

在泽兰，蒙德拉贡没有被水吓倒。这个强硬的西班牙人想攻击斯豪文－德伊弗兰（Schouwen-Duiveland）岛上的城镇济里克泽（Zierikzee）。要做到这一点，他必须穿过齐耶普（Zijpe）海峡。这条海峡将斯豪文－德伊弗兰与相邻的圣菲利普斯兰岛（Sint Philipsland）隔开了。这意味着，要么修建一座浮桥，要么在低潮时涉水过河。蒙德拉贡选择了后者，皇家军队用他们的勇气和纪律，让对手看到了应该如何在低地国家的地形上作战。泥没过他们的脚踝，水没过他们的腰，士兵们把武器高举在头上，以保证其滴水不沾。抵着潮水，顶着对岸乞丐舰队的射击，他们急急忙忙地穿过齐耶普海峡。[16]这支西班牙军队才抵达斯豪文-德伊弗兰，乞丐的军队就因为领队受了致命伤而提前放弃了战斗。

济里克泽对西班牙军队的防御，让我们再一次看清尼德兰不同团体之间的关系。城镇居民在亲王的军队手中遭受过太多的痛苦，他们宁愿接受蒙德拉贡的和平条款，举手投降。此时，离反对西班牙的"民族斗争"还有很长的路要走。最后，是一名卫戍区指挥官狂热大胆的行动阻止了该城镇立即投降的举动。他设法让增援进城，并逮捕了七名态度松懈的议会成员，怒气冲冲地将他们押送到米德尔堡。之后，西班牙人严密地围攻了这座城镇并成功地挫败了

图4.1 亲西班牙者眼中保皇党士兵穿越齐耶普海峡的方式——该过程伴随着圣迹

一次水上救援行动，出于对失去米德尔堡的报复，蒙德拉贡迫使济里克泽投降。[17]起义军就此陷入了非常危险的境地，西班牙的胜利将起义区一分为三：哈勒姆的失陷切断了荷兰北部（伊吉河上方）与该省其他地区的联系；斯豪文-德伊弗兰和济里克泽的失陷，在荷兰和泽兰的岛屿之间形成了一个楔子。在泽兰，瓦尔赫伦是仅存的起义军据点。

寻求外国支援

在这种棘手的情况下，越来越有必要寻求外国统治者的支持。其实，奥伦治亲王威廉早在1573年就尝试过，但没有成功。乍一看，英格兰的新教女王伊丽莎白一世似乎是最佳选择，但伊丽莎白一世非常谨慎，她最在乎的是避免与西班牙开战。她和父亲亨利八世一样奉行传统政策，为了英格兰贸易的利益与尼德兰保持着密切的联系。虽然她是一名新教徒，但她并不是新教运动的拥护者。比起西班牙，她更害怕法兰西，在法兰西政治分裂的情况下，她暗中支持胡格诺派，当然，并不是出于新教信仰。在吉斯公爵（Duke of Guise）亨利一世的领导下，法兰西天主教徒想要从她手中救出被她囚禁的对手，即苏格兰的天主教女王玛丽·斯图亚特，并助其取得英格兰王位。这就是伊丽莎白一世不相信法兰西会试图在尼德兰施加更多影响的原因之一。伊丽莎白一世和阿尔瓦公爵一直保持着良好的关系,直到她扣押了几艘为阿尔瓦公爵政府运送黄金的船只。这场冲突导致了一场贸易战,伊丽莎白一世输了,但伊丽莎白一世和阿尔瓦公爵都确信这不会升级为真正的战争。1572年,起义军攻占弗卢辛时,伊丽莎白一世说她是为西班牙国王接管该城,从而成功地证明了英格兰军团出现的合法性。阿尔瓦公爵离开后,她与雷克森斯也关系良好。1575年4月,他们同意将对方国家的叛军驱逐出境。伊丽莎白一世怀着极大的兴趣关注着尼德兰的冲突,但始终坚持着她惯用的方法,即秘密提供支持,尽可能不进行正式的干预。在这一谨慎的政策下,她在半个世纪内确保了英格兰的安全和她王位的稳固。[18]正因如此,1574年1月访问她的荷兰代表团空手而归。[19]

后来的荷兰共和国在17世纪是如此强大,乃至人们很难想象,在16世纪80年代,它的前身竟然不得不去寻求外国统治者的支持。然而,在同时代的人看来,低地国家的起义军是不可能独自打败西班牙的。起义军不能指望路德宗德意志诸侯提供任何帮助,因为他们对加尔文宗的厌恶远超过对天主教徒的仇恨。至此,唯一的选择就是法兰西。从另一方面来说,结论也一样。如果西班牙布鲁塞尔政府只能靠自己的资源击败荷兰和泽兰,那么停火协议或和平条约可能很快就会达成。如果是这样,现在的比荷卢人可能会发现自己生活在一个像瑞士联邦一样的"比利时联邦"(*Confoederatio*

Belgica）之中：既有天主教的州，也有新教的州；荷兰王国、比利时和卢森堡的汽车牌照上可能都标着代表国籍的字母"CB"（还要使用拉丁字母，以避免语言问题）。实际上，布鲁塞尔政府拥有西班牙的战争金库（虽然通常是空的），还有一支训练有素的军队严阵以待，因此荷兰和泽兰需要寻找一个与之旗鼓相当的盟友。

在法兰西，天主教徒与新教徒之间的一系列内战正进展得如火如荼。或许法兰西国王的弟弟、宗教中立的安茹公爵会对尼德兰伸出援手？他已经成功地促成了法兰西两个宗派之间的和平，并雄心勃勃地对在欧洲舞台上扮演一个这样的调停角色颇有兴趣。[20]而且，他的力量不是也可以与女王伊丽莎白一世势均力敌吗？但是，没有人会愿意支持注定失败的事业——只有在能确保成功的情况下，赞助人才会提供保护。安茹公爵也不例外：如果他想统治尼德兰，更好的办法是娶一个腓力二世的女儿，让他将尼德兰作为嫁妆。（而不是支持起义军）显然，想从国外获得正式援助是不可能的。不过，在1572年到1576年之间，确实有英格兰、苏格兰、法兰西和德意志的士兵在奥伦治亲王的军队中服役。各国政府对他们被招募一事视而不见，而且总是有足够的志愿者愿意加入起义者的斗争。

尼德兰在抵抗中联合

　　王室方面的情况也没有好多少。有一次,雷克森斯抱怨说,他已经7个月没有收到国王的任何消息了。1575年9月1日,西班牙国王不得不宣布国家破产——这已经是他统治期间的第二次了。1576年3月5日,当雷克森斯意外去世时,布鲁塞尔政府甚至没有足够的钱支付他的葬礼费用。不仅如此,由于雷克森斯没有指定继任者,国务委员会临时接管了政府。与此同时,西班牙军队直接放弃了自己的优势地位,结束了这种不稳定的生活——在得不到报酬的情况下,他们还愿意继续战斗这么长时间,这已经是个奇迹了。占领济里克泽之后,他们已经受够了没有前途的生活,决定自己寻求补偿。年事已高的蒙德拉贡因此看到了哗变的皇家军队,士兵们开始疯狂地寻找战利品。这对他来说肯定是史无前例的。西班牙在低地国家的整支军队都哗变了。哗变的军队将佛兰德的阿尔斯特市(Aalst)作为据点,从那里开始发动突袭。在"埃利托"(*elettos*)——也就是他们从自己的队伍中选出的发言人——的带领下,他们蹂躏城镇和农村。这远远超出了国务委员会的底线。要知道,除一人以外,委员会的所有成员都来自尼德兰,他们是尼德兰利益的狂热捍卫者。因此,国务委员会宣布西班牙军队是这片土地的敌人,并授权布拉班特议会招募军队,以打击暴动的哗变士兵。然而,国务委员会本身也受到了布拉班特激进情绪的影响,其成员于1576年9月4日全部被捕。

第二天，国务委员会的临时国家元首职能被废除。又过了一天，布拉班特议会表示，既然情况已经到了不能再坏的地步，他们可以自己担任领导角色。与1477年一样，他们召开了三级会议。[21]三级会议再次决定与起义省份谈判：他们都认为自己是尼德兰公民，荷兰的起义者也继续强调他们承认国王腓力二世是他们的君主。既然如此，为什么他们不能达成协议，哪怕只是联手打击西班牙军队呢？这一次，荷兰和泽兰的代表在根特再次会见了一个来自三级会议的代表团。没有了维护国王意志的总督的阻挠，他们达成了一项"令人满意的"临时协议，即《根特协定》。与之前的谈判一样，这次协议涉及政治和宗教两个领域的政策。在政治方面，所有省份都向国王提出了老要求：撤回西班牙军队，让尼德兰人民自己组成为本国人民服务的政府。他们可以接受国王任命的新总督，但新总督必须支持这份和平协定。宗教仍然是棘手的问题，需要由三级会议做出最终决定。暂行的解决办法其实是采用双重标准：荷兰和泽兰的代表希望其他省份的新教徒享有自由，在本省则禁止天主教徒自由地信奉宗教。因此，天主教徒仍然是荷兰和泽兰的弱势团体，而其他省份却不能对新教徒采取行动。反对新教徒的法令被停止了。从理论上讲，由于天主教徒在荷兰和泽兰没有受到起诉，实际上每个地方都是有良心自由的。眼下，达成政治协议是最重要的，但他们也希望在稍后阶段可以就宗教问题达成协议。

在达成这项协议的第二天，建立统一战线的必要性变得非常明

图 4.2 在"西班牙人的狂怒"期间,安特卫普被洗劫,市政厅也着火了

确:1576年11月4日,西班牙军队进入安特卫普,在随后的四天里横冲直撞,四处抢劫、杀戮和纵火。这座城市之前就已经遭受了很多苦难。在过去的四年中,弗卢辛的起义军严重阻碍了船只的航行——不付通行费,起义军就不允许船只通过。此外,王室破产曾两次重创安特卫普的贸易和工业。1574年,安特卫普不得不通过放贷来满足哗变士兵的需求。[22]而现在,曾在梅赫伦、鹿特丹、聚特芬、纳尔登、哈勒姆和奥德瓦特上演过的杀戮场面也在安特卫普重

演，近2500名市民成了这场"西班牙人的狂怒"（Spanish Fury）的牺牲品。[23]文艺复兴时期的市政厅和其他大约一千座建筑被烧毁，西班牙士兵们忙了许多天才把战利品堆到车上。任何对与起义军和解持保留意见的人现在都改了口。1576年11月8日，《根特协定》正式签署。

同属一个联邦国家的意识现在意味着，尼德兰不再是各个独立的领地的集合，而是一个包含全部十七省的单一实体。这也反映在荷兰语的一个语言学的变化上："尼德兰"一词从复数形式的 *de Nederlanden* 变成了单数形式的 *Nederland*。法语中的情况也一样，"尼德兰"从 *les Pays-Bas* 变成了 *le Pays-Bas*。在拉丁语中，尼德兰整个国家（不仅是南部省份）都被称为 *Belgium nostrum*。这些名字可以互换使用。[24]

虽然现在国家的名字统一了，但事实证明，在《根特协定》签署后的政治和军事行动中，这种统一很难转化为联合行动。与1572年的荷兰一样，每个城镇都必须自力更生，而且经常在不征求其他城镇意见的情况下采取行动。11月9日，根特成功地赶走了西班牙军队。第二年，乌得勒支人民拆毁了城市中的要塞弗里登堡（Vredenburg）。1577年8月，安特卫普的居民也拆除了他们的要塞。在此期间，奥伦治亲王威廉提出警告，要注意新任总督、奥地利的唐·胡安（Don John of Austria）的动机。唐·胡安是皇帝查理五世的儿子。他在西班牙长大，曾在著名的勒班陀战役（1571年）中打败奥斯曼帝国，从此变得自命不凡。在他看来，接替雷克森斯担任尼德兰的总督是大展宏图的好机会：他会击败起义军，率领军队渡过英吉利海峡，把玛丽·斯图亚特从监狱中解救出来，处决伊丽莎白一世，然后与玛丽·斯图亚特一起登上英格兰的王座。

在低地国家的经历会让唐·胡安清醒一点。1576年11月3日，他来到卢森堡，没有钱也没有权力控制哗变的西班牙军队。他必须充分适应这种情况，但这并不是他的强项。尽管如此，三级会议还是想方设法使他的生活尽可能平顺。1577年1月9日[*]，他们与国务委员会缔结了第一次布鲁塞尔联盟。在联盟中，各省议会支持《根特协定》，再次强调他们对国王的忠诚，并承诺维护天主教信仰。最后一点被一些人解释为呼吁在荷兰和泽兰自由信奉天主教，讨论再次升温。实际上，第一次布鲁塞尔联盟是一个天主教联盟，因此没有对唐·胡安的限制性规定。

没有重视奥伦治亲王的警告，三级会议通过了一项被称为《永久敕令》（Perpetual Edict）的决议，承认唐·胡安为总督。作为回报，唐·胡安完全支持布鲁塞尔联盟制定的《根特协定》。双方达成协议：西班牙军队撤离尼德兰，作为交换，三级会议须支付60万荷兰盾。4月6日，国王腓力二世也批准了《根特协定》，但并不坚

---

[*] 原书为"1577年1月7日"，但附录"大事编年"为"1577年1月9日"，据核，应为1月9日。——编者注

定；他只是别无选择。[25]

反对的声音无处不在，以至于4月28日，腓力二世甚至同意让西班牙撤军。于是，军队离开了。一个多星期后，唐·胡安在布鲁塞尔拿着他的《欢乐入境》并进行宣誓。但是，这位干劲满满的新总督无法抑制自己的急躁情绪；7月24日，他耐心耗尽，以武力夺取了那慕尔的堡垒。这场军事行动没有产生任何影响，他不得不再次就进一步合作的条件与议会谈判。国王和他的总督似乎都没有从政治形势和各方的批评中吸取教训：十年来，尼德兰人民一直提出同样的要求，但是除了军事行动，国王从未认真考虑过任何回应。他们的做法总是一样的：别无选择时就认输，一旦机会出现就夺权。一个月后，国王再次犹豫是否让军队重新进入尼德兰；8月28日，他命令军队留在意大利，结果在31日，还是将军队派往了低地国家。[26]

与此同时，更多的激进组织已经占领了布拉班特的城镇：在布鲁塞尔，一个名为"十八"或"十八人委员会"的激进人士委员会掌握了权力。这些支持奥伦治亲王的鼓动者迫使三级会议邀请亲王到布鲁塞尔。[27]

5
分裂的尼德兰

温和中心的短暂成功：1576—1584

奥伦治亲王的光辉时刻

《根特协定》仅使尼德兰的所有省份团结了不到三年。但如果就此认为《根特协定》注定失败,其实就是"事后诸葛亮"。从1576年的《根特协定》,到1579年尼德兰一分为二——南部省份结成阿拉斯同盟,北部省份(大致说来)结成乌得勒支同盟,这一切发生得太快了,好像荷兰人和比利时人本来就"在他们应该在的地方"。但这是我们以今人的眼光来看的。乌得勒支同盟最初仅是一个临时联盟,但它存在了两个多世纪,不得不说,这是一个奇迹。

《根特协定》把宗教问题的最终解决留给了之后的三级会议。这也就不难理解,为什么每当三级会议召开,宗教问题就会被提上议程。在1577年12月举行的一次三级会议上,奥伦治亲王威廉想趁机改进当年早些时候结成的第一次布鲁塞尔联盟。他有意将重点放在天主教徒的自由上,以取悦总督唐·胡安。这次三级会议产生的第二次布鲁塞尔联盟同样保证了新教徒的宗教自由。1578年7月,奥伦治亲王试图说服三级会议批准一项宗教和约：如果一个地区有100个以上的家庭提出要求，就允许该地信奉自己的宗教。但这一提议遭到了荷兰和泽兰的新教议会以及其他省份的天主教徒的共同抵制。尽管如此，还是有27个城镇实行了这项法律，虽然这项法律在其中任何一个城镇都没有维持太久。可以说，亲王在引入新规则方面远远领先于他的时代。[1]

奥伦治亲王首先请求荷兰和泽兰的议会允许他接受前往布鲁塞尔的邀请，仿佛一颗宪政统治者的种子已经开始在他体内生长，这是他的一贯风格。亲王到达安特卫普后，安特卫普为这位贵客准备了长达三天的宴会，这是史无前例的。之后，亲王继续乘船沿着维勒布鲁克运河（Willebroek canal）前往首都布鲁塞尔。这条运河是当时一项伟大的水利工程。在布鲁塞尔郊外，三艘船正等待着亲王和他的随行人员。船上装饰着小山毛榉树，树上有十七省的盾形纹章。在第一艘船上，音乐家们演奏着《威廉颂》。最后一艘船被涂上了奥伦治亲王的代表色（橙色、白色和蓝色），亲王坐在一个装饰着盾形纹章的华盖下。国王的盾形纹章高高在上，表明国王与尼德兰之间相安无事。左下方是亲王的盾形纹章。9月23日，奥伦治亲王进入布鲁塞尔，场面盛大。他睽违这座城市已有十年之久，现在，他作为解放者受到了热情的接待——他是从一开始就告诫他们要警惕国王政策的人。钟声响起，炮鸣不断，人们欢呼雀跃，感动得热泪盈眶。那是非凡的一天，奥伦治亲王后来再未见到这样的场

图5.1 1577年9月23日，奥伦治亲王威廉在带他进入布鲁塞尔的船上。在这个装饰华丽的船的顶部是腓力二世的盾形纹章。左下方是亲王自己的盾形纹章。树上是阿图瓦省和埃诺省的盾形纹章，船尾的旗帜上有龙和布鲁塞尔的守护圣徒圣米迦勒。安东尼·范·莱斯特（Antoni van Leest）在扬·巴普蒂斯特·豪威尔特（Jan Baptist Houwaert）的《凯旋入境宣言》(*Declaratie van die triumphante incompst*，安特卫普，1579年)中所作的版画。在安特卫普的普兰廷莫雷图斯博物馆（Plantin-Moretus Museum）的常设展览中可以看到这幅版画的原始木刻印版

5 分裂的尼德兰

面。当时的英格兰大使,作为中立的旁观者,报告了人们是如何像欢迎从天而降的天使一样欢迎亲王的。

欢迎亲王的官方人员中,有阿尔斯霍特公爵(Duke of Aarschot)菲利普·德·克罗伊(Philip de Croÿ)。在过去的几年里,阿尔斯霍特公爵逐渐成为布鲁塞尔反对派的领袖。即使起义军有激进主义倾向,也不意味着那些更倾向于国王的人会完全遵循阿尔瓦公爵和雷克森斯的曲调。阿尔瓦公爵到来之前,奥伦治亲王和阿尔斯霍特公爵是竞争对手,但现在,在两位总督的高压政策下,阿尔斯霍特公爵成了反对派领袖,他们寻求重新联合。尽管阿尔斯霍特公爵似乎十分嫉妒奥伦治亲王目前的成功,要知道,就连比利时历史学家亨利·皮雷纳(Henri Pirenne)也对阿尔斯霍特公爵不以为然,称他是一个几近疯狂、自以为是的吹牛大王,但在《根特协定》生效的几年里,他们进行了密切的合作。[2] 毕竟,两人的政治目的是一样的:他们都想看到由本土贵族按照本国利益统治的尼德兰。他们认真地讨论了奥伦治亲王的长女和阿尔斯霍特公爵的儿子,查尔斯·德·希迈(Charles de Chimay)之间的联姻。在布鲁塞尔期间,奥伦治亲王没有参加新教的礼拜,还允许他的天主教领地布雷达的居民做弥撒,这足以让布拉班特的广大民众相信,在内心深处,他仍然是一名天主教徒。[3] 简而言之,各方都试图达成协议,避免极端立场。

现在,有什么能比恢复过去的情况,由奥地利王室的合法后裔,也就是一位"自然王子"来统治尼德兰更好呢?"合法"是相对于唐·胡安的非法出生而言的，他一直试图证明自己是查理五世的合法儿子。唐·胡安给腓力二世写了一封信，怒火冲天地说是奥伦治亲王在制定政策。天主教贵族也拒绝与唐·胡安合作。奥伦治亲王抵达后两周，阿尔斯霍特公爵宣称奥地利的马蒂亚斯大公（Archduke Matthias of Austria），也就是皇帝鲁道夫二世（Rudolf Ⅱ）的弟弟、国王腓力二世的侄子，愿意担任总督一职。马蒂亚斯20岁了，想要冒险，便答应了这份邀请。他未经国王和皇帝的事先允许，就擅自前往低地国家。由于没有任何从政的经验，他完全不是奥伦治亲王的对手，和蔼可亲的奥伦治亲王迅速赢得了这位奥地利年轻人的信任。

喜欢穿着仿古盔甲走来走去的马蒂亚斯很快就把奥伦治亲王当成了"亚父"一般的存在。奥伦治亲王把他牢牢地攥在手心里，以至于这位新总督很快就被当成了"亲王的办事员"。马蒂亚斯的任命表明，在16世纪的环境下，只要有意愿，即便距离遥远，也有可能迅速做出反应和决定。低地国家到维也纳的距离不比到马德里近多少，但从给马蒂亚斯发出邀请到马蒂亚斯接受却用了不过四周时间。马蒂亚斯获得总督职位的条件也非常有趣。与签署《欢乐入境》的那些人相比，马蒂亚斯的统治权受到了严格的限制，简直像是君主立宪制的先驱。[4]

正如格兰维尔离开时一样，高级贵族们现在必须再次证明他们有能力管理国家。奥伦治亲王正在他权力的顶峰，特别是当布拉班特议会任命他为布拉班特的"保护者"（ruwaard）时，要知道，这相当于其他省的执政。而阿尔斯霍特公爵则被任命为佛兰德的执政。然而，作为高级贵族，他对市民漠不关心。当他去佛兰德的时候，很少谈及市民。这与奥伦治亲王很不一样。阿尔斯霍特公爵一到根特，就发现那里的情况和以前大不相同。

佛兰德和布拉班特反对派的极端化

1577年布鲁塞尔和南部的起义与1568年和1572年的两次起义不同；现在，不仅仅是荷兰和泽兰，几乎所有的省份都参加了起义。唯一的例外是天主教的卢森堡、林堡和那慕尔。在大多数省份，战争不是为了宗教自由，而是为了从西班牙士兵手中解放国家。实际上，大多数人都是天主教徒，不想与加尔文宗有任何关系。更令人惊讶的是，在1578年和随后的几年里，加尔文宗在布拉班特和佛兰德的大城市占了上风。这种极端化不断加深，1581年5月1日，布鲁塞尔禁止了天主教，随后，在1581年7月1日，安特卫普也依样画葫芦。[5] 1577年6月时，根特的一个年轻泥瓦匠仅仅因为在游行队伍带着"真在"经过时戴着帽子而被判处鞭刑和五十年流放。[6] 然而就在一年多后，局势却完全逆转，激进的加尔文宗控制了这座城市。奥伦治亲王曾向根特承诺会将这里的情况恢复到1540年以前的样子——那一年，查理五世收回了这座城市引以为傲的大部分特权。1577年，当阿尔斯霍特公爵以执政的身份到达根特时，终止了特权的恢复，这开了一个糟糕的头。激进分子想要恢复旧特权，包括恢复工匠协会对市政府的影响，重建根特对周边农村的控制。

这导致这座城市和周围地区受到了真正的恐怖统治。这一事件有两位主要人物：扬·范·海姆比泽（Jan van Hembyze），一位在困境中失去了儿子的高级市政官，他现在已经准备好并愿意采取严厉的措施；还有年轻的贵族里乔夫领主（Lord of Rijhove）弗朗索瓦·德·拉·凯图里（François de la Ketulle），一位奥伦治亲王的支持者。10月27日，里乔夫领主前往安特卫普，向亲王提议逮捕一些主要的天主教徒。亲王没有批准，但也没有提出反对意见。里乔夫领主和他的支持者认为亲王的不置可否是一种默许。1577年10月28日晚上，他们逮捕了执政阿尔斯霍特公爵、伊普尔（Ypres）和布鲁日的主教们、城市的大法警以及一些贵族和城市官员。一天后，他们成立了加尔文宗城市民兵组织，收编了300名流浪汉，并向他们发放武器。[7]11月1日，激进的"十八人委员会"成立了。12月29日，奥伦治亲王抵达根特，成功地消除了分歧，释放了阿尔斯霍特公爵。这样一来，他可以再次获得和事佬的名声。当然，如果他当初就阻止海姆比泽和里乔夫领主的鲁莽行为，恐怕结果会更好。他们的激进行动将天主教徒推到了对立面，就如1566年一样，加尔文宗活动者激起了原本漠不关心特权是否恢

5　分裂的尼德兰

复的天主教贵族的厌恶之情。

1578年1月,帕尔马王子、前总督玛格丽特(帕尔马的)之子法尔内塞携新的军队抵达,以帮助唐·胡安重掌政权。同月31日[*],法尔内塞在布鲁塞尔与那慕尔之间的让布卢(Gembloux)轻松地击败了三级会议的军队。布鲁塞尔人民开始担心会被围困,三级会议的军队则在战败后元气大伤。8月初,两军在梅赫伦以东的今里梅纳村(Rijmenam)附近再次狭路相逢。法尔内塞劝唐·胡安不要参战,但后者不理睬他的建议,最终失败了。

这是与每个人都切身相关的事,事实证明,三级会议没有能力制定一项联合战略。现在,其他省份终于与荷兰和泽兰达成一致,这两个省份将继续收取护航费(*convooien*)和许可费(*licenten*)。[8]护航费是一种关税,用于支付海上武装护送的费用。许可费是向提供给"敌人"的食品和其他货物(不包括武器和弹药)额外征收的一种出口税。乍一看,将货物提供给与你进行殊死搏斗的敌人似乎是不可想象的,但是,对贸易来说,利润是最重要的,而且,即便你不供给,敌人也会从国外其他地方购买货物。[9]这两项税收为保卫荷兰和泽兰提供了宝贵的收入,尤其是对海军来说。然而,安特卫普人民对他们看到的"同胞"的破坏行为感到非常愤怒。[10]荷兰和泽兰议会似乎更愿意先确保本省的利益,而不是为共同利益做出贡献。通过一份以"赔偿"

---

[*] 原书为"28日",但附录"大事编年"为"31日",据核,应为31日。——编者注

（satisfaction）为名义的书面保证，他们强迫那些仍然忠于国王的城镇——荷兰的阿姆斯特丹和哈勒姆，以及泽兰的胡斯——加入他们。官方上，没有什么手段可以阻止天主教徒信奉他们的宗教，事实证明这只是无稽之谈。奥伦治亲王要么是不愿意，要么是不能保护荷兰和泽兰的天主教徒。这一点招致了其他省的批评。

让布卢战役失败后的几个月里，发生了两次不同的进攻。这两次进攻都对中间的温和派不利。一方面，由唐·胡安和法尔内塞率领的那慕尔和卢森堡皇家军队发起了进攻。他们占领了鲁汶，迫使三级会议迁往安特卫普。与此同时，激进的加尔文宗在佛兰德发起了革命性的变革。1578年1月15日，奥伦治亲王刚一离开根特，十八人委员会就恢复了他们的侵略政策。根特军队并没有增援议会军以打败唐·胡安和法尔内塞的军队，而是控制了佛兰德最重要的一些城镇：布鲁日、科特赖克（Kortrijk）、龙瑟（Ronse）、奥德纳尔德、阿克塞尔（Axel）、许尔斯特（Hulst）、圣尼克拉斯（Sint-Niklaas）和伊普尔。他们从伊普尔进军到敦刻尔克、圣温诺克斯贝根（Sint-Winoksbergen）*、费尔讷（Veurne）和更远的地方。[11]其他城镇，如登德尔蒙德和丹泽（Deinze），则效仿根特，选择了好战的加尔文宗。在任何地方，一旦这种激进的变革出现、十八人委员会夺取了权力，对修士和神父的暴力行为就会屡屡发生，教堂、修

---

* 圣温诺克斯贝根（Sint-Winoksbergen）即贝尔格（Bergues）。——编者注

道院和女修道院中就会掀起圣像破坏运动。

很难解释这种激进的加尔文宗的复兴。早在16世纪60年代,加尔文宗就有严重的激进主义。也许是因为对这种激进主义行为的厌恶和对阿尔瓦公爵的恐惧,佛兰德和布拉班特的城市在1572年和随后的几年里都风平浪静。但1566年的混乱给人们留下的记忆肯定不会比1572年的逊色。那么,为什么布鲁塞尔、根特及其他城镇和它们的十八人委员会在1577年推行这样两极分化的政策呢?1566年的记忆似乎鼓励了加尔文宗的行动,而不是劝阻他们。在阿尔瓦公爵治下,很难想象西属尼德兰会存在任何形式的军事抵抗,但西班牙总督严格统治的结束消除了一些压力。返回的加尔文宗教徒和那些秘密信仰各自宗教的人现在在佛兰德和布拉班特的许多城镇采取了和1566年一样的激进措施。和1566年一样,天主教徒是如此习惯于把他们的宗教和政治领导权交给神职人员,所以他们至今没有做出任何抵抗。佛兰德省在十八人委员会领导下的城镇现在几乎没有向布鲁塞尔中央政府支付任何费用,因为它们想用这笔钱来自卫。但它们无法与唐·胡安和法尔内塞的军队匹敌。

阿拉斯同盟和乌得勒支同盟

尼德兰的最西南端是阿图瓦省和埃诺省,与布拉班特和佛兰德,或荷兰和泽兰相比，它们仍然很落后。传统上，贵族在这里拥有政治权力，皇家军队的指挥官主要出自这些贵族。在埃诺，只有省会蒙斯派了一名市民代表到议会。在阿图瓦，只有三个主要城镇：阿拉斯、贝蒂讷（Béthune）和圣奥梅尔（St-Omer）。1578年3月1日，由贵族统治的阿图瓦议会提议与唐·胡安议和。3月6日，埃诺议会表示支持这一提议，但贝蒂讷、艾尔（Aire）、圣奥梅尔和杜埃的人们反对，并立即提出了抗议。然而，他们并不是强大的贵族的对手。[12]就像在佛兰德一样，在阿拉斯，少数狂热的加尔文宗掌权，他们举起奥伦治亲王的橙、白、蓝三色旗来显示他们的政治主张。他们的人民议会由15人而不是18人组成，所以自称为"十五人委员会"（les Quinze）。

在腓力二世统治时期，阿图瓦和埃诺的贵族也参加了贵族协会，然而在1567年阿尔瓦公爵到达后，他们要么退出，要么学会适应。因此，留下来的群体在政治和宗教上更加同质化了：激进分子消失了，支持与皇权和教会和解的人团结了起来。实际上，在政府机构或武装部队中为皇室服务，往往是贵族最重要的乃至唯一的收入来源。有地位意识的天主教贵族对根特市加尔文宗市民的好战行为感到恼火。这些被称为"不满者"（Malcontents）的贵族更愿意受他们君主的统治，而不是受市民的统治，为此他们决定采取行动。埃诺议会宣称，他们反对"宗派主义者及其支持者的野蛮暴行和暴政，因为这些人的行为比西班牙人还过分"。[13]随后，不满者们终止了阿拉斯的加尔文宗政权，将他们的领袖送上了断头台。这是贵族和富裕市民的胜利。1579年1月6日,阿图瓦和埃诺在阿拉斯缔结了一个同盟。

阿拉斯同盟首先是一个天主教同盟,是第二次布鲁塞尔联盟的延伸。四个月后,在1579年5月17日,阿图瓦和埃诺在阿拉斯与国王和解,并签订了《阿拉斯条约》(Peace of Arras)。有了这一条约,他们基本上实现了政治野心。条约的内容在很大程度上让人想起16世纪60年代的抵抗理想:没有外国军队的国家,国王在贵族的同意下统治,用一位具有皇室血统的总督取代法尔内塞。因此,阿拉斯同盟没有背叛共同的政治理想,没有"叛国"。然而,条约的签署者对给予新教徒更大的自由不感兴趣。在图尔奈及其周边地区,社会情形完全相反:在这里,权力的平衡更有利于城市居民。因此,支持与国王和解的神职人员和乡村居民失利了,图尔奈选择了起义者的一方。讲法语这一事实并不能构成图尔奈加入阿拉斯同盟的理由。最终,在法尔内塞的威逼之下,这座城市才屈服了。[14]

在信奉新教的荷兰省和泽兰省,情况在某种程度上更为简单,因为市政府牢牢地掌握着控制权。与阿图瓦和埃诺不同的是,贵族在这里并没有起主导作用,也没有形成强有力的反对力量,城镇之间的嫉妒也远不如佛兰德和布拉班特强烈。这里的市政委员会由新教徒组成,他们"引导"加尔文宗,并强烈反对狂热主义。大家宽容门诺派教徒和天主教徒,没有向他们施加压力要求他们皈依新教。

在主要河道以北的许多城镇里,许多人仍然忠于天主教会和国王。杰弗里·帕克用1579年复活节时坎彭市参加圣餐礼的人数清楚地说明了这一点:加尔文宗参加圣餐礼的人数为67,而天主教参加圣餐礼的人数为8000。[15]当然,这个比较是否合理值得商榷:因为新教严格规定了参加圣餐礼的条件,而对天主教徒来说,在复活节必须参加圣餐礼。在与西班牙人的较量中,尼德兰或许能效仿瑞士。在那里,新教和天主教的各州组成了一个军事联盟,而每个州则继续组织自己的事务,包括宗教事务。

1579年1月,在阿拉斯同盟成立的当月,乌得勒支同盟成立。它是由约翰(拿骚的)发起的,1577年至1580年间,约翰(拿骚的)是海尔德兰的执政。这个同盟的成员包括海尔德兰、荷兰、泽兰、乌得勒支和弗里斯兰,以及布拉班特和佛兰德的一些大城市。同盟搁置了许多问题,比如关于国王和天主教信仰的问题。因此,只要没有人因宗教信仰而受到起诉,每个省都可以制定自己的宗教规则。实际上,奥伦治亲王反对乌得勒支同盟,因为它分散了人们对旧理想的注意力,即团结整个尼德兰反抗西班牙人。最终,直到5月3日,他才签署了一份正式文件表明支持。上艾瑟尔也以同样的方式表示了支持。现在,低地国家有不同的领地群体:仍然效忠国王的省份(卢森堡、林堡和那慕尔),集合在天主教阿拉斯同盟中的省份,加入了乌得勒支同盟的省份,表面保持中立实际信奉新教的省份,以及布拉班特和佛兰德的一些尚未正式签署任何一项条约的城镇。当然,乌得勒支同盟覆盖的领土将很快与起义省份的领土重合。[16]

帕尔马的法尔内塞

对那些不愿意做出选择的中间派来说,选择的权利也意味着危险,因为他们很可能会受到逼迫。这就是为什么三级会议会接受皇帝鲁道夫二世的邀请,前往科隆去参加1579年的和平谈判。1578年10月1日,唐·胡安意外死于瘟疫,并指定法尔内塞为他的继任者。法尔内塞是一位彬彬有礼的贵族,和奥伦治亲王威廉一样,他有与人打交道的才能。他还是一位精明的政治家,相当有耐心,这是唐·胡安所没有的。作为一名将军,他获得了巨大的声誉,尽管他经常因为没有数百万西班牙人的支持而避免采取军事行动。1579年6月,他占领了马斯特里赫特。这对奥伦治亲王的威望是一个巨大的打击。在公众眼中,亲王是马斯特里赫特失陷的罪魁祸首——作为对三级会议最有影响力的人,他本来应该命令他们解救这个城市。皇家阵营攻占了马斯特里赫特,阿拉斯同盟也在国王的领导下回归:在此鼓舞之下,皇家阵营在科隆的和平谈判中提高了他们的要求。他们再次提出,让所有新教徒离开这个国家(尽管他们为此预留了时间),并将政局恢复到1559年的状况,即议会对王室政府影响不大的状况。[17]西班牙人并不指望起义军能接受这一点，但他们希望能以此说服其他贵族、城市或省份放弃叛乱。

这一期望在某种程度上实现了。1580年3月，北方各省的执政，伦嫩贝格伯爵（Count of Rennenberg）乔治·德·拉兰（Georges de Lalaing）和他在南方的天主教家庭成员一起选择与国王和解。1576年，也就是大规模反抗西班牙的起义发生的那一年，他曾为三级会议的政府服务。一年后，他被任命为弗里斯兰、格罗宁根、德伦特和上艾瑟尔的执政。1578年，他从西班牙人手中夺取了坎彭和代芬特尔，但在他的家族与国王和解的那一年，他也决定回到皇家阵营。正如他的南方亲戚对加尔文主义在佛兰德的传播感到恼火一样，他也被狂热的约翰（拿骚的）在海尔德兰大力推行加尔文主义的行为激怒。格罗宁根市的天主教徒是伦嫩贝格伯爵的忠实支持者，3月3日，该市及其周围地区（Ommelanden）再次宣誓效忠腓力二世。起义军一察觉到伦嫩贝格伯爵对法尔内塞的提议很感兴趣，就迅速控制了弗里斯兰。但是他们失去了德伦特省和上艾瑟尔省的大片地区，伦嫩贝格伯爵占领了那里的城镇库福尔登（Coevorden）和奥尔登扎尔（Oldenzaal）。1581年7月，伦嫩贝格伯爵突然去世，法尔内塞任命弗朗西斯科·贝尔杜戈（Francisco Verdugo）为继任者。贝尔杜戈是一位经验丰富的西班牙军事领袖，他娶了曼斯费尔德伯爵（Count of Mansfeld，曾任卢森堡执政）的女儿，因而至少算是半个尼德兰人。1557年，他就已经在圣康坦服役,并在最北部省份为王室服务时脱颖而出。[18]

　　法尔内塞应该对目前的成功感到满意。1580年和1581年,情况再次发生变化,因为腓力二世打算优先征服葡萄牙。比起支持法尔内塞的进攻,腓力二世现在更支持格兰维尔的提议,即宣布奥伦治亲王为叛徒。在宣布奥伦治亲王为叛徒的判决中,亲王承受了太阳底下的一切骂名:无神论者、重婚主义者、酒鬼、为了满足自己的野心而牺牲尼德兰的人,以及妨碍国王与尼德兰达成长久和平的人。法尔内塞反对这项声明,认为用这样的手段对付亲王并不光彩,因而尽可能地拖延发布判决的时间。虽然这项判决的下达日期是1580年3月15日,但他拖到7月15日才发布。[19]为了回应判决,奥伦治亲王的工作人员在与亲王协商后写下了《护教书》,为他的行为进行辩护。《护教书》和判决一样充满了诽谤,目的主要是进行宣传,可能是想为亲王的行为辩护。不过,它在谴责亲王的对手时毫不留情。它用最黑暗的语言描述西班牙、西班牙人和西班牙政权:国王腓力二世和阿尔瓦公爵都是残暴的人,他们唯一的目标就是让尼德兰垮台。亲王完全可以控制自己的反西班牙情绪,但现在是全面战争时期,这是一份旨在诋毁敌人的宣传,已经不是纠结细节和尊重对手的时候了。与过去相反,《护教书》用犀利的措辞表达了反西班牙情绪,意在劝说尼德兰所有迟疑不决的人放弃对西班牙王权的忠诚。总的来说,三级会议中仍有一些人在转向起义军一事上犹豫不决。有件事充分地说明了这一点,那就是他们不想授权出版《护教

人物

1.《奥伦治亲王威廉》。相传作者为丹尼尔·范·登·奎克伯恩（Daniel van den Queecborn）。1598年，亲王之子莫里斯（拿骚的）将此画捐献给莱顿大学

2.查理五世。砂岩浮雕,乌得勒支,1550—1560年

3. 尼德兰总督玛格丽特（帕尔马的），1559—1567年

4.《腓力二世肖像画》。画中人物是在尼德兰期间的腓力二世，他衣着朴素，正如高级贵族和市民们所见的那样。作者为贝弗韦克的扬·科内利斯·维米尔（Jan Cornelisz Vermeyen），画像尺寸仅15.3cm×10.7cm，1600年。腓力二世的脖子上挂着金羊毛勋章。右侧的拉丁文铭文是"腓力，英格兰的国王，西班牙的王子"，因此，此画内容可追溯到腓力二世统治尼德兰之前

5.埃格蒙特伯爵的匿名肖像,可能出自德意志。处决埃格蒙特伯爵在神圣罗马帝国也引起了极大的愤怒

6. 格兰维尔，于1561年被任命为红衣主教，后成为尼德兰的实际统治者

7.《布雷德罗德的亨利》(Henry of Brederode)，贵族协会的发起人，也是唯一早在1566—1567年就想采取军事行动的贵族。汉斯·利弗林克一世（Hans Liefrinck I，约1518—1573年）绘

8. 基诺·西蒙多克（Kenau Simonsdochter）是一位充满活力的女性，她敦促驻军和哈勒姆人民坚定地与敌人对抗。她很可能是因为站在墙上与法德里克的军队作战而声名远扬的勇敢妇女之一

9.阿尔瓦公爵肖像画,出自不知名的艺术家,可能绘于公爵在尼德兰的时期

10. 路易斯·德·雷克森斯，尼德兰的第三任总督，代表西班牙国王，1573—1576年。在阿尔瓦公爵的强硬政策之后，他试图采用更温和的治理方式

11.《亚历山大·法尔内塞》,公爵之子,后来的帕尔马公爵,尼德兰总督。作者奥托·范·费恩(Otto van Veen,拉丁名Otto Vaenius,约1556–1629年)

12.英格兰女王伊丽莎白一世,她准备私下向起义军提供秘密支持

13. 70岁的扬·范·奥尔登巴内费尔特。米希尔·扬松·范·米勒费尔特（Michiel Janszoon van Mierevelt，1566–1641年）所绘肖像的匿名副本

14.《莫里斯亲王》。米希尔·扬松·范·米勒费尔特所绘肖像的匿名副本,绘于1621年前后

AMBROSIVS SPINOLA marquis van Sesti ende venafri hertog van Sansauerin, Ridder vant gulde vLies, gouuerneur generael van Syne catholique maiesteyt in nederlant.

15.安布罗焦·斯皮诺拉，阿尔贝特大公和伊莎贝尔大公夫人的心腹。版画误称斯皮诺拉为"国王的总督"，但他从未担任此职

16.这幅画颂扬了弗雷德里克·亨利,出版于1628年,当时他还没有取得最大的胜利。他带来的自由使贸易和工业、农业和畜牧业,以及艺术和科学得以蓬勃发展

17.阿尔贝特大公和大公夫人伊莎贝尔,两人是西属尼德兰的君主

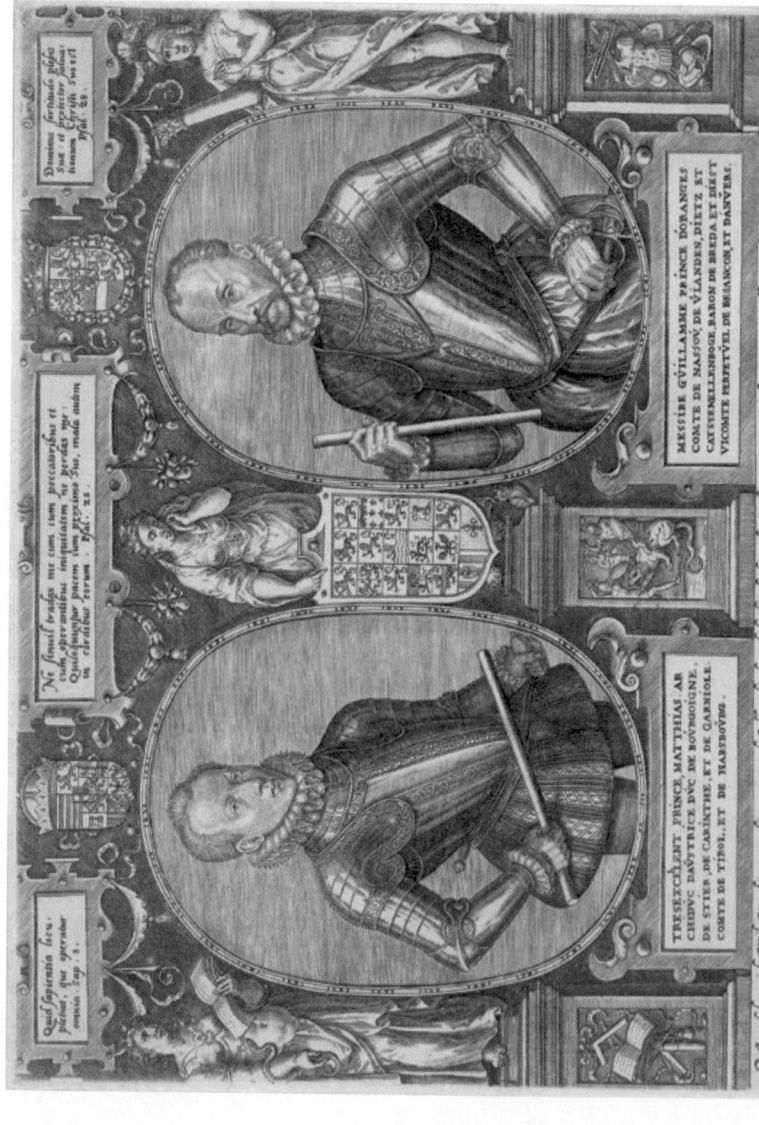

18. 奥地利的马蒂亚斯和奥伦治亲王威廉，他们之间是十七省的盾形纹章。约翰尼斯·维里克斯（Johannes Wierix）雕刻（1549—约1620年）

19.《巴特尔·雅各布茨·巴特》(Bartel Jacobsz. Bart)。巴特在早晨穿白衣讲道,在晚上则穿黑衣讲道。自1561年开始,巴特一直是北荷兰省奥斯特赞的一名牧师。但在1565年,他带着大部分的教区居民改信新教。一年后,当宗教冲突加剧时,他流广英格兰

20.奥伦治亲王威廉。在他的上方,画框上写着他的临终遗言

21.马尔滕·哈珀特松·特龙普,底部描绘的是唐斯战役

22.路易(拿骚的),奥伦治亲王的兄弟和得力助手

盾形纹章

23.十七省尼德兰的盾形纹章,居中为最著名的布拉班特的盾形纹章。几个世纪后,布拉班特的徽章变成了比利时的盾形纹章。出自诗人扬·范·德·努特(Jan van der Noot)用法语和荷兰语所写的《布拉班特的颂歌》(*Lofsang van Brabant*)(1580年)

24.查理五世的盾形纹章,包含了他众多领地中最重要的几个。上半部分代表西班牙王国;左下方代表奥地利和勃艮第。黑色背景上的金狮象征布拉班特,而金色背景上的黑狮则代表佛兰德。 挂毯,1540—1555年

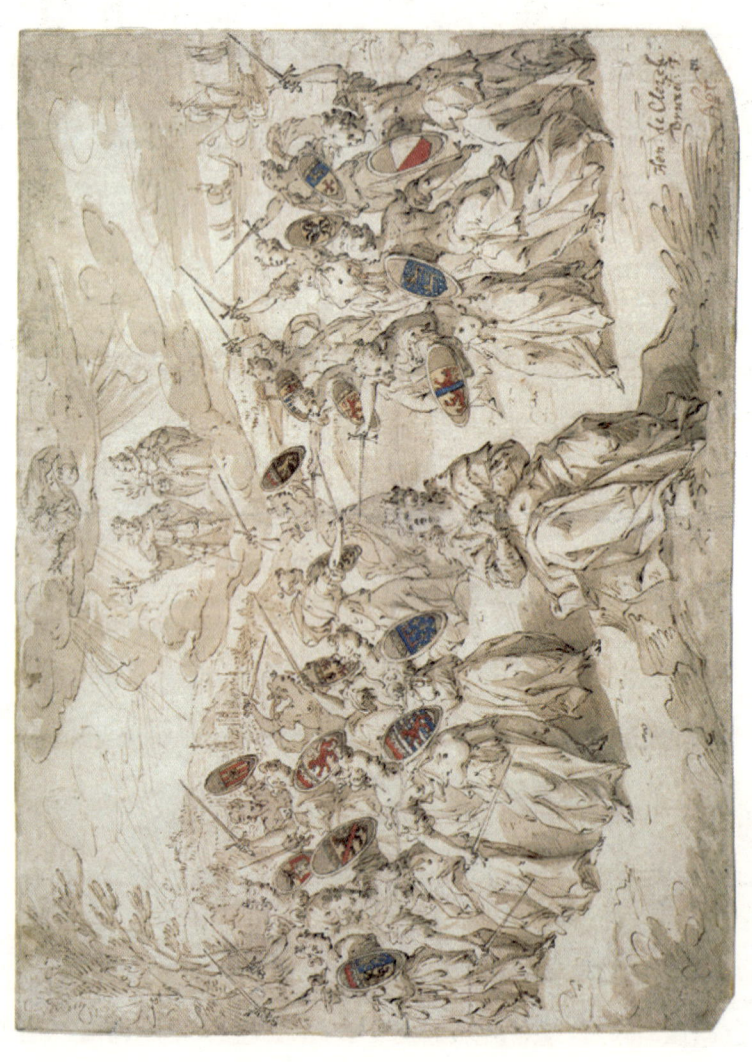

25. 十七省。左边是象征西属尼德兰的20名处女,右边是代表联省共和国七省的7名处女。读者可以通过她们所持的盾形纹章来识别。这是亨德里克·德·克莱克(Hendrick de Clerck)的一份底稿,成画表点在一座凯旋门上,为的是欢迎阿尔贝特大公和伊莎贝尔大公夫人进入布鲁塞尔,时间可能是1599年

26. 费勒和弗卢辛的盾形纹章。出自《荷兰何时以及如何被分割成一个伯国》(*Hoe en wanneer Holland tot een graafschap is afgezonderi*, 阿纳姆, 1647年), 仅存一个孤本保存在莱顿大学图书馆

27. 这只狮子戴着莱顿的盾形纹章,它头盔上的羽毛是奥伦治的颜色。它正在与巴兹里斯克蛇战斗,这种蛇是神话中的生物,半龙半蛇。狮子还把野猪赶出了荷兰花园。泥里躺着用于天主教弥撒的各种物品——圣体和高脚杯、一个用于洒圣水的洒水器以及一串念珠,此外还有象征圣公会和教皇尊严的一支曲柄杖和一个三重冕。当代彩绘

28.废黜腓力二世尼德兰君主之位的象征性描述：在几乎空无一人的三级会议大厅里，一位使节的外衣上印有各省的盾形纹章。这里的盾形纹章不像通常一样有7个，而是8个：聚特芬伯国通常包含在海尔德兰公国中，在这里则单独展示（十字架上有一只狮子）

场景

der Weder-doopers.

Haer nieuwe Gheeft die heeft gheblaeckt, alft openbaer heeft ghebleken,
By der ftraet loopende moeder naeckt, en hebben t'huys aen brant ghefteken,

29. 再洗礼派信徒赤裸地穿过阿姆斯特丹的街道，警告时代的终结

30. 荷兰历史著作中最早的描绘查理五世率王室在奥伦治亲王威廉肩膀上的画像。出自赫拉尔德·范·隆（Gerard van Loon）的《尼德兰纪念勋章》（Beschryving der Nederlandsche historipenningen）（第1卷，1723年）

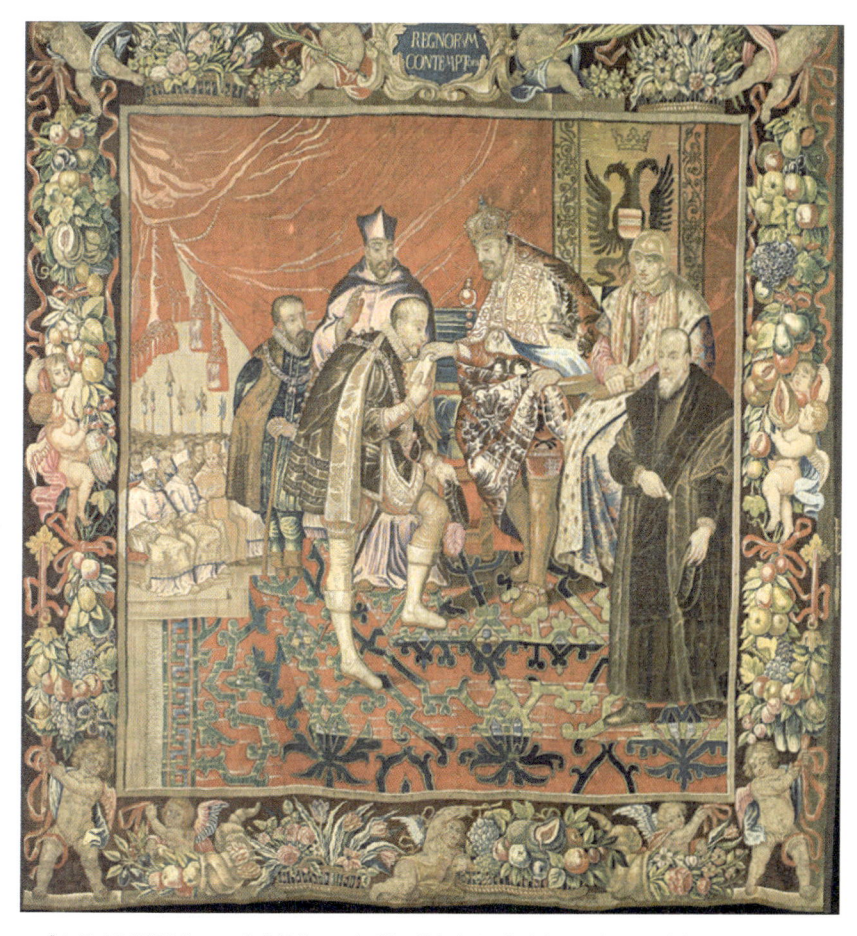

31.《查理五世的退位》,1630年的挂毯,显示了格兰维尔在继承仪式中所扮演的重要角色。注意,腓力二世吻了他父亲的手

32. 由格梅·范·布曼尼亚（Gemme van Burmania）率领的弗里斯兰代表团在向腓力二世宣誓时拒绝下跪，正如吕伐登省厅中19世纪的壁画所描绘的那样。然而，这个弗里斯兰历史上的自豪时刻只是个传说，因为事实上代表们本来就不必下跪

33. 描绘圣像破坏运动的画作。画家笔下，教堂的门开着，以便能清楚地展示正在发生的事情。在里面，人们正在毁坏雕像、绘画、玫瑰、玻璃窗和天主教礼拜用的物品。右下角是一个手持燃烧的蜡烛的男人，意在表明这类事件不分昼夜地发生。在右边的背景中，我们可以看到有人拿着一大袋赃物正在逃跑。弗兰斯·霍根贝格（Frans Hogenberg, 1535—1590年）绘

34 绘自宗教战争高潮时期异常宁静的画:安特卫普主教弗朗西斯库斯·桑尼乌斯(Franciscus Sonnius)为霍德弗里德·范·米尔洛(Godfried van Mierlo)主持哈勒姆主教授职仪式。仪式不是在哈勒姆举行,而是在安特卫普的圣保罗教堂举行

35. 多德雷赫特四面被水包围。泽兰和荷兰的大部分地区都是这样

36. 关于布雷达和谈的象征性描述。标题写道:"上帝很高兴给我们和平,但嫉妒用暴力赶走了慈善。"

37. 1577年，安特卫普的人们聚集在街上拆毁这座令人憎恨的要塞

38.《弗雷德里克·亨利亲王围攻申肯尚斯》(*The Siege of Schenkenschans by Prince Frederik Hendrik*),赫里特·范·桑滕(Gerrit van Santen),约1636—1684年。这座要塞位于莱茵河的一个岔口,是战略要地,如今则是一座宁静的德国村庄,与荷兰城镇洛比特隔河相望

39.尤斯廷(拿骚的)将布雷达的钥匙送给斯皮诺拉,1625年。迭戈·委拉斯开兹(Diego Velázquez)于1634—1635年为西班牙国王的一座宫殿创作了这幅油画。弗雷德里克·亨利于1637年夺回了布雷达

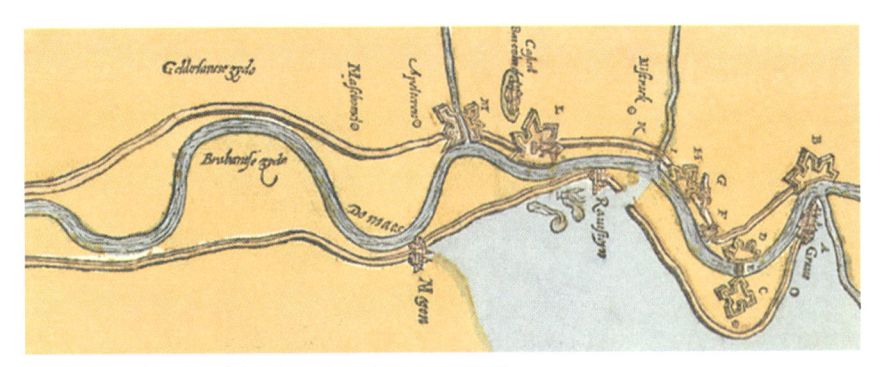

40. 法尔内塞（帕尔马的）攻占赫拉弗。注意，河流在E处被阻断

41. 1593年，莫里斯（拿骚的）和威廉·路易（拿骚的）包围并占领了海特勒伊登贝赫。从北往南看，在这里，这座城市靠水的一面也被绑在一起的船只所组成的浮桥封锁了

42.利尔。乞丐们本以为自己占领了这个城镇,结果后来被打败

43.年轻的弗雷德里克·亨利(1584—1647)和莫里斯(1567—1625)兄弟。他们之上是七省的盾形纹章,盾形纹章上是共和国的红狮子,狮子拿着一把剑和七支箭组成的箭束

44. 1596年，奥地利的阿尔贝特大公攻占许尔斯特

45. 阿德里安·范·德·韦恩（Adriaen van de Venne），《为灵魂捕鱼》（Fishing for Souls），1614年。展示了低地国家的领导人们，他们各自都在自己的河岸上，但彩虹将他们联系在一起。左边是共和国，有莫里斯（拿骚的）、威廉·路易（拿骚的）和传教士；右边是大公夫妇和天主教神职人员

其他

46. 比利时雄狮（Leo Belgicus），尼德兰被描绘为一头雄狮，1617年

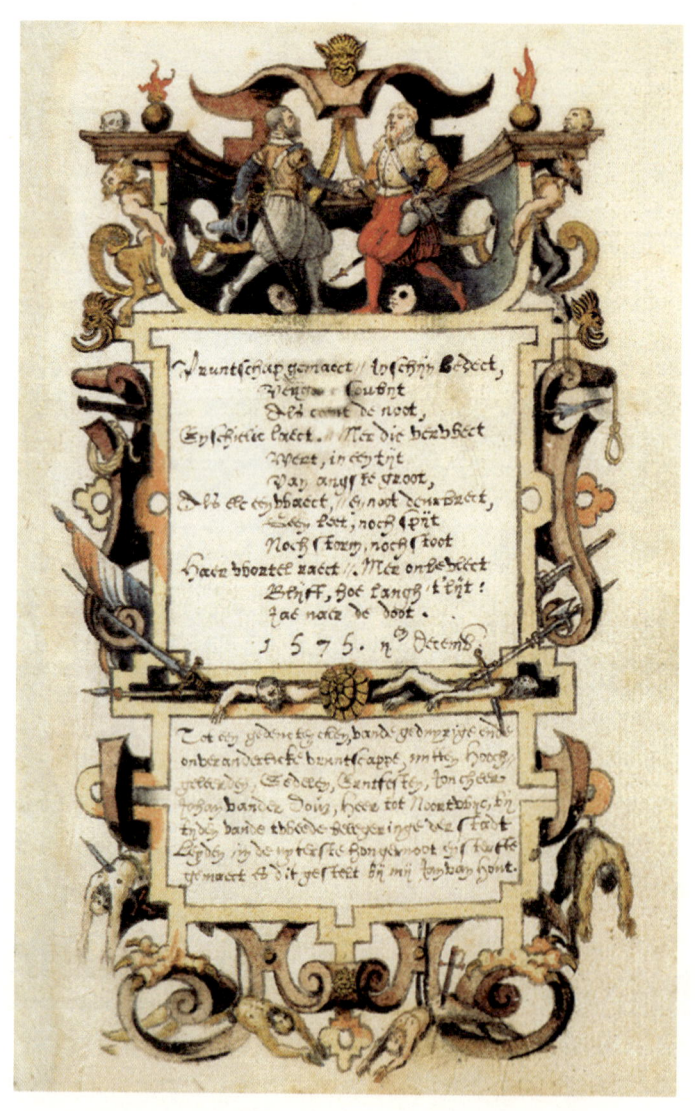

47. 1575年12月2日扬·范·豪特（Jan van Hout）在雅努斯·杜萨（Janus Dousa）的签名簿中留下的一首诗，记录了他们在围城期间发展起来的友谊。这首诗主要是说，在和平时期建立的友谊很容易被遗忘，在战争中建立的友谊则会永存

48. "对神圣事物的熟悉"——鲁本斯敢于描绘一切。在这里,耶稣聆听着阿维拉的特雷莎,她祈求耶稣从炼狱中拯救西班牙外交官和历史学家贝尔纳迪诺·德·门多萨(Bernardino de Mendoza)

49. 彼得·保罗·鲁本斯（Peter Paul Rubens）设计的卡洛凯旋车，约1638年

书》。最终，是荷兰议会授权以四种语言出版《护教书》，其成员还为奥伦治亲王提供了一名保镖。[20]亲王以他的座右铭"坚持不懈"（*Je maintiendrai*）结束了《护教书》。这句座右铭最初的表述是 *Je maintiendrai Nassau*，保留了亲王的荣誉、家族和领地。渐渐地，亲王省略了"拿骚"这个词，这一变化可以从1578年的一幅肖像画中看出。在后来的几年里，他赋予了这句话更广泛的含义。例如在给荷兰议会的一封信中，亲王在结尾写道："我会捍卫你们的决定。"（*ce qui par vous sera résolu, je le maintiendrai*）由于这个更广泛的意义，这句格言后来出现在荷兰王国国徽的下方。

图 5.2　奥伦治亲王威廉的肖像，画像上有他的座右铭"坚持不懈"。捐赠人亚伯拉罕·德·布勒因（Abraham de Bruyn，约 1538—1587 年）

矛盾的是，法尔内塞在1579年的成功正是他在1580年停滞不前的原因。在《阿拉斯条约》中，他不得不保证会将西班牙军队撤出尼德兰。在政治和军事上,他也有在1580年4月兑现承诺的勇气。这对腓力二世来说是一个额外的福利,因为他能够用这5500名撤出尼德兰的西班牙人征服葡萄牙。[21]莫克战役的英雄桑乔·达维拉也在这支西班牙军队中,因为手握军队指挥权的阿尔瓦公爵表示,如果没有达维拉他就拒绝离开。法尔内塞还解散了意大利和德意志的军队,就此最终组建了一支完全由尼德兰士兵组成的军队,其中大部分是瓦隆人。由于征服葡萄牙的战争,法尔内塞在1580年和1581年没有得到任何财政支持,这意味着两年来他几乎无事可做。直到1581年11月29日,经过漫长的围攻,他才攻占了图尔奈。[22]但一周后他对贝亨奥普佐姆的攻击则以失败告终。经过两年的争执,阿拉斯同盟的贵族和议会都承认,没有外国军队,他们根本无法打败起义军。令法尔内塞吃惊的是,是他们自己要求西班牙军队和意大利军队返回尼德兰的。

奥伦治亲王的法兰西政策

与此同时,三级会议也呼吁外国援助。1580年9月29日,议会与法兰西国王亨利三世的弟弟安茹公爵签署了一项条约。安茹公爵被授予"尼德兰自由保卫者"的称号,并承诺提供一万名士兵支持议会。如果议会想把尼德兰的主权也交给安茹公爵,他们将不得不拒绝效忠腓力二世。1581年7月26日，在《誓绝法案》（Act of Abjuration）中，他们正式宣布废黜腓力二世。也就是说，议会并不是通过宣誓废黜腓力二世的，这是在三级会议的一次例行会议上做出的决定，没有任何隆重的仪式。然而，安茹公爵直到1582年2月10日，也就是条约签署一年多之后，才抵达弗卢辛。此时，该地的合法统治者腓力二世早已离开并前往西班牙。奥伦治亲王威廉是第一个承认安茹公爵为新君的人，后者于2月19日在安特卫普被任命为布拉班特公爵。这一法兰西政策并不受欢迎，毕竟，法兰西人是宿敌，安茹公爵更是一个对政治漠不关心的统治者。他只对自己的名利感兴趣，是一个不值得信任的流氓，由于放纵的生活方式，他需要大量涂脂抹粉才能维持风度。荷兰和泽兰的市民不想要一个天主教统治者。他们早在1575年就已经将奥伦治亲王视为最高权威，并要求获得特殊地位。为了把安茹公爵挡在门外，他们坚持要求奥伦治亲王接受荷兰伯爵的头衔，但亲王拒绝了这个提议。1582年3月18日，奥伦治亲王遭到刺杀，大多数人都认为安茹公爵是幕后黑手。刺杀未遂者名叫胡安·豪雷吉（Juan Jauregui），这名巴斯克天主教徒射穿了亲王的下巴。伤口难以愈合，几个月后才恢复。在此期间安茹公爵一直没有露面。对奥伦治亲王的第三任妻子夏洛特·德·波旁（Charlotte de Bourbon）来说，这场折磨显然更让人筋疲力尽，她于1582年5月5日去世，先于亲王本人。

那年夏天，法尔内塞重开攻势：他让西班牙精锐部队返回尼德

5　分裂的尼德兰

兰，并在7月4日攻占了奥德纳尔德城。[23] 稍晚些时候，当安茹公爵和奥伦治亲王在根特为安茹公爵举行佛兰德伯爵的授爵仪式时，法尔内塞试图攻占这座城市，被勉强击退。然而，在秋天，当饱受期待的法兰西军队抵达尼德兰时，天平似乎向起义军一方倾斜了。奥伦治亲王的法兰西政策看来似乎终会开花结果：他现在又多了一万人可以投入到对抗法尔内塞军队的战斗中，这一万人中甚至还有训练有素的瑞士军队；此外，法兰西与西班牙之间说不定很快会爆发战争。法尔内塞解读当时的局势后也得出了同样的结论，他突然意识到自己处于弱势地位。1583年1月8日，他写信给国王说，如果没有及时的财政支持，国家和信仰都将被法兰西国王夺去。[24]

然而出人意料的是，西班牙人得救了，因为安茹公爵和法兰西军队突然改变了策略。安茹公爵已经受够了从属地位，计划占领安特卫普和其他一些佛兰德城镇，以成为这个国家的主人。然而，安特卫普的人民在最后时刻得到了提醒，在1583年1月18日的上午给了目瞪口呆的法兰西军队沉重的一击。在这场"法兰西人的狂怒"（French fury）中，死去的法兰西士兵比死去的安特卫普公民更多。尽管此事进一步破坏了奥伦治亲王的法兰西政策，亲王仍然试图与安茹公爵正式和解，即使是在1583年6月公爵永远离开尼德兰之后。奥伦治亲王始终寄希望于法兰西的干预。1583年4月，他迎娶了在圣巴托罗缪大屠杀中丧生的法兰西胡格诺派领导人、海军上将加斯帕尔·德·科利尼的女儿路易丝·德·科利尼

(Louise de Coligny)。路易丝将成为未来的执政——弗雷德里克·亨利（Frederick Henry）的母亲。由于议会阵营的混乱统治，这一计划同样被泄露给法尔内塞，法尔内塞在此后的数年中一直致力于破坏这一计划：1583年7月，他占领了佛兰德海岸边几乎所有的城镇，准备包围伊普尔、布鲁日和根特等城市。9月，他成功突袭聚特芬，这表明他也在计划继续征服北方。

奥伦治亲王之死

由于在安茹公爵这一问题上的失误，奥伦治亲王的法兰西政策使他在政治上被孤立了。尽管有人和他一样，认为起义只有在外国援助下才能成功，但批评者占了上风。他甚至失去了自己的堂弟约翰（拿骚的）的长期支持。然而，没有什么能改变亲王的想法。他写信给他的堂弟，坚决地说，敌人最害怕的政策就是最好的政策。而西班牙最担心的就是法兰西在尼德兰的影响力会增加。[25]安茹公爵离开后，奥伦治亲王和荷兰议会再次就将主权移交给亲王本人一事进行商讨：议会希望在严格的条件下晋升他为荷兰伯爵。1583年12月12日，奥伦治亲王同意了这些条件。[26]1584年6月，谈判仍在进行，因为阿姆斯特丹和豪达提出了反对意见。[27]最后，奥伦治亲王的晋升没有进行下去，不是因为亲王被暗杀了，而是因为在1584年6月10

日，安茹公爵死了。奥伦治亲王和三级会议因此决定把主权交给法兰西国王，并立即派代表团前往巴黎。当然，如果奥伦治亲王此时已经成为荷兰伯爵，那么起义军手中有限区域的主权对这位法兰西君主的吸引力势必会降低。[28]法兰西国王拒绝了这一提议。不久之后，亲王死于谋杀，对其统治权的进一步讨论也就此不了了之。

来自勃艮第自由伯国（弗朗什-孔泰）的巴尔塔扎·热拉尔

图5.3 奥伦治亲王在代尔夫特新教堂里的简陋坟墓。直到很久以后，三级会议才为奥伦治亲王建造了一座更得体的坟墓

（Balthasar Gérard）决定承担刺杀奥伦治亲王的神圣使命。经过精心谋划，他成功地接近了亲王。1584年7月10日，就在亲王位于代尔夫特的家［现在被称为普林森霍夫（Prinsenhof）］中，巴尔塔扎·热拉尔在楼梯上射杀了亲王。亲王胸口受伤，瘫倒在地。据说，亲王临终前说："我的上帝，我的上帝，怜悯怜悯我和这个可怜的人吧。"（*Mon Dieu, Mon Dieu, ayez pitié de moi et de ce pauvre peuple*）他的妹妹拿骚的卡特琳（Catherine of Nassau）问他是否把灵魂交给了基督，亲王回答说"是的"，然后便一命呜呼。

要注意的是，我们不能轻易相信任何所谓的"临终遗言"真的是受害者临终时说过的，亲王的临终遗言也是一样。这句话可能是因为其宣传价值而被强归于亲王的。这句话暗示，亲王最后想着的还是他的人民，而且，他是作为一个虔诚的人死去的。一幅亲王的肖像画的画框上写着这句话（见彩插20），许多作家指出，这些文字与亲王早期的作品和言论很相似。[29]这的确是事实，他的遗言在内容和意义上与他《护教书》的结语几乎一样，但这本身并不能证明遗言的真实性：毕竟，宫廷牧师和主笔也在撰写《护教书》的过程中发挥了作用。现在，自然也可能有人对亲王的遗言做同样的事。支持亲王遗言真实性的一个论据是，几乎没有时间留给人去伪造这些遗言。就在亲王遇害后几个小时，代尔夫特举行了一次三级会议，会议记录中就已经记录了这些遗言。可以排除掉出席会议的代表们自己编造这句话的可能性：那些年对奥伦治亲王的批评太多,他的对手肯定不想美化这些事件。当然,我们永远无法确定当亲王躺在代尔夫特的楼梯上奄奄一息时到底说了什么。这是见仁见智的事,无论是对相信这些文字真实性的人,还是对不相信的人而言。[30]

一般来说,"国父"(*pater patriae*)一词毫无新意,几乎每一个曾经掌权的统治者都被这样称呼过。早在1558年,腓力二世仅当了三年国王的时候,在豪达的彩色玻璃窗上就有一幅他的肖像画,下面写着"国父"。将奥伦治亲王称为"国父"首先见于人文主义传统中。其次,"国父"也迎合了街头男女的团结感和归属感。1577年,当亲王在北荷兰省巡游时,该省的人们都说"威廉父亲来了"。[31]最后,"国父"这个名字就此被保存在历史书中,尤其是在更为通俗的记载中。但是,在他的引导下成立于尼德兰北部的新教共和国并不是奥伦治亲王心目中的祖国,不管是地理上的还是宗教意义上的。从地理上讲,他的支持者控制的领土不到整个尼德兰的一半。在思想上,他的理想也只实现了一部分:良心的自由得到了保证,但他同时代的人却不愿意接受完全的宗教自由。亲王心目中真正的祖国包括了所有的低地国家,就像查理五世留给腓力二世的那样:这才是奥伦治亲王在皇帝的军队和布鲁塞尔国务委员会任职时效忠的祖国。

6 进攻战

北方出击南方：1584—1609

安特卫普的陷落

比利时历史学家亨利·皮雷纳称暗杀奥伦治亲王完全是多此一举。[1] 毕竟，事实已经证明，亲王在晚年根本无法抵抗法尔内塞的进攻。1584年4月7日，经过6个月的围攻，法尔内塞攻占了伊普尔。一个月后，他包围了布鲁日。这座城镇在投降前并没有坐以待毙。每一个投降的城镇都得到了体面的甚至是有利的条件。当然，最初法尔内塞也选择了强硬的方式。他的战略主要是破坏各城镇的经济基础。因为他没有财力和人力去围攻所有的城镇，所以他让骑兵把城镇周边的乡村居民都赶出来。这样一来，这些城镇不仅失去了食物供应，而且还有更多的饥饿人口需要养活，此时再进行封锁通常可以使他们更快投降。[2] 1578年，法尔内塞占领了奥伦治亲王威廉的领地迪斯特（Diest）的小城齐克姆（Zichem），杀死了所有男性。[3] 1579年6月，法尔内塞又占领了马斯特里赫特，这是他最后一次允许手下抢劫、杀人，而且这可能是因为他卧病在床无力阻止。在那之后，他占领的城镇都免于这种暴行。从前的反对者被赦免；那些不想回到"母亲教会"的新教徒被给予足够的时间卖掉他们的财产并离开这个国家,这时间有时长达数年。因此,尽管这是一次彻底的宗教清洗,但它抚慰了这些天主教徒仍占多数的城镇的创伤。在登德尔蒙德和维尔福德(Vilvoorde)被占领后,根特也于1584年9月17日投降。除了40000名本地居民外,根特市还收容了20000名难民。之后,法尔内塞开始进攻布拉班特的主要城镇。1585年2月28日,他开始与布鲁塞尔谈判。仅仅十天之后,布鲁塞尔再次被王室统治。

作为一名政治家和战略家,法尔内塞的才华主要表现在攻占安特卫普一事上。他在瓦斯地区的贝弗伦市(Beveren)西部的斯海尔德河左岸建立了总部。在那里,一座教堂的墙壁上有一块浮雕,纪念了他把攻占这座城市的功绩献给圣母马利亚一事。法尔内塞在宗教事务上的温和纯粹是出于政治目的。实际上,他对顽固的新教徒毫不留情。在贝弗伦,他让人把牧师约翰内斯·弗洛里亚努斯(Johannes Florianus)溺死在井里。[4]和早先的围攻一样,这次法尔内塞也带了一批精选的工程师,正是他们的技术支持使他的军事行动成为可能。一座巧妙的浮桥封锁了安特卫普北部的斯海尔德河,阻断了被困城市的粮食和弹药供应。虽然城市周围的一部分土地已经被水淹没,但水都不够深,仍然露在水面之上的堤坝成了激烈交火的战场。最惨烈的是库文斯坦大堤(Kouwenstein dyke)上的战斗。奥伦治亲王曾经下令破坏这座大堤,这样安特卫普和泽兰就可以保持连通,不会被包围。但是城里的肉贩为了让

图6.1 法尔内塞（帕尔马的）跪在圣母马利亚面前，将攻占安特卫普的功绩献给她。1869年加弗兰圣母礼拜堂入口上方的弧形顶饰，位于安特卫普西部贝弗伦的梅尔塞勒

他们的牛在那里吃草，拒绝破坏大堤。堤坝上的战斗结束了，法尔内塞亲自率领的皇家军队取得了这场激烈战斗的胜利，这座城市的命运已经注定了。

法尔内塞的成功使英格兰女王伊丽莎白一世在政治上态度大变。由于唐·胡安曾制订一系列缜密的计划想要罢免她，西班牙还插手了其他针对她的阴谋，因此她不想看到西班牙在尼德兰获得太多的权力。法尔内塞的成功给她敲响了警钟，尽管她谦逊地拒绝了成为起义省份君主的提议，但她派出了心腹莱斯特伯爵（Earl of Leicester）罗伯特·达德利（Robert Dudley）和8000

名士兵,支持起义军。作为回报,她要求起义军抵押一些战略要地:南荷兰省的布里尔,泽兰省瓦尔赫伦岛的弗卢辛和拉梅肯斯堡(fort Rammekens)。[5]在伊丽莎白一世的时代,安特卫普就已经被看作一把指向英格兰胸膛的手枪。因此,她选择上述地点作为抵押毫不奇怪,如此一来,她可以从这些地方抵御来自安特卫普的攻击。但泽兰一再拖延谈判,当来自英格兰的增援部队最终抵达时,对安特卫普来说一切都为时已晚。[6]在得到慷慨的承诺后,安特卫普于1585年8月17日向法尔内塞投降。我们永远无法知道泽兰是不是在故意拖延与英格兰的协商,以确保安特卫普落入法尔内塞之手,好进一步破坏这座城市贸易的机会。在这种情况下,像奥伦治亲王这样的执政的权威是决定性的,可能会带来更有利的结果。

在安特卫普陷落几个月后,法尔内塞不得不放弃对贝亨奥普佐姆的围攻,因为他无法封锁这座城镇通往泽兰附近水域的通道。要是安特卫普也是这样就好了!这使法尔内塞军事能力上的缺点暴露无遗:像阿尔瓦公爵一样,他没有舰队。然而,在内地,他仍然占据主导地位。一年后,他包围了赫拉弗(Grave),这是一个位于马斯河(默兹河)上的防御城镇。他把赫拉弗紧紧地包围起来,封锁了它与马斯河(默兹河)间的通道,就像他在安特卫普做过的一样。赫拉弗于1586年6月7日投降。

乌得勒支同盟保留了执政的设置。人们仍然认为有必要在每个省设立一个能够立足于争端之上并解决省际矛盾的人。奥伦治亲王去世一年后，鹿特丹市议会议长扬·范·奥尔登巴内费尔特（Jan van Oldenbarnevelt）极力主张任命奥伦治亲王的次子莫里斯（拿骚的）为荷兰和泽兰的执政。1585年11月13日，在莫里斯（拿骚的）18岁生日那天，他被正式任命。1586年3月16日，奥尔登巴内费尔特本人被任命为荷兰议会议长。当时他39岁，对那个职位来说还很年轻。他和莫里斯（拿骚的）一起承担了确保莱斯特伯爵成为总督后，不会对同盟内部事务进行过多干预的任务。在他们看来，莱斯特伯爵在那里纯粹就是为了领导北方同盟的军事防御。

作为总督，莱斯特伯爵并不成功，尽管他确实尽心尽力了。[7]他的虚荣心，以及他不会说法语只会说意大利语这一点，*加大了沟通的难度，但并非完全不能交流。更麻烦的是，他想执行坚定的加尔文主义政策，并选择乌得勒支作为他的政府所在地。这一政策试图向外界人士表明，这场斗争也是为了新教信仰，但政策是由荷兰决定的，而荷兰并不愿意为捍卫新教牺牲太多。作为加尔文宗教徒，莱斯特伯爵认为解决冲突的方法就是禁止与敌人的贸易。但荒谬的是，战争的资金恰恰来源于向对敌贸易征收的护航费和许可费，以及许多其他税收。此外，莱斯特伯爵在挑选政治顾问和幕僚时选错了人。他挑选了一些狂热的佛兰德官员：这些人是北

---

* 在当时，低地国家没有人说英语。

方人眼中的外国人，更糟糕的是，他们之中的一些人被发现有财务不端行为。这个佛兰德顾问圈子瞧不起荷兰政府里的市民，轻蔑地称这些市民为"废话君主、小贩君主、酿酒君主、干酪商君主和磨坊君主"。[8]即将接替莱斯特伯爵成为英格兰军队指挥官的威洛比勋爵（Lord Willoughby）佩里格林·贝尔蒂·德·厄斯比（Peregrine Berty de Eresby）也非常蔑视这些市民。他说，做效忠女王伊丽莎白一世的马夫也比做一个为市民政权服务的指挥官强。[9]

莱斯特伯爵随后擅自留在英格兰，缺席超过6个月，在此期间，国务委员会无法做出任何决定。雪上加霜的是，1587年，由于英格兰和爱尔兰官员的背叛，城镇代芬特尔和聚特芬的堡垒被摧毁了。尽管莱斯特伯爵在返回弗卢辛时带了一支军队，但在斯海尔德河的另一边，帕尔马公爵法尔内塞占领了港口城市斯勒伊斯（Sluis），为迎接西班牙无敌舰队的到来做好了准备。英格兰和荷兰的间谍称，"无敌舰队"正在建造中。女王伊丽莎白一世对此非常震惊，于是又开始向西班牙人示好。她曾秘密地给莱斯特伯爵下达命令，让他劝说起义军与帕尔马公爵法尔内塞言和。此事一泄露，莱斯特伯爵就失去了所有加尔文宗支持者对他的信任，而这也是他仅剩的支持者。他甚至试图通过政变从莫里斯（拿骚的）和奥尔登巴内费尔特手中夺回控制权并袭击阿姆斯特丹和莱顿。这些计划失败后，他的地位变得岌岌可危。1587年12月，他离开了这个国家。

在法兰西总督和英格兰总督的手下经历过如此多的不快之后，议会决定，他们自此以后将在没有外国支持的情况下进行自治。在法兰西和英格兰的君主拒绝成为他们的君主之后，议会自己接过了这项使命。为了在法律上和政治上证明这一行为的合法性，他们让豪达的市议会议长弗朗索瓦·弗兰克（François Vranck）阐述了他们的立场。在《推论》（Deduction）中，他争辩说，主权传统上是由议会拥有的，在遥远的过去，它被交给了一位伯爵，自从1581年那位伯爵，即腓力二世被罢免，主权就回到了议会。女王伊丽莎白一世听到这种说法大为震惊，说她从来没有听过这样的事，她一句话也不相信。但在荷兰及其同盟的政治现实中，这就是事实：议会自己掌握了主权，并一直保留到1795年荷兰共和国灭亡。理论总是来源于实践。书面记录中，议会从未将自己称为"尼德兰联合共和国"（Republic of the United Netherlands），而是使用了"联省"（United Provinces）一词。1587年莱斯特伯爵离开后，联省便开始自力更生。1588年4月，国内政府进行了必要的改革。同月，荷兰议会为亨利（纳瓦拉的）提供了12000荷兰盾的赠款，这说明这个年轻的共和国是多么自信。身为法兰西国王亨利三世的姐夫，亨利（纳瓦拉的）是一名新教徒，是天主教的有力反对者。[10]

无敌舰队

女王伊丽莎白一世不仅是因为秘密支持起义军才激怒了腓力二世。英格兰私掠船,特别是弗朗西斯·德雷克(Francis Drake)带领的私掠船,成功地突袭了西班牙在美洲的多片领地,还在公海袭击了西班牙船只。当然,表面上,女王对这些活动一无所知。腓力二世认为阻止英国私掠船的最好办法是对英格兰发动一次惩罚性远征。他下令建造和装备一支舰队,要求这支舰队能够让他与法尔内塞合作,通过一次全面的军事进攻,打败英格兰,然后惩罚尼德兰的叛军。要知道,自阿尔瓦公爵抵达之日起,西班牙总督就因缺乏装备精良、指挥专业的舰队而受阻。其实早在1574年,腓力二世就试图在西班牙北部的港口城市,尤其是桑坦德(Santander)组建一支舰队,派往尼德兰。大量的船只、人员和给养被集中在一起,海军上将也选好了,但资金的缺乏和瘟疫的暴发导致了人员的死亡和计划的失败。整个冒险一无所获,但国王至少曾经尝试过。[11]组建无敌舰队是一项新的举措,旨在扭转局势,使之有利于西班牙人。腓力二世为此不惜一切代价:出海的船只有130艘,船上有30000人,其中的2/3都是士兵,而不是海员。这个国家的年轻人争先恐后地追求这份服务上帝的荣誉。除了名誉和荣耀之外,他们别无所求。

描写无敌舰队辉煌历史的书籍车载斗量,但其中大部分都出自英国民族主义者的角度。[12]海军上将梅迪纳-西多尼亚公爵(Duke of Medina-Sidonia）阿隆索·佩雷斯·德·古斯曼（Alonso Pérez de Guzmán）成功地在岸上组织了舰队的补给，但由于没有海上经验，他在接受舰队指挥一职时颇不情愿。然而，即便有更多的经验，他也不会是英格兰"海狗"弗朗西斯·德雷克和查尔斯·霍华德勋爵（Lord of Charles Howard）的对手。1588年7月底，英格兰人完全待在自己的水域里，充分利用海风和海浪，用更轻便、更灵活的船只在英吉利海峡骚扰西班牙的大帆船。他们还有一个额外的优势，那就是他们可以比西班牙同行更快地重新装填大炮。当饱受摧残的无敌舰队驶向港口，在加来（Calais）抛锚时，英军的喷火船引发了巨大的恐慌，造成了极大的破坏。锚绳被切断，船只向东北方向航行寻求避难。他们没有机会联合帕尔马公爵法尔内塞的军队：首先是因为舰队与陆上的沟通很困难，双方都在徒劳地等待对方的消息；其次，帕尔马公爵法尔内塞的港口，即敦刻尔克和斯勒伊斯，正被拿骚的尤斯廷（Justin of Nassau）带领的荷兰和泽兰的船只封锁着。尤斯廷（拿骚的）是奥伦治亲王唯一的私生子。此外，帕尔马公爵法尔内塞的舰队主要由运输舰组成，如果没有无敌舰队的掩护，就不能把他的军队带到英格兰。无敌舰队的掩护已经不可能了。在格拉沃利讷海岸，埃格蒙特伯爵曾经在陆地上为他的国王取得胜利，但西班牙的勇气再多也不能给他们带来海上的胜利。敌人的炮火击溃了"不可战胜的舰队"，舰队残部驶入北海，绕着苏格兰和爱尔兰返回西班牙。事实证明，对西班牙舰队而言，这次航行和敌人的袭击一样是灾难性的：猛烈的风暴和陌生的水流导致许多船只在苏格兰和爱尔兰海岸搁浅。到了8月，为死难者祈祷的人数超过了为平安归来者感恩的人数。想把责任推给外国人的西班牙人强烈指责帕尔马公爵法尔内塞，指责他没有准备好或者根本不愿意把军队带到英格兰。[13] 一年后，伊丽莎白一世命令她的舰队在西班牙水域与敌人交战，英格兰的船只也遭受了同样的命运。这场失败几乎和无敌舰队的失败一样充满戏剧性，但在历史记载中并没有受到那么多关注。[14]

关键的"十年"："荷兰花园"的关闭

国外事态的发展将再次影响尼德兰的局势。曾被授予低地国家主权的法兰西国王亨利三世是位让人难以捉摸的君主。1588年12月23日和24日（平安夜），他派人谋杀了天主教领袖吉斯公爵和公爵的弟弟红衣主教路易·德·吉斯（Louis de Guise）。[15] 而在1589年8月1日，国王亨利三世本人也成了刺客的牺牲品。腓力二世觉得有必要命帕尔马公爵和他的军队前往巴黎，以防止这座城市和这个国家落入新教王位继承人亨利（纳瓦拉的）的手中。在不得不承认英格兰的一位新教女王之后，如果再来一位法兰西新教国王，腓力二世实在是不能接受。腓力二世成为国王后，人们把他比作所罗门王，因为所罗门王的父亲大卫在所罗门继位时还活着，而腓力二

168　　　海洋帝国的崛起：尼德兰八十年战争，1568—1648

世的情况也一样。因此,腓力二世的昵称 *el prudente*,最初被理解为"智者",类比于所罗门,但后来则被翻译为"谨慎者"。腓力二世在统治初期确实非常谨慎。然而,后来他决心不惜任何代价捍卫天主教,不仅在他自己的领地捍卫,还要在国际舞台上捍卫。那时,他已经把所有的谨慎都抛于脑后,把所有的军事和财政资源都用于捍卫信仰。[16]虽然帕尔马公爵建议国王趁着眼下势头正盛先击败所有剩下的尼德兰反叛省,但对腓力二世来说,阻止法兰西成为新教国家更为重要。在国王腓力二世的命令下,帕尔马公爵对法兰西进行了两次成功的远征,并于1590年9月19日进入巴黎。这给了主要河流上方的低地国家起义军一个好机会。

在1857年首次出版的经典著作《八十年战争中的十年》(*Tien jaren uit de Tachtigjarige Oorlog*)中,罗伯特·弗勒因(Robert Fruin)对1588年至1598年间这个新生共和国的历史做了一次自豪的记述,至今令人惊叹。[17]他着重强调了这个规模尚小的联盟的独立性和进取精神。但他也强调,如果不是因为帕尔马公爵被法兰西牵制了,这样的成功是不可能的。1588年,莫里斯(拿骚的)是荷兰和泽兰的执政。在随后的几年里,他还成了乌得勒支、海尔德兰和上艾瑟尔的执政。他的堂兄威廉·路易(拿骚的)之前是奥伦治亲王在弗里斯兰的副手,在奥伦治亲王死后继承了执政一职。威廉·路易(拿骚的)在莫里斯(拿骚的)之前就学习了古典战争,这在当时的欧洲是很常见的。两人都继续推进奥伦治亲王发起的议会军重组和专业化,也都一直主张进攻是最好的防御。1589年,威廉·路易(拿骚的)在一次三级会议上激烈地争论说,战争应该"全力以赴、一往无前;不能像目前这样只求保护领土不受敌人的侵犯,而是应该去攻占敌人控制的土地"。[18]这就把战场转移到了对手的土地上,战争的损害也就一并让对方承担了。

在决定发动进攻性战争后,八十年战争变成了一场"常规"的战争。宗教动机和政治动机仍然存在,但不再有党派纷争。一边是联省,或者说共和国,另一边则是西属尼德兰。自此以后,这场冲突变成了单纯的军事对抗,所有的得失都不需要再分别说明。[19]一方的财务状况越差,另一方成功的机会就越大。战争仍然以围攻为主要形式;战斗的次数仍然很少,尽管救援行动常常导致肉搏战。[20]莫里斯(拿骚的)和威廉·路易(拿骚的)的成功始于"布雷达奇袭"(the surprise of Breda),而将士兵藏在船上偷运进城堡的主意依旧是奥伦治亲王威廉最先提出的。[21]莫里斯(拿骚的)找到了驳船船员威廉·范·贝尔亨(Willem van Bergen),这个人常常往城堡运送泥炭,因此熟悉地形。奥尔登巴内费尔特指定康布雷贵族夏尔·德·埃罗吉埃斯(Charles de Héraugières)为队长,带领70名士兵执行这项危险的任务。计划成功了:1590年3月4日,他们制伏了驻军,打开了外墙城门,迎进了莫里斯(拿骚的)的军队。这是起义军在没有任何外界帮助的情况下完全依靠自己的军队取得的第一场胜利,这次胜利对起义军来说是一个巨大的鼓舞,整个共和国都响起了钟声。作为奖励,埃罗吉埃雷斯被任命为布雷达市政长官。

第二年的征服遍及全国:东边的聚特芬,代芬特尔和奈梅亨,北边的代尔夫宰尔(Delfzijl),西南的许尔斯特,还有佛兰德。在占领许尔斯特时,莫里斯(拿骚的)巧妙地利用了主要河流。奈梅亨沦陷后,敌人没有料到会有新的进攻,因为当时接近冬季,部队已被派往冬季驻地。但是莫里斯(拿骚的)却让他的人上船,沿着河流航行到佛兰德,出人意料地出现在许尔斯特的城门前,不费一兵一卒就让这个城镇投降了。当我还是个小学生的时候,我就觉得这个故事非常激动人心。[22]

在随后的几年里,很明显,执政们必须小心选择他们进攻的城镇。1592年,泽兰很生气,因为共和国军队首先占领了库福尔登和斯滕韦克(Steenwijk)——西班牙人常以这两个地方为基地向上艾瑟尔和弗里斯兰发动突袭。[23]为此,泽兰迅速扣留了所有的财政捐助。一年后,完全相反的情况发生了:莫里斯(拿骚的)占领了海特勒伊登贝赫(Geertruidenberg),这激怒了弗里斯兰,因为弗里斯兰想让亲王先占领格罗宁根。因此,执政们和奥尔登巴内费尔特必须确保大家的利益都能被照顾到。执政们和海特勒伊登贝赫还有一笔账要算,因为在1589年4月10日的围攻中,守军投向了帕尔马公爵并出卖了这座城镇。[24]现在是向这些卖国贼讨债的时候了。他们不仅从陆上完全封闭了这个城镇,还从水上对其进行了封锁。此外,莫里斯(拿骚的)命军队背对城镇盘踞在周围,以击退任何可能的救援(与阿尔瓦公爵在蒙斯使用的方法相同；见第98页）。当保皇党军队真正接近城镇时，他们发现亲王的军队简直牢不可破。这座城镇于1593年6月25日投降，但叛徒没有得到宽恕。威廉·路易（拿骚的）欣慰地总结道：在战争中，专业的计谋和耐心是比暴力更强大的武器。[25]

包围和占领格罗宁根是1594年野战的高潮。所有被占领的城镇都恢复了在所属省份原本的地位。根据投降条款，也就是所谓的"减刑"（Reduction），格罗宁根成了共和国的第七个省。攻占这座城市是莫里斯（拿骚的）和威廉·路易（拿骚的）在一段时间内的最后一场胜利。一系列的围攻、巩固整个共和国内被攻占的城镇，极大地损耗了共和国的财政资源。为了把布拉班特变成联省一个成熟、独立的省份，人们做了认真的尝试，但都失败了。身为贝亨奥普佐姆侯爵和布雷达男爵，莫里斯（拿骚的）对此表示赞同，[26]但三级会议坚决主张他们也代表布拉班特省和佛兰德省，并认为应该由他们统治被占领的领土，直到这些省被完全"解放"。这些被占领的领土叫作"普有土地"（Generality Lands），不过是共和国的军事缓冲区。天主教民众普遍认为议会的政权具有压迫性。

有时，共和国占领一个城镇的企图可能会大错特错。1582年8月2日，背叛导致利尔这个位于安特卫普南部的小型防御城镇落入了法尔内塞的军队手中，这在后来被称为"西班牙人的狂怒"。1595年10月14日，布雷达的指挥官埃罗吉埃斯领导了对利尔的突袭。成功夺回城镇后，他的议会军队立即开始抢劫。城镇居民从安特卫普和梅赫伦调集增援部队，赶走了敌人，用剑将其中约300人杀死。他们自豪地将这次反击称为"利尔人的狂怒"，但相关记载只能在详细的荷兰语尼德兰历史著作中找到。[27]

1597年，议会军在蒂伦豪特（Turnhout）取得了一场惊人的胜利。其令人称道之处在于它的大胆和成功。骑兵在没有莫里斯（拿骚的）领导的情况下奇袭了行军途中的皇家野战军，与他们展开了战斗；莫里斯（拿骚的）后来才和步兵一起到达。在这场自20年前的里梅纳战役（Battle of Rijmenam）以来的首次野战胜利中，英格兰军团发挥了重要作用。[28]1月24日*，在冬季进行的这场战斗没有引起布拉班特的反攻。同年晚些时候，莫里斯（拿骚的）在海尔德兰领导了一场野战，主要是在该省的阿赫特霍克地区。

图6.2 罕见的格罗宁根版画，上面有一篇用两种语言写的说明，说明表示，自从"被解放"以来，这个城市的情况更糟了。安特卫普，1600年

---

* 原书为"1月13日"，但附录"大事编年"为"1月24日"，据核，应为1月24日。——编者注

这是他第一次有同父异母的弟弟弗雷德里克·亨利陪同。弗雷德里克·亨利这时还是一个14岁的热忱少年。这次战役的首要任务是保卫共和国的后门。在整个八十年战争中，位于韦瑟尔（Wesel）以南莱茵河畔的小城莱茵贝格（Rheinberg）始终是保皇党与起义军之间争夺的焦点。从那里可以控制河上的贸易，为部队提供给养。因为这个原因，莱茵贝格在共和国与西属尼德兰之间易手了6次。莫里斯（拿骚的）随后占领了主要河流以北仍在王室统治下的所有城镇：神圣罗马帝国的默尔索（Meurs）和林根，海尔德兰的格罗（Grol）*和布雷德福特（Bredevoort）、上艾瑟尔的恩斯赫德（Enschede）、奥特马瑟姆（Ootmarsum）和奥尔登扎尔。这些胜利是八十年战争的一座里程碑，用更加深情和富有象征性的话说，"荷兰的花园关闭了"。[29]

这些国内的成功开始受到国外的赞赏。现在，在奥尔登巴内费尔特的政治家风范和拿骚堂兄弟的军事领导下，共和国已经证明了它存在的权利和自身的韧性，周边国家都愿意加强这一潜力并受益于它。1596年10月31日，英格兰、法兰西与共和国缔结了三方同盟。这个同盟只存在了几年，但重要的是，通过缔结同盟，其他两个伙伴承认了共和国的主权。

南方西属尼德兰的内部情况却完全不同。帕尔马公爵法尔内塞尽职尽责，鞠躬尽瘁，一直没有意识到自己在西班牙失宠了——

---

* 格罗（Grol），即今荷兰赫龙洛（Groenlo），Grol 为其中世纪名称。——编者注

他的成就没有得到应有的感激。1592年12月3日*，公爵去世了，这对他和国王来说都是一种解脱。随后，总督一职频频更替，西班牙军队也发动了不下40次兵变。第一个担任临时总督的是年事已高的卢森堡执政曼斯费尔德伯爵。[30]他继续了帕尔马公爵的对法战争，但只持续到奥地利大公埃内斯特（Ernest），也就是马克西米利安二世的次子作为皇室正统的王子继任之时。然而，不到一年，就在1595年2月20日，埃内斯特（奥地利的）就去世了。之后，国务委员会的一位西班牙成员，同时也是西班牙军队的总司令，丰特斯伯爵（Count of Fuentes），似乎接到了成为代理总督的秘密指示。西班牙影响力的恢复对阿尔斯霍特公爵来说十分严重。他曾是奥伦治亲王的对手，但在1576年至1579年间也曾与亲王合作过。西班牙的行为完全违反了在《阿拉斯条约》中达成的协议：让尼德兰人民自己组成尼德兰政府。阿尔斯霍特公爵因为自己对政府影响力的微弱而愤慨，再加上他觉得自己受到了西班牙贵族的蔑视，于是满心怨恨地离开了这个国家，在威尼斯度过了余生。这是西班牙人如何对待盟友的又一个例子。阿尔斯霍特公爵同父异母的弟弟阿夫雷侯爵（Marquis of Havré）查尔斯·菲利普·德·克罗伊（Charles Philippe de Croÿ）则运气较好：他担任财政委员会主席，敦促与联省共和国议和。这一提议遭到马德里的阻挠。将要迎娶奥伦治亲王

---

* 原文为"1592年12月6日"，但附录"大事编年"为"1592年12月3日"，据核，应为12月3日。——编者注

之女玛丽的阿尔斯霍特公爵之子，在1593年成为埃诺的执政、金羊毛骑士，并接替叔叔阿夫雷侯爵担任财政委员会主席。1596年，西班牙财政再一次崩溃，国王腓力二世第三次宣布破产。

新对手——阿尔贝特大公夫妇

腓力二世希望在严格的条件下，把尼德兰作为嫁妆送给女儿伊莎贝尔·克拉拉·欧亨尼娅（Isabella Clara Eugenia）。他想以这样的方式最终为自己的王朝保住尼德兰。伊莎贝尔的堂兄埃内斯特（奥地利的）是她丈夫的首选，但在他意外去世后，这一荣誉落到了他的一个弟弟奥地利大公阿尔贝特（Albert of Austria）头上。[31] 阿尔贝特大公在腓力二世的宫廷长大，最初选择在教会工作。作为摄政红衣主教，他代表腓力二世统治葡萄牙。之后，他被任命为托莱多大主教（Archbishop of Toledo），这是卡斯蒂利亚最富有的大主教。在腓力二世任命他为尼德兰总督后，他脱下了圣衣。1596年到达尼德兰之后，他取得了两次军事胜利。4月，在南部，他从法兰西人手中夺取了加来；8月，在北部，他从共和国手中夺取了距离安特卫普仅一步之遥的许尔斯特。[32] 他自己在这些战争中脱颖而出。

然而，在宗教问题上，或许是因为过于拘泥于字面上的解释，或许是因为盲从他叔叔腓力二世的政策，他在公众舆论方面犯了一个巨大的错误。当时，有一位门诺派妇女安妮克·范·登·霍夫（Anneke van den Hove）因为信仰而在布鲁塞尔被判处死刑，阿尔贝特大公活埋了她。这实际上是当时对女性异教徒的常见处决方式，但这次处决在当时引起了极大的公愤。谴责这一决定的小册子和漫画随处可见。这是最后一次有人因为宗教信仰而在西属尼德兰被处决。

1598年5月6日，在生命的最后一年，腓力二世为了女儿伊莎贝尔辞去了尼德兰统治者的职务。然而，权力移交的条件是，尼德兰永远不会脱离西班牙。显然，腓力二世没有承认共和国的独立。也就是说，从法律上讲，伊莎贝尔继承了包括共和国在内的所有低地国家。如果她或她的丈夫死后没有继承人，尼德兰将重回西班牙的统治之下。[33]如果他们只有一个女儿，那么她将不得不嫁给西班牙国王或他的儿子。统治家族的所有婚姻都必须得到国王的许可。此外，西班牙军队仍驻扎在尼德兰，西班牙国王将任命包括城堡指挥官在内的所有指挥官，大公夫妇将信奉天主教并起诉异端。

此外还有其他一些秘密规定，基本上意味着大公夫妇的政策与马德里政府密不可分。[34]1598年8月22日，布鲁塞尔的三级会议获悉了这一切。他们为北方省份预留了座位，但意料之中，对方没有出席。在位43年，腓力二世最终于1598年9月13日，在马德里北部埃尔埃斯科里亚尔（El Escorial）的住所去世。尽管他的结局令人毛骨悚然——蛆虫爬满了他奄奄一息的身体，但他的信仰仍然牢不可破。

腓力二世之后继位的是他的儿子腓力三世。由于是阿尔贝特大公和伊莎贝尔大公夫人统治着尼德兰，腓力三世在低地国家不太出名。他主要仰仗他最杰出的大臣莱尔马公爵（Duke of Lerma）弗朗西斯科·戈麦斯·德·桑多瓦尔-罗哈斯（Francisco Gómez de Sandoval y Rojas）。他们共同致力于推行一项明确的和平政策，即所谓的"西班牙治下的和平"（Pax Hispanica）。严格来说，这与大公夫妇的想法密切相关。1599年4月18日，伊莎贝尔和阿尔贝特大公在巴伦西亚结婚，之后他们前往尼德兰。按照习俗，他们在几个城市被授权，在那里他们宣誓遵守《欢乐入境》和各省特权。[35] 现在，西属尼德兰的居民希望回到皇帝查理五世的旧时代：一个由具有皇室血统的王子所领导的政府，为人民服务、由人民组成，一切关税照旧。如果遵奉其他信仰的人只是被迫离开，而不是被烧死或活埋，那么繁荣和虔诚的时代一定会回来。1600年的三级会议是新政权的试金石。阿尔贝特大公和伊莎贝尔大公夫人发现他们陷入了严重的两难境地。他们本应按照腓力二世的退位契约来统治尼德兰，现在却想用尼德兰人民所期望的方式来统治。这次会议实际上是保皇党各省与政府官员的会议，也就是说，它的立场是重复的，这让人想起腓力二世统治初期那些罕见的会议。他们笃信三级会议是王室的三级会议，故而在批评其政策时不遗余力。令他们惊讶的是政府官员在发表演讲时竟然跪下了——他们无法忍受自己也沦落到如此卑躬屈膝的地步。这是西属尼德兰各省最后一次被统治者召集在一起。直到1632年形势严重恶化，议会才再次召开会议。

尼乌波特战役[*]

1600年6月,西属尼德兰和联省共和国双方都面临着一个关键的考验。来自敦刻尔克(当时是一个佛兰德港口)的私掠船给荷兰省的贸易城市带来了严重的问题。扬·范·奥尔登巴内费尔特呼吁从共和国的据点奥斯坦德(Ostend)对敦刻尔克发动突然袭击,

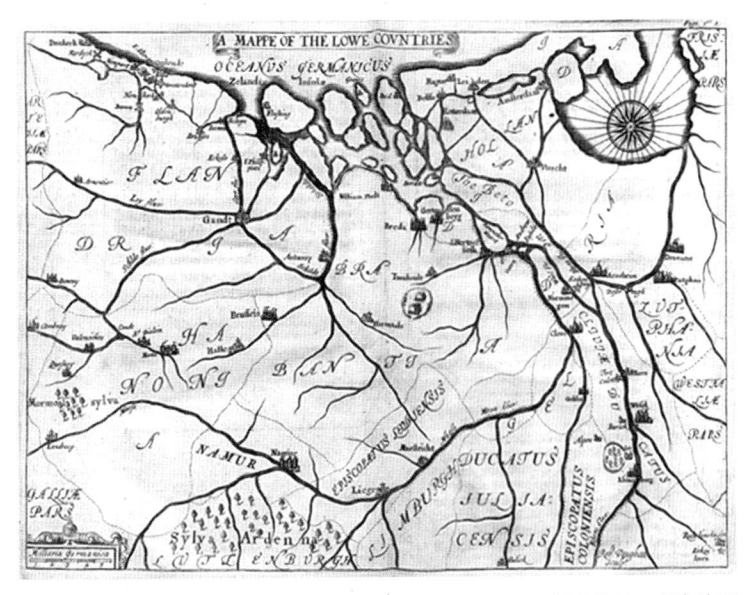

图6.3 联省共和国(右)和西属尼德兰(左)之间战区。例外的是,这张地图显示了蒂伦豪特的两军(中间偏右)。来自弗朗西斯·维尔(Francis Vere)的《评注》(*The Commentaries, being Diverse Pieces of Service,Wherein He Had Command,Written By Himself in Way of Commentary*)(剑桥,1657年)

---

[*] 通常据英文Newport译为纽波特,本书据荷兰语Nieuwpoort译为尼乌波特。——编者注

6 进攻战

以保障荷兰省的贸易利益。从理论上讲，这是一个合理的建议，但实际上，这样远离基地的大胆军事行动极其冒险。早些年，莫里斯（拿骚的）一直是一位用兵谨慎的领导者。他并不反对冒险，但冒险必须有利可图。布雷达的突袭就是这样，占领于伊（Huy，在当时的列日）也是这样。这两次突袭都是在埃罗吉埃斯的领导下完成的。[36]于伊本来是要被当成进入布拉班特心脏地带的跳板，但埃罗吉埃斯只占领了这个城镇五个星期。

然而，这次针对敦刻尔克的行动很可能会使共和国的整个军队，乃至共和国本身，陷入危险。莫里斯（拿骚的）觉得整个行动都十分不负责任，并不想继续下去。威廉·路易（拿骚的）同样认为这个计划是疯狂的。然而，最终莫里斯（拿骚的）还是按照命令继续进攻了。威廉·路易（拿骚的）则留在了弗里斯兰，并不是因为他固执己见，更可能是为了降低风险。这次行动准备充分，有大量的船只、马车、武器和给养。[37]6月20日，一支由数以千计的士兵和数以百计的船只组成的大规模舰队在弗卢辛抛锚。逆风使他们无法返回奥斯坦德，于是他们决定让军队在菲利波讷（Philippine），也就是现在的泽兰-佛兰德（Zeelandic Flanders）东部登陆，从陆上前往敦刻尔克。这意味着突袭的元素完全消失了。此外，他们没有地图来辅助他们在这场预料之外的长时间陆地行军中找到路径。最初，北方的进攻者曾希望佛兰德和布拉班特的城镇能像1576年那样，再次起来反抗外国的统治。与部队同行的奥尔登巴内费尔特写信给诸城镇，要求他们要么付钱换取解放，要么承担后果。事实证明，低地国家在军事和政治上的分裂已深入人心：大的城镇无视威胁，选择了布鲁塞尔政权一边，因为他们的居民支持王室和天主教信仰。另一方面，西班牙军队因为欠饷起初并不想开战。在一次慷慨激昂的讲话中，大公夫人伊莎贝尔甚至不得不以她的珠宝为抵押筹钱，说服军队去战斗。海牙的共和国领导人知道这一点，这也是他们敢于采取行动的原因之一。

敌人的突然出现完全出乎莫里斯（拿骚的）的意料，他不得不在尼乌波特的海滩和沙丘上与敌方作战。双方均损失惨重。共和国最终取得了胜利，并将之誉为一场全胜，其实这是一场势均力敌的战斗。这场胜利也无助于战事推进。莫里斯（拿骚的）确实围攻了尼乌波特，但市民引水淹没了周围的乡村，用荷兰常用的战术打败了来自荷兰的军队。莫里斯（拿骚的）从尼乌波特撤退到奥斯坦德，部队从那里登船返回家乡。他在奥斯坦德与奥尔登巴内费尔特见了一面。奥尔登巴内费尔特一直在奥斯坦德关注战役的进程。诚然，他们两人一定会互相指责，但历史学家认为共和国的两位杰出领导人之间没有持久的分歧。作家和画家将这场胜利描绘成一次非凡的成就并呈现给国内外的人们。[38]任何怀疑共和国威望的人都是在自欺欺人。阿尔贝特大公要求各省议会每月上缴3000荷兰盾，但议会却希望与共和国进行和平谈判。

尼乌波特的交战让阿尔贝特大公明白，奥斯坦德是佛兰德海岸

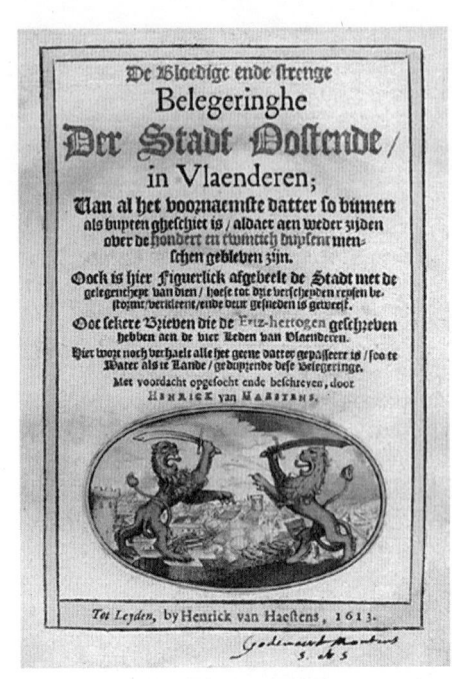

上一块让人无法忍受的飞地，是佛兰德雄狮狮爪上的一根刺。他包围了这座城市，但是，由于共和国能够过海运送补给，这场战斗将持续多年。一本关于奥斯坦德战役的书的扉页描绘了两头狮子之间的争斗，代表着尼德兰的一部分与另一部分的争斗。莫里斯（拿骚的）两次试图"围魏救赵"，通过围攻斯海尔托亨博斯来引

图6.4 一头尼德兰狮子正在攻击另一头。奥斯坦德围困期间出版的一份报告的扉页

诱敌人离开奥斯坦德。1601年，他失败了，因为冬天早早到来增加了敌人越过冰冻的河流袭击荷兰的可能性。1603年，高水位破坏了莫里斯（拿骚的）完全切断这座城市与外界联系的计划，阿尔贝特大公得以派遣数千人的增援部队加强驻军力量。[39]一年后，莫里斯（拿骚的）再次尝试了同样的策略：趁敌人仍在包围奥斯坦德之际，他在布拉班特的核心地带发起进攻，一直深入到蒂嫩（Tienen）。但是，这次行动并没有真正取得任何持久的重要成果。在向北返回的

路上，他包围了赫拉弗。抵抗两个月之后，赫拉弗在1602年9月19日投降。[40]许多英格兰军人死在了泥泞而潮湿的战壕里。女王伊丽莎白一世其实更愿意看到莫里斯（拿骚的）在奥斯坦德进行一次转移注意力的演习。而国内对莫里斯（拿骚的）的批评也越来越多，说他只敢围攻城镇，却不敢参加公开战。[41]

随着富有的佣兵安布罗焦·斯皮诺拉侯爵（Marquis Ambrogio Spinola）的到来，奥斯坦德战役发生了意想不到的转折。斯皮诺拉是一位来自热那亚（Genoa）的银行家，没有任何军事经验，但他为这场战役提供了资金，并很快展示了精妙的战争技艺。1603年9月28日，阿尔贝特大公写信给国王腓力三世，说他已经派斯皮诺拉指挥奥斯坦德的围攻。这位新指挥官不断施加压力，使奥斯坦德逐渐与世隔绝。为了占领另一个港口来弥补失去一个佛兰德港口的损失，莫里斯（拿骚的）包围了城镇斯勒伊斯。[42]斯皮诺拉鼓起勇气，毫不迟疑地把他的部队派到斯勒伊斯，试图结束这场围攻。1604年8月17日，两军进行了一次激烈的角逐，直到斯皮诺拉撤军后，这场较量才宣告结束。第二天，斯勒伊斯向共和国军队投降。但斯皮诺拉并没有让奥斯坦德脱身。最终，经历了一场持续三年的史诗般的冲突之后，奥斯坦德在1604年9月20日被迫向西班牙军队屈膝。[43]在展示了自己的作战天赋后，斯皮诺拉将注意力转向政治。他从意大利前往西班牙宫廷，亲自向国王表明自己的观点。这是国王所不习惯的。斯皮诺拉要求获得西属尼德兰的军队指挥权，否则他就带

6 进攻战　　　　　　　　　　　　　　　　　　　　　　　183

着他的钱离开。腓力三世别无选择,不仅任命他为军队指挥官,还让他掌管布鲁塞尔的财政事务。国王允许他仅在每年低地国家冬季休战时才返回西班牙宫廷进行磋商。[44]

现在,奥斯坦德已经尽在西班牙人的掌握之中,斯皮诺拉可以自由地投身于其他计划了。在西班牙,他曾提议穿过神圣罗马帝国入侵联省共和国东部地区。[45]他命军队东移,从神圣罗马帝国进入上艾瑟尔,占领了边境城镇奥尔登扎尔,从而在"荷兰花园"制造了一个缺口。为了确保安全,莫里斯(拿骚的)加强了在边境库福尔登的防御。[46]一年后,斯皮诺拉的野心变得更大。他想率领主力军穿过海尔德兰的阿赫特霍克地区,越过艾瑟尔河(IJssel

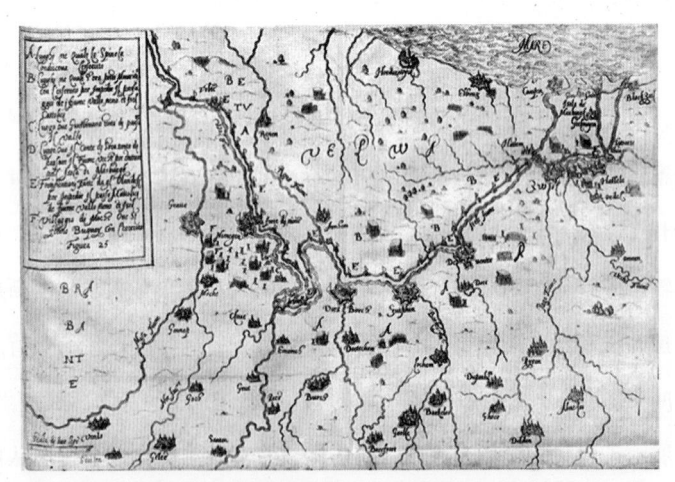

图6.5 与中国一样,联省共和国也有自己的长城,虽然范围小一些。出自蓬佩奥·朱斯蒂尼亚诺(Pompeo Giustiniano),《佛兰德战争》(*Delle guerre di Fiandra*,安特卫普,1609年)

river），直击共和国的腹地。河水现在正处于低水位，几个地方都可以涉水渡河。为了利用艾瑟尔河作为防御线，共和国曾在河流西侧建造了一系列木制堡垒，堡垒彼此隔开一定距离，通过一道土堤连接起来。这条防线从须得海一直延伸到奈梅亨，然后从奈梅亨沿着瓦尔河（Waal River）北岸延伸到城镇蒂尔（Tiel）。莫里斯（拿骚的）在这条堤坝上部署了15000人的军队。斯皮诺拉成功地占领了赫龙洛和洛赫姆（Lochem）两个城镇，但艾瑟尔防线仍然完好无损。尽管斯皮诺拉的主要攻击失败了，但他在海尔德兰和上艾瑟尔占领的城镇被阿尔贝特大公统治了20年，这些城镇的天主教也因此复辟了（见第七章）。结果，它们成了新教世界中的天主教飞地。[47]

从海上乞丐到全球性力量

在20多年的时间里，正规和非正规的士兵逐渐形成了军队，海军也发生了同样的变化。荷兰这个最著名的省份，在勃艮第—哈布斯堡（Burgundy-Habsburg）统治时期就有过海战经验。荷兰省拒绝承认勃艮第—哈布斯堡舰队总司令（也就是海军上将）的权威，除非该职务由荷兰和泽兰的执政担任。这样一来，两个省就可以确保它们的利益能牢固地植根于更广泛的整体利益中。然后，所有的船都会朝同一个方向前进。[48]自1559年以来，荷兰和泽兰的执政一职一直由奥伦治亲王威廉担任，他利用职务之便在海军事务上积累了经验。正如我们已经看到的，在回到荷兰执政任上之后，他撤销了自己以奥伦治亲王的身份发出的私掠许可证和"宣战权"。当奥伦治亲王威廉的儿子莫里斯（拿骚的）接替他成为荷兰执政时，他也成了联省的舰队总司令。这是议会舰队诞生的时刻。当内部发生冲突时，奥伦治亲王威廉和其子莫里斯（拿骚的）都必须进行干预，实际上冲突经常发生，尤其是在荷兰和泽兰之间。在海上，和在陆地上一样，存在着利益冲突。[49]将共和国海军分为五个海军部的分散组织方式，实际上利大于弊。集中收缴护航费和许可费，也就是向对敌贸易统一征税，筹集的钱绝不会比五个海军部分别收缴的多。而要求海军部将余款付给中央政府的规定不过是一纸空文。记账时动的手脚足以使每一个海军部的收支呈现赤字。[50]

1587年，随着唯一的海军部在敦刻尔克建成，西属尼德兰的海军也粗具雏形。实际上，西属尼德兰的情况比较简单，因为那里的港口城镇较少，竞争也就没那么激烈。不管海上的战斗有多激烈，敦刻尔克船只的处境在某些方面都比共和国的船只好得多，因为它们"只"需专注于私掠，而不需要专注于特定的军事目标。他们唯一的目的是积累战利品，在这一点上他们做得非常成功。

在这个"十年"中，共和国在海上取得的成功不亚于在陆地上取得的成功，直到它在这一领域也达到极限。我们已经讲过了在须得海（1573年10月11日）和泽兰水域（1574年1月27日）的胜利。在莫克战役（1574年4月14日）胜利后，哗变的西班牙士兵在安特卫普发动暴乱，总督雷克森斯命令他仍在组建中的皇家舰队沿着斯海尔德河向上航行，以防止河道落入哗变士兵的手中。时刻处于戒备状态准备伺机而动的泽兰人，立即派出一支部队摧毁了这个中队。任何试图在安特卫普内港建造舰队的计划都必须在泽兰人的眼皮子底下进行，因此都注定要失败。所以，布鲁塞尔政府将这些活动交给敦刻尔克并不令人惊讶。

就在共和国的陆上军队开往敌方领土时，舰队也发现进攻是最好的防御方式。他们在西班牙海岸追赶敌舰，最初是与英格兰人一起。他们的第一次重大成功是对加的斯（Cádiz）的攻击，当时那里正在建造一个新的无敌舰队。英荷联合舰队不仅摧毁了敌舰（1596年6月21日），还在第二天攻占了这座城市。获胜的船员十分猖獗，直到7月5日才离开。[51] 三年后，共和国的联合海军部甚至派了一支独立的远征队前往西班牙——在没有英格兰人帮助的情况下。73艘舰艇组成的大型舰队，在海军上将彼得·范·德·杜斯（Pieter van der Does）的领导下，被赋予了一项过于野心勃勃的使命：摧毁西班牙战舰，夺取白银舰队，破坏沿海的城镇，如果可能的话，再包围加那利群岛（Canary Islands）和圣多美岛（Island of São Tomé）。因为没能真正对抗西班牙战舰和白银舰队，他们对圣多美岛和加那利群岛的洗劫比以往更加残酷；加那利群岛的一个博物馆鲜活地保存了对彼得·范·德·杜斯的晦暗记忆。[52]1603年女王伊丽莎白一世去世后，共和国不得不依靠自己的资源，此外还因为英格兰人同样乐于支持西班牙人而腹背受敌。当时英格兰打着中立的旗号，却将西班牙士兵运送到西属尼德兰。[53]在签署《十二年停战协定》（Twelve Years Truce）之前，共和国舰队的最后一次主要行动是1607年在雅各布·范·海姆斯凯克（Jacob van Heemskerck）的指挥下进行的直布罗陀战役。四十年压抑的仇恨仿佛在一个下午爆发了。因为西班牙的船比共和国的大，所以共和国的船用老办法，以两艘为一组包围西班牙的船并登船。大多数西班牙船只都覆没了，共和国的船却无一沉没。这场战役中，约四千西班牙人丧生了，而共和国方面只折损了一百人，尽管其中包括雅各布·范·海姆斯凯克。他是首位被授予国葬荣誉并由国家赞助竖立纪念碑的指挥官。[54]

除了战争舰队，贸易舰队也蓬勃兴起。在第一次成功驶往印度后，新成立的贸易公司之间展开了激烈的竞争，所有这些公司都有着相同的目标：从殖民地商品贸易中赚取尽可能多的钱。竞争使价格急剧下降。在这里，奥尔登巴内费尔特的组织手段也是不可或缺的。通过他的努力，这些公司于1602年共同成立了荷兰东印度公司（VOC），这是世界上第一家联合股份公司。模仿国家和海军部经过考验的模式，荷兰东印度公司采取了分散式的治理方式，在阿姆斯特丹、鹿特丹、米德尔堡、霍伦和恩克赫伊曾等不同的贸易中心设立了"商会"。整个世界似乎都在共和国的控制范围之内了。

7
《十二年停战协定》

北方的分裂,南方的恢复:1609—1621

先停火

《十二年停战协定》的签署经过表明，西班牙对反叛省份异常敏感，哪怕仅仅是进行一次谈判。[1]对西班牙人来说，只要参加正式谈判，就会名誉扫地，因为这相当于承认政治和军事手段均不能解决冲突。不管联省共和国看起来发展得有多好，它同样因战争而蒙受了巨大的经济损失。自1605年以来，它一直从神圣罗马帝国的两个加尔文宗新盟友普法尔茨（Palatinate）和勃兰登堡（Brandenburg）那里获得财政支持，但若继续依靠外部经济支持进行战争，灾难性的后果将不可避免。无论是联省共和国还是西班牙和西属尼德兰，人们越来越意识到战争不能再继续打下去了。然而，西班牙想要的并不是和平。国王和他的顾问大臣们希望的是，在他们与联省共和国签署和平条约或停战协定后，联省共和国的人民会继续从事贸易和商业，这样一来，西班牙就可借机重建军事力量，进而重新发起进攻。[2]联省共和国的许多人，包括在前线进行谈判的莫里斯（拿骚的）、奥尔登巴内费尔特和牧师们，都已经为这一可能出现的结果做好了准备。[3]

谈判的提议其实由来已久。大约十年前，阿尔贝特大公夫妇就经过深思熟虑采取了谨慎的和平政策，迈出了谈判的第一步。1598年，阿尔贝特大公甫一就职，就立刻去试探英格兰女王伊丽莎白一世是否愿意进行和平谈判。[4]当他开始与英格兰人在中立国法兰西境内的布洛涅（Boulogne）开始真正的会谈时，他并不能自行其是。西班牙国王提出了相当无礼的条件，包括要求英格兰允许天主教徒在其国内公开地践行他们的信仰，以及将联省共和国抵押给女王伊丽莎白一世的布里尔、弗卢辛和拉梅肯斯堡等地全部归还西班牙。英格兰人认为这些要求实在离谱，在伊丽莎白一世有生之年，腓力二世与伊丽莎白一世之间再未举行过和平谈判。直到1604年，也就是伊丽莎白一世去世后的那一年，英格兰才不再插手联省共和国事务，听其自然。在这种情况下，奥尔登巴内费尔特自然会将目光投向东部的神圣罗马帝国，因为他可以充分争取并利用普法尔茨和勃兰登堡的支持。

经过四十年的斗争，西班牙人仍然没有给起义军和起义省份一个合适的称呼，只是直接称他们为"叛军"（rebeldes）和"异教徒"（herejes）。西班牙语中的"佛拉芒人"（Flamencos）一词最初可能指的是所有居住在低地国家的人，但是随着八十年战争的发展，它更多地被用于指称那些效忠西班牙王室的省份的人民，而"荷兰"（Holanda）和"荷兰人"（Holandeses）则被用于指称联省共和国及其人民。[5]一份呈给国王腓力三世的咨询报告指出，西班牙卷入了三场战争：对法战争，对英战争，以及与尼德兰起义军之间的战争。[6]泽兰和南荷兰有许多岛屿，荷兰内部还有许多内海和内陆湖泊，因此，西班牙的资料中经常使用"群岛"（*las Islas*）一词来指代联省共和国。[7]

法兰西在交战双方之间保持着中立，法兰西国王亨利四世看到了从冲突中获益的机会。他记得起义省份曾主动提出将主权交给安茹公爵和他的前任亨利三世。这两人都害怕与西班牙开战，因此婉言谢绝了，然而，亨利四世并不忌惮与西班牙开战。他请求各省将主权移交给他，并表示之后会自愿将主权委托给莫里斯（拿骚的）。莫里斯（拿骚的）觉着这个主意不错，奥尔登巴内费尔特则更为谨慎。要知道，让法兰西人进来是一回事，让他们出去却又是另一回事。[8]亨利四世想知道联省共和国打算如何继续维持战争，动用什么资源。实际上，游戏才刚刚开始，在丹麦、勃兰登堡和普法尔茨这三个小君主国的密切关注下，法兰西和英格兰这两大君主国牵着联省共和国的手，顺利地结束了与西班牙的谈判。联省共和国在政治、军事和经济上确实取得了很大的成就，但如果没有外部支持，尤其是英格兰和法兰西的支持，未来的情况会怎样呢？下页的插图中，法兰西和英格兰大使介于谈判双方之间，这清楚地表明了法兰西和英格兰在和谈中的重要作用。图中，从左上角开始是西班牙代表，中间的是大使们，最后一排才是联省共和国的代表。

早在17世纪之初，尼德兰南北两方就已经开始呼吁进行谈判。

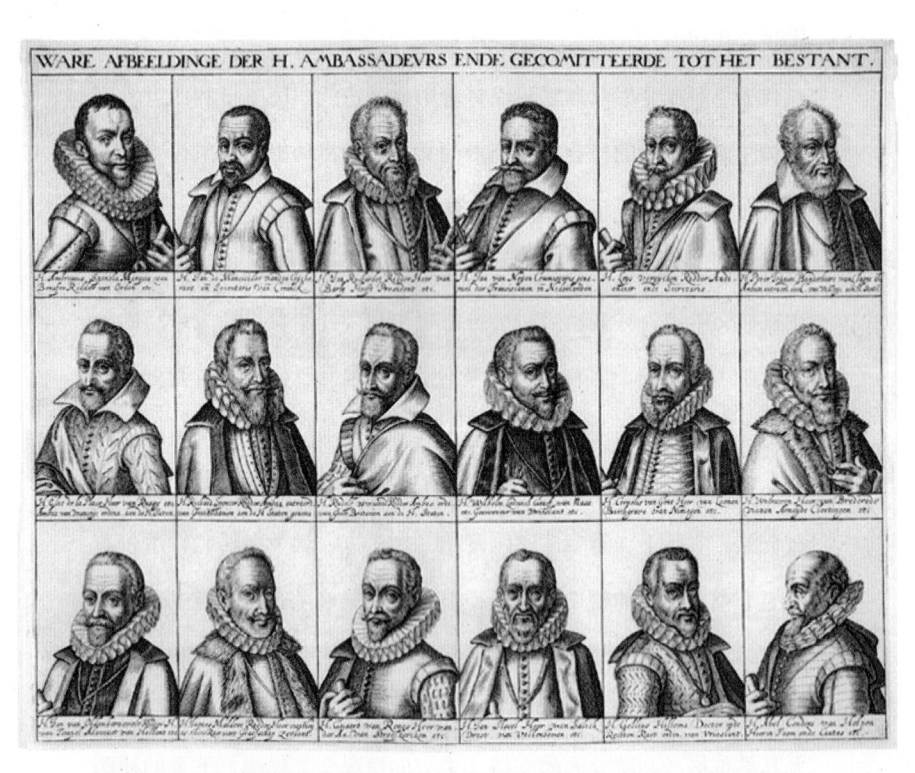

图7.1 参与西属尼德兰（最上一排）与联省共和国（最下一排）谈判的人员。中间一排是法兰西和英格兰的调停人

1606年，部分尼德兰南北两方的贵族和商人探索了达成协议的各种方案。西班牙方济各会会长扬·内扬（Jan Neyen）神父由此代表尼德兰南方从布鲁塞尔前往海牙谈判。大公夫妇同时派遣自己最信任的得力助手、西班牙驻尼德兰军队总司令安布罗焦·斯皮诺拉前往马德里。在联省共和国政府办公的国会议事堂（Binnenhof）里，神父受到了极为秘密的接待，并代表西班牙大公夫妇与莫里斯（拿骚的）和奥尔登巴内费尔特进行了会谈。[9]双方的协商取得了鼓舞人心的成果，相互之间达成停火协议，是时候准备正式停战了。停战的前提是尊重联省共和国的愿望，即承认七省为自由、独立的国家。"主权"这个词对南方来说有些难以接受，但当扬·内扬神父建议大公夫妇保留七省解放和自由的状态时，联省共和国同意让步。1607年4月12日，双方达成协议，约定从5月4日起停火。奥尔登巴内费尔特要求，除大公夫妇以外，西班牙国王也必须批准停战。腓力三世起初并不同意，于是斯皮诺拉向腓力三世施压，要求国王每月拨300000达克特来满足西班牙驻尼德兰军队的开支。同年10月25日，腓力三世终于批准了停战协议，因为他根本拿不出这笔钱。此外，1605年，荷兰人将葡萄牙人赶出安波那（Amboyna）*并控制摩鹿加群岛（Moluccas）的消息传到了马德里，给西班牙留下了深刻的印象。[10]国王和他的大臣们倾向于达成停战协议，希望停战后

---

* 安波那，位于印度尼西亚，是安汶（Ambon）的旧称。——编者注。

联省共和国重新进入伊比利亚半岛市场做生意,而不是前往殖民地经商。又一次,为了问心无愧,腓力三世违背迄今达成的协议,提出了一个额外要求:给予生活在联省共和国的天主教徒信仰天主教的自由。莫里斯(拿骚的)和奥尔登巴内费尔特不打算同意这一点,他们认为宗教问题隶属于国家主权的范畴,而联省共和国的主权有待得到承认,因此,未来关于宗教自由的政策将取决于主权是否得到承认。[11]这真是一场精明的讨价还价,不过,现实促使双方最终达成了协议。1608年1月10日,精明的腓力三世授权阿尔贝特大公和伊莎贝尔大公夫人以他的名义协商签署和平条约或停战协定。

一次欧洲会议

1608年2月1日,谈判在海牙的国会议事堂正式开始,这是一场真正意义上的欧洲会议。来自北方和南方的代表分别对坐在一张长桌的两旁。奥尔登巴内费尔特与斯皮诺拉分别率领北方代表团与南方代表团。在国会议事堂的另一张桌子旁坐着法兰西国王大使皮埃尔·让南(Pierre Jeannin)、英格兰国王大使、丹麦国王大使,以及来自德意志诸侯国的九名代表,他们作为观察员和顾问出席了这次谈判。如果谈判双方意见分歧过大,这些顾问可以把谈判代表拉到一边,单独与他们磋商。当然,各方都希望由自己来掌控谈判方向。在场的外国代表们都有一个共同的发现：讨论的背后其实是联省共和国的独立问题。这一情况极其罕见，毕竟联省共和国甚至连一个像威尼斯那样的国家元首都没有，只是七个小共和国组成的联盟。这对他们自己国家的未来意味着什么？

争论的焦点之一是到印度群岛的航行自由。教皇曾以"教皇子午线"为界，将世界分为两半，规定了西班牙和葡萄牙的势力范围，因此，西班牙国王希望西、葡两国能继续独享这一特权。[12] 为了不使谈判立即破裂，这一问题一直推迟到和平条约缔结之后才达成共识。另一个争议点，是西班牙国王要求联省共和国的天主教徒享有宗教信仰自由，[13] 而信奉加尔文宗的联省共和国执政精英对此表示反对。尽管联省共和国绝大多数天主教徒反对西班牙的统治，但是，如果他们获得了充分的宗教信仰自由，剩下的天主教徒就可能重新效忠西班牙，对联省共和国的安全构成威胁。其实，与其他非加尔文宗（包括门诺派和路德宗）教徒一样，天主教徒已经享有良心自由。但是，如上所述，联省共和国认为宗教信仰自由是国家主权的一部分，政府是最高权力机构，负责合理安排处理宗教事务。在这个问题上，奥尔登巴内费尔特认为独立和主权是同一概念。但也有人把它们看作两个独立的概念。法兰西国王亨利四世赞成联省共和国独立，但希望自己成为联省共和国的君主。他表示，如果战争持续打下去，他将提供更多的支持；反之，他将减少支持。[14] 由于这位坚持己见的朋友，奥尔登巴内费尔特决定智取。扬·内扬神父再次前往西班牙，与西班牙国王讨论联省共和国的主权问题。与此同时，1608年7月6日，奥尔登巴内费尔特利用多国代表齐集海牙的机会，同英格兰缔结了防御同盟。实际上，早在这年1月，他也同法兰西缔结了防御同盟。[15]然而，腓力三世坚持要求天主教徒享有宗教信仰的自由。8月22日，联省共和国代表中止了会谈。

现在看来，多方参与而非仅仅两方参与的谈判显然好处多多。经验丰富的外交官皮埃尔·让南与他的外国同事进行了磋商，并在8月27日提议双方休战12年，而非签署和平协定。这些条款争议较小，可以抛开王室方面的顾忌。皮埃尔·让南避免使用主权、宗教自由等词语，以免冒犯和得罪任何一方。西班牙与七省进行了谈判，"（谈判中的七省）如同独立国家一样，无论是西班牙国王还是大公夫妇都不能对其提出主权主张"。[16]皮埃尔·让南补充说，如果西班牙拒绝这些条款，那么从1609年3月1日起，战争将继续下去，而联省共和国将得到所有与会代表背后的统治者的支持。

这一出人意料的新提议（签订休战协议而不是和平协议）首先必须与后方进行讨论，因此许多人返回了自己的国家。1609年1月11日，联省共和国三级会议批准了皮埃尔·让南的提议：承认各省的自由，承认宗教属于它们的主权范畴，并允许它们自由航行到印度群岛。[17]为了说服西班牙国王，阿尔贝特大公派出了他的告解神父——每当在道德问题上有异议时，这种方法总是屡试不爽。1609

年1月25日，国王同意批准休战，2月8日，布鲁塞尔政府宣布了国王的决定。至此，可以抛出之前搁置不议的细节进行讨论了，这再次引起了许多争吵。例如，海牙的三级会议需要确定一个适当的名称，而这必须得到布鲁塞尔统治者的批准，但布鲁塞尔甚至不想召集本国的三级会议。讨论后决定，称三级会议代表为"三级会议阁下"（Their High Mightinesses of the States General），或简称"阁下"（Their High Mightinesses）。[18]

谈判各方于2月10日在安特卫普再次会晤，恢复谈判。3月9日，联省共和国三级会议、国务委员会和荷兰议会暂时从海牙迁至贝亨奥普佐姆的马基耶岑霍夫（Markiezenhof），以便相互之间直接取得联系，讨论出现的任何问题。很明显，这段历史将被记录下来。调解的大使们，特别是皮埃尔·让南，已将议事日程安排妥当。4月9日，他们就主要问题达成一致，之后便是签署休战协议。首先是调解员们签名，接着是大公夫妇的代表在左栏签名，联省共和国的代表则在右栏签名。后者不仅代表了他们自己的省份，更代表了联省共和国三级会议整体。随后，代表团又前往布鲁塞尔和贝亨奥普佐姆，与上级进行了一次磋商。4月14日，所有细节最终敲定，文本正式生效。终于，《十二年停战协定》在安特卫普的市政厅前正式公布。[19]西班牙国王有三个月的时间来批准协定。尽管腓力三世一直拖延到最后一刻（即7月7日），但迫于财政问题，他别无选择，只好签字。不过他深信，12年后，联省共和国将被重新纳入西班牙的统治之下。

最后的承认

《十二年停战协定》的第一条对于联省共和国而言是一次胜利：大公夫妇以自己和西班牙国王的名义保证，他们将把联省视为自由区、自由省和自由的国家，他们对联省没有所有权。[20]紧跟着的是具体实施的细节：《十二年停战协定》有效期为12年，适用于西班牙与联省在世界范围内的定居点、领地和殖民地。《十二年停战协定》的第一条保障了人员和货物的自由流通，禁止任何一方将扣押货物作为制裁另一方的经济和政治手段。至于天主教徒在联省共和国将处于何种地位，以及东印度公司和仍然被封锁着的斯海尔德河，《十二年停战协定》只字未提。实际上，大公夫妇和西班牙国王必须接受目前的军事、宗教和经济现状。

西班牙国王腓力三世承认联省共和国存在的这一举动，令他颜面大失。自1609年起，不仅其他欧洲国家承认了联省共和国，北非和近东的国家也承认了联省共和国。除了已经进驻尼德兰多年的英格兰和法兰西大使外，其他国家和地区的驻外代表现在也来到了海牙，与此同时，联省共和国也向各地派遣了自己的驻外大使。例如，联省共和国与摩洛哥建立了外交关系；1614年，科内利斯·哈加

（Cornelis Haga）成为联省共和国驻伊斯坦布尔大使。然而，在此期间，联省共和国人民并没有举行盛大的庆祝活动来庆祝休战。官方确实举行了一些庆祝活动，但《十二年停战协定》对联省共和国的承认，只是"简单地"确认了联省共和国多年来的实际情况，因此也就没有人在街上跳舞了。在双方最后的谈判中，最聪明的要数奥尔登巴内费尔特。这位土地代言官（Land's Advocate）唯一妥协的是放弃了建立西印度公司（West India Company, WIC）的提议。该公司是与荷兰东印度公司对应的公司，直到1621年敌对行动恢复后才成立。[21]

《十二年停战协定》本来在1609年就有可能面临危机，当时于利希-克莱沃-贝赫公爵（Duke of Jülich-Cleves-Berg）去世了。两位同为路德宗的德意志亲王对继承权展开了争夺；为了确保获得新教和天主教两大集团之一的支持，两位亲王一位皈依了天主教，一位皈依了加尔文宗新教。[22]联省共和国无法对这场发生在自家东部边境的争端保持中立，于是选择帮助信奉新教的候选人，斯皮诺拉则选择支持信奉天主教的亲王。然而，联省共和国在军事干预上必须非常谨慎，以确保不会危及停战协定。莫里斯（拿骚的）虽然对爵位继承这件事没有奥尔登巴内费尔特那么上心，但在1609年至1614年间，还是同奥尔登巴内费尔特在这场爵位继承危机中采取了一致行动。军事干预对于联省共和国的好处是，不仅至少可以保留一部分军队，而且可以让军队保持作战状态。此外，1611年到1615年间，联省共和国在东弗里斯兰调解了城镇埃姆登与恩诺伯爵*之间长期以来你死我活的军事冲突。丹麦国王克里斯蒂安四世（Christian IV）提高厄勒海峡的通行费后，联省共和国与瑞典于1614年4月达成了防御同盟，并于1616年6月与汉萨同盟也达成了防御同盟。虽然此时还没有人说"阿姆斯特丹是通往厄勒海峡的钥匙"，但经过与西班牙的较量，联省共和国的实力已经壮大起来，这份力量即将在停战期间展现出来。[23]

1610年，法兰西国王亨利四世遇刺，联省共和国震惊不已。亨利四世曾给予法兰西新教徒一定限度的宗教自由，但另一方面，他与联省共和国之间过于长久的友谊已成为联省共和国的障碍，奥尔登巴内费尔特很可能并不认为亨利四世的去世对联省共和国而言纯粹是损失。新王路易十三（Louis XIII）此时尚未成年，由母亲玛丽·德·美第奇摄政。因此，至少在目前，欧洲各国几乎不指望也无需担心法兰西继续在欧洲政治中发挥积极作用。当然，这也意味着欧洲的权力天平再次倾向了西班牙。[24]

身心的恢复

《十二年停战协定》给联省共和国和西属尼德兰双方都带来了迫

---

* 原文为 Duke Enno，据核，恩诺三世为东弗里斯兰伯爵，而非公爵。——编者注

切需要的喘息之机。休战期间绘制的尼德兰地图展示的"比利时雄狮"（Leo Belgicus），并不是跃立并扬起前爪的姿势，也不是迈步向前的姿态，而是前腿伸直而坐的姿势。一直以来，历代史家要么醉心于法尔内塞和斯皮诺拉一方取得的一系列辉煌胜利，要么醉心于莫里斯（拿骚的）、威廉·路易（拿骚的）和弗雷德里克·亨利一方取得的丰硕战果，对这场战争带来的牺牲却并未关注，就好像低地国家不过是一张插着小旗子的棋盘。然而，近几十年来，历史学家越来越多地关注到事情的另一面，注意到战争期间农村遭受的苦难。战区的农民和工匠被榨干了鲜血，遭到羞辱、折磨和杀害。历史学家对佛兰德、西布拉班特、布拉班特的斯海尔托亨博斯辖区（Meijerij van's-Hertogenbosch），以及避难于哈布斯堡家族与联省分别控制的林堡地区的农民展开了新的研究，新研究对农村人口遭受的灾

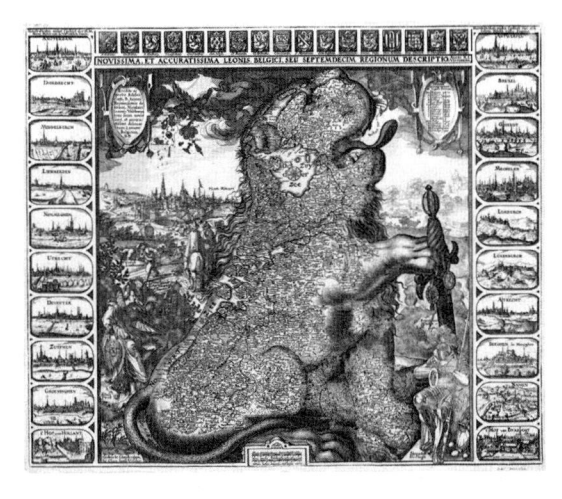

图7.2 尼德兰地图里绘制的"比利时雄狮"，雄狮前腿伸直而坐。阿姆斯特丹，1622年

难给予了相当大的关注。农村人口常常沦为交战双方的牺牲品。[25]《十二年停战协定》至少让农村在这十二年里免遭战争之苦。

在停战协议下,西班牙和葡萄牙各港口再次向荷兰商船开放,荷兰人适时地继续当起了欧洲货物的运输者,他们的廉价船载着西班牙羊毛等出口货物大批量前往北方,又将波罗的海的谷物运到西班牙和葡萄牙,再带着金银返回。在较短的一段时间内,要想往返于西班牙沿海与意大利之间,并将西班牙的亚热带水果和盐运输到意大利,非荷兰的廉价船不可。在敦刻尔克港和奥斯坦德港的带动下,佛兰德和布拉班特的贸易再次繁荣起来,而安特卫普则苦于没有直接的出海港,无法恢复往日的领先地位。1612年和1613年,安特卫普尝试与泽兰省对话,提出重振安特卫普的贸易也符合泽兰城镇的利益。泽兰的弗卢辛对此做出了积极的回应,但强大的米德尔堡阻碍了谈判的所有努力。实际上,泽兰曾收到奥尔登巴内费尔特和其他省份的保证,只要泽兰愿意振兴安特卫普的贸易,那么联省共和国将继续封锁斯海尔德河。[26]

《十二年停战协定》对联省共和国产业的影响较为复杂。由于贸易的扩大,商品流通路线发生了变化。西属尼德兰的廉价纺织品,成了西班牙本国和联省共和国的纺织业强有力的竞争者。虽然经济活动在依赖贸易的港口有所扩大,但在莱顿、代尔夫特、哈勒姆和乌得勒支等内陆产业城镇却下降了。在受到战争影响的边境地区,农业和园艺业几乎停滞不前,但在其他地方,二者成了无数新发明的试验场。无论是在联省共和国还是在西属尼德兰，农业都具有作物多样和高产的特点，甚至出现了类似农业革命的革新现象。高产本来可以降低农产品的价格，但情况并未如此，因为整个欧洲对粮食的需求量极大，尤其是对波罗的海沿岸的粮食。[27]联省共和国进口了充足的粮食供本国使用，因此可以把革新的重点放在园艺业和畜牧业上，而这就需要大量开垦土地。荷兰省有大量的内海，对开垦土地的需求也就更加迫切。众多湖泊中的贝姆斯特湖（Beemster）在1612年被辟水造地而成为圩田，如今被联合国教科文组织列入世界遗产名录。但无论是北方还是南方的经济活动，都还需要多年才能恢复到八十年战争前的水平。阻碍经济恢复的一个因素是北方和南方仍维持着高额税收，这部分是因为两方都背负着沉重的债务负担。另外，由于停战只是暂时的，军费预算尽管减少了一半，但仍然相当可观。

在经济恢复繁荣的同时，天主教和新教也在教徒中间恢复了精神指导功能。如果失去了自己的灵魂，一个人即使得到全世界又有什么益处呢？无论是在北方还是在南方，人们普遍抱怨领主的葡萄园太大而工人又太少。在边界两侧，许多地方的领主必须从零开始重建庄园。我们一想到南方的反宗教改革运动，就会想起天主教会在多地的得意成果，想起画家彼得·保罗·鲁本斯（Peter Paul Rubens）和安特卫普的圣卡洛·博罗梅奥教堂（Saint Carolus Borromeus church），也会想起斯海彭赫弗尔（Scherpenheuvel）的朝圣点（又名蒙泰居，Montaigu）。[28]这些都是教会在17世纪初多年苦心经营的成果。在南方，精神指导也必须从头开始重建。马蒂亚斯·霍维乌斯（Matthias Hovius）于1595年至1620年担任梅赫伦大主教，他的一生绝佳地诠释了这一艰难的重建经过。[29]霍维乌斯的一生与文艺复兴时期的教会领袖红衣主教格兰维尔（1517—1586）的一生形成了鲜明对比，反差之大令人难以想象——格兰维尔偏爱外交事务，更喜欢待在宫廷里而不是教区里，而霍维乌斯则致力于拯救灵魂。霍维乌斯出身低微，这也是腓力二世最初不愿任命他为梅赫伦大主教的原因，腓力二世更希望让贵族担任该职。但此情此景下，霍维乌斯是最合适的人选。他以坚定的决心和耐心，赋予了西属尼德兰的宗教生活以形式和内容。他在西属尼德兰进行的精神指导工作包括：培训新神父，监督那些身处要职和身负修道院圣职的司铎；登记受洗的孩子，教育年轻人；为修道院、女修道院和教区教堂提供经济支持；确保放弃信仰的信徒重返教会，无论他们放弃信仰是因为觉得无所谓还是因为被新教吸引了。霍维乌斯不仅劝说他们去教堂，为他们组织兄弟会，还向他们强调重要的天主教教义和圣体节（Corpus Christi）等相关节日，来加强信徒之间的联结。

身为梅赫伦教省的宗教领袖，霍维乌斯为信徒的宗教生活提供了组织和方向，而世俗政府的领袖阿尔贝特大公和伊莎贝尔大公夫人也使得宗教生活更加有组织、有方向。他们参加许多宗教活动，亲自领导游行和朝圣，修复了旧日的朝圣地，同时增加了新的朝圣地。他们向教堂、修道院和女修道院捐赠宗教艺术品，并负责保护国家的宗教遗产。[30]例如，阿尔贝特大公批准了一项提议，将联省共和国保存的殉道者和圣徒的遗骸移交给西属尼德兰，在那里，他们将得到应有的尊重。其中包括霍林赫姆的殉道者，他们死后就葬在布里尔郊外。1615年，这些修士的尸骨被秘密挖出，转移到布鲁塞尔，并被放到圣尼古拉斯教堂的一个圣骨匣里。[31]在这种事例的引导下，大公夫妇为天主教会的复苏做出了贡献，增强了西属尼德兰内部的团结。

在《十二年停战协定》期间，联省共和国三分之一的人口是天主教徒，普有土地上绝大多数人也是天主教徒。对天主教徒来说，休战意味着他们可以自由地越过边界，到西属尼德兰和神圣罗马帝国的朝圣地去旅行。坚信礼只能由主教来实施，联省共和国里许多从未受过坚信礼的孩子现在可以去南方受礼了。八十年战争和宗教改革废止了联省共和国的教阶等级制度，现在，精神指导由荷兰传道会（Holland Mission）组织，神职人员也由该组织向城镇和村庄提供。在联省共和国内禁止公开信仰天主教的一些地方，天主教信徒会找机会在谷仓或私宅里做弥撒。这些秘密教堂当然没有躲过联省共和国的注意，但却得到了容忍，尽管往往是通过行贿的手段。尤其是在荷兰，许多天主教神父的图书馆借此保存了下来：这些16世纪到18世纪的藏书，是从一位神父传给另一位神父的，供他们学习神学理论，提升个人的虔诚修行。[32]联省共和国的天主教妇女如果想投身宗教团体,也不能再选择进修道院了。然而,在社区足够大的地方,她们可以在一位女家长(house-mother)的领导下组建群居团体,一起实践自己的信仰,给予穷人、病患和老人社会关怀。[33]

加尔文宗的分裂

《十二年停战协定》时期,联省共和国三分之一的人口信奉加尔文宗,三分之一的人口信奉天主教。然而,在加尔文宗会众中,正式的成员与热心人士之间逐渐有了区分。自认为信奉加尔文宗的教徒通常会在教堂受洗,而到了有自行决定权的年龄选择受坚信礼的人数已经开始减少了。正式成员,即已受坚信礼的人,如果在信仰和行为上足够虔诚,就可以参加圣餐礼。而热心人士来教堂则只是为了参加圣餐,他们不愿意承担正式成员的义务,包括遵守教会的纪律。这也许可以类比于今天的政党:有些人是政党的成员,而另一些人只在选举中为他们投票。当然,成员之间也有分歧,毕竟,这是一个仍在形成中的年轻教派。教派的教义到底是什么,教派能做什么,它与国家的关系是怎样的,大量与此有关的教规至今仍没有落到纸面上。显然,不经过一番冲突和争执,这些教规很难形成清晰、明确的文字,最终落于纸面。

休战期间发生了一次重大争端。争端源于人们对当时最具争议的问题存有不同的看法：人死后到底会发生什么？作为人类，我们对此能发挥什么影响吗？[34]争论主要发生在莱顿大学的两位神学教授之间。弗朗西斯库斯·戈马尔（Franciscus Gomarus）坚持严格的加尔文宗观点，认为上帝的力量如此大，我们人类无法对自己是否被上帝选中这一结果施加影响。[35]在他看来，上帝从一开始就决定了谁将被选中，谁不被选中。然而，雅各布·阿明尼乌（Jacobus Arminius）虽然并不希望引起人们对上帝全能性的质疑，但他相信，作为人类，我们可以自愿拒绝上帝的救恩。[36]戈马尔觉得阿明尼乌是在质疑上帝的全能性，于是指责阿明尼乌向天主教靠拢，因为天主教徒相信他们可以通过行善来确保得救。阿明尼乌则坚持道，他的话没有那么极端，他只是承认人类有可能支配自己的命运。1604年，他们举行了长达十天的宗教辩论，自然，这又演变成了一场全面而持久的争论。这场持久的争论极大地挑战着阿明尼乌的身心，再加上肺结核的折磨，阿明尼乌于1609年去世。然而，争论并未就此结束，它已经蔓延到了讲坛：那些追随戈马尔、对《圣经》进行严格解读的人占大多数，远多于支持阿明尼乌的温和派。如果不能理解他们何以对此异常激动，就说明对当时的情况还不够了解。荷兰议会称这场争论不过是"劈了指甲"，这本身不就证明荷兰议会对此缺乏理解吗？根据戈马尔派的说法，教派的教义显然不是由国家权威决定的。

我们也必须把上述意见分歧放在联省共和国反西班牙斗争的背景下来看待。在此背景下，那些遵循加尔文宗教义的人，认为加尔文宗是唯一真正的宗教信仰。他们拒斥天主教，认为它"迷信教皇制"。正如我们在引言中所说，对于前现代的大多数信徒来说，真理只有一个。而如果加尔文宗是唯一真正的宗教信仰，那么它内部就不能有分歧。随着陆上、海上和舆论上的不断交锋，严格执行加尔文宗教规的时机已经成熟了。在这种情况下，允许不同"真理"存在就像把一种疾病带入体内一样；放任不管就是缺乏同伴之爱。

在与西班牙天主教徒讨论战与和的问题时，情况一般是这样：占上风的戈马尔派赞成战争继续下去，而阿明尼乌派则更倾向于和平或休战。朴实的、敬畏上帝的人，如面包师、鞋匠、铁匠，主要是戈马尔派，他们在全国占多数，往往选择最直截了当的方案，即继续打下去，而略有弹性的教义则在受教育的人群中有更多的追随者，只不过他们永远都是少数。现在，谁来决定谁对谁错？加尔文宗没有教皇，只能由一个全体信徒的集会，或者说一个全国性的会议来做出决定。但应该由谁来召集会议呢，教徒还是国家？

争论把国家撕成两半

在《十二年停战协定》签订前的会谈中，西班牙国王要求联省共和国给予天主教徒宗教信仰的自由,但奥尔登巴内费尔特和莫里斯(拿骚的)拒绝了他。两人都坚持教会组织应该从属于国家。[37]最后,控制着联省共和国的各省市政当局中,荷兰和乌得勒支的市政当局里阿明尼乌派占多数,但其他省的市政当局中阿明尼乌派却占绝对少数。因此,他们越来越多地受到戈马尔派的批评、侮辱和质问。吵吵闹闹的煽动者在荷兰绝非罕见。据说他们从街上挖出鹅卵石,向对手投掷石块,以此向他们灌输上帝的话语。[38]阿明尼乌派深感受害,所以在1610年向荷兰议会提交请愿书,请求保护。这份请愿书被称为"抗议书"*,随后阿明尼乌派被称为"抗议派"(Remonstrats)。第二年,戈马尔派以"反抗议书"回应,因而得名"反抗议派"。[39]1614年,荷兰议会试图禁止人们在讲坛上讨论宗教问题,但这无法阻止一些狂热的牧师继续坚持强硬立场。随着双方的对立日益加深,强硬派秘密地在地下教堂实践起他们的信仰。

分裂的教会和分裂的国家,联省共和国若在这种情况下重新与西班牙开战势必会陷入危机。其他五省无法接受荷兰和乌得勒支与其意见相左,更不用说拥有自己的军队。莫里斯(拿骚的)作为乌得勒支同盟的支持者,绝不容忍这样的事发生。他是从政治和军事的角度考虑立场的。[40]1617年7月9日,反抗议派占领了抗议派在海牙的修道院教会(Kloosterkerk,曾用作加农炮铸造厂),随后,莫

---

* 即《阿明尼乌派五条款》。——编者注

里斯（拿骚的）与随行人员于7月23日示范性地去这座教堂参加了当天的礼拜仪式。弗雷德里克·亨利和他的母亲路易丝·德·科利尼则继续在抗议派布道者约翰尼斯·厄伊滕博加尔特（Johannes Uyttenbogaert）主持的礼拜仪式上敬拜上帝。奥尔登巴内费尔特坚持认为，乌得勒支同盟的每个省在宗教问题上都拥有自己的主权。1617年8月4日，他让荷兰议会起草并通过了所谓的《尖锐决议》（Sharp Resolution）。[41]该决议允许遭受反抗议派侵扰的城镇的市政当局成立武装力量来维持公共秩序。这些雇佣军（*waardgelders*）必须宣誓效忠荷兰议会，而不是乌得勒支同盟。在文件的最后，议会向莫里斯（拿骚的）保证他们仍效忠于奥伦治家族。实际上，荷兰议会是在玩火。

  联省共和国加尔文宗的内部冲突在周边国家引起了极大的震荡，包括西属尼德兰。联省共和国为了争取国家自由和信仰自由战斗了四十年，如今教会内部却分裂了。喜欢下棋的莫里斯（拿骚的）有条不紊地操纵着政治这盘棋。首先，三级会议以四票对三票决定召开全国会议。[42]随后，莫里斯（拿骚的）前往全国各地，开除了市政府和省政府里的抗议派法官。三级会议遣散了荷兰和乌得勒支的雇佣军，1618年7月，莫里斯（拿骚的）亲自前往乌得勒支监督遣散事宜。持不同政见的抗议派，即奥尔登巴内费尔特及其支持者，现在被彻底孤立了，1618年8月29日，莫里斯（拿骚的）以三级会议的特别命令逮捕了他们。

如果联省共和国当初设立了最高法院,那么奥尔登巴内费尔特和他的追随者或许还有一线生机。然而,这个新生的荷兰人的国家的不足之一,正是缺乏这样高等级的法律权威。最高法院本可以评估乌得勒支同盟前几年的决策:各省享有主权,但不包括国防和外交政策。而且,最高法院如果有像伯爵威廉·路易(拿骚的)这样的智者,就可能会根据奥尔登巴内费尔特为国家所做的贡献,认真评估他做出的诸多决策。威廉·路易(拿骚的)是一个坚定的反抗议派,但对他来说,逮捕奥尔登巴内费尔特已是绝对的底线。他给莫里斯(拿骚的)写了一封信,敦促他饶这位土地代言官不死。[43]不幸的是,在审判奥尔登巴内费尔特的特别法庭上,没有这样的智者。24名法官中,有许多是奥尔登巴内费尔特的私敌。过去,他要求辞去荷兰土地代言官一职的请求一再遭到拒绝。而现在,对他的仇恨达到了前所未有的高度。有人要他的项上人头。奥尔登巴内费尔特认为自己在所有指控面前都是清白的,而清白之人不必请求宽恕。他与莫里斯(拿骚的)互不让步。1619年5月13日,一个礼拜日,奥尔登巴内费尔特被斩首。他的身首现在何处,无人知晓。[44]

几年后,战火重燃。有人听到莫里斯(拿骚的)抱怨说:"那个老恶棍活着的时候,还有忠告和金钱。现在两样都没了。"

8
停战到和平的漫漫长路

北方无往不利,南方腹背受敌:1621—1648

欧洲内外的战争

这看起来像是一个既成事实：在八十年战争后半期，弗雷德里克·亨利轻而易举地占领了西班牙帝国在尼德兰的重要军事基地斯海尔托亨博斯、马斯特里赫特和布雷达，损害了正在分裂的西班牙帝国的利益。北方成功占领的边界现如今仍是荷兰王国的领土。这似乎是一个很快就能讲完的故事，但它并不像听起来那么简单。战争双方都损失惨重。又一次，战斗在陆地和海上，在尼德兰，在欧洲，在世界上新发现的地区激烈地展开。

八十年战争的前半段与后半段有哪些异同呢？八十年战争之初充满了持续不断的变化，方方面面的群体卷了进来。1588年后，联省共和国与西属尼德兰之间的冲突看起来更像是一场"常规"战争。1621年，《十二年停战协定》到期后，这场常规的战争再次打响，与过去一样，发生了多次围城战和零星的战斗。双方都设有大量的防御城镇和防卫堡垒，驻军守卫它们耗费了巨资。与早些年不同的是，现在的军队纪律更加严明，仗打得更加"理智"。除了少数例外情况，城镇和农村的人口不会再承受之前那样的困苦。战争双方都认为对方是不可小觑的对手，大体上都愿意遵守当时通行的战争规则。然而，战争从来就不是干干净净的。与休战前相比，如今的这场战争更多是一场经济战，双方都采取禁运和封锁的手段。从1598年荷兰人在东印度取得突破开始，这场战争越发带有全球化的特点，双方在欧洲以外地区的战争，直接影响到了国内的政治和军事政策。

与八十年战争前半段的情况一样，欧洲其他地方的事态发展在

图8.1 西属佛兰德舰队和敦刻尔克的私掠船一直是联省共和国的眼中钉，造成了严重的危害。在1641年的这幅图中，联省议会的船只将一艘私掠船逼到了北荷兰省的滨海卡特韦克与卡斯特里克姆之间的海岸。船员们逃上海岸求生

战争后半段发挥了决定性作用。在过去，联省共和国借西班牙派遣无敌舰队远征英格兰、腓力二世干涉法兰西内政之机，巩固了自己的地位。现在，三十年战争（1618—1648）、曼托瓦（Mantua）爵位继承战（1627—1631）、法西战争（1635）、葡萄牙脱离西班牙统治的起义（1640—1644）和加泰罗尼亚起义（1640—1644），大大减轻了西班牙对联省共和国的军事压力。此时与战争前半段的显著不同还在于海战的特点。过去，阿尔瓦公爵和雷克森斯抱怨缺少一支舰队。布鲁塞尔和马德里汲取前半段战争的教训，在休战期间就开始在敦刻尔克和奥斯坦德建造军舰和私掠船。军舰组成了皇家舰队，而私掠船则由私人经营，许多私掠船主是北方人。皇家舰队和私掠船一起，重创了联省共和国的船只。

最后一点，尼德兰南北两方的心态出现了差异。北方人意识到他们是一个新的民族，而这种感觉将长期存于他们的意识里；南方人也有了民族意识——认为他们属于一个忠于天主教和西班牙王室的国家。

延长休战，徒劳一场

《十二年停战协定》到期后，双方都开始思考下一步该怎么走，是继续休战若干年，最好是变停战协定为和平协议，还是重新开战？

两方阵营内部都存在分歧：继续休战有好处，重启战争也有好处。无论如何，布鲁塞尔与海牙的谈判在休战期满前就开始了。目前局势中有利的一点是，1609年协定里列出和未列出的条件，都可以作为双方的谈判起点。1609年至1648年间，即从《十二年停战协定》签订到《明斯特和约》签订之间的整段时期，布鲁塞尔（马德里在背后支持）与海牙之间进行了多轮会谈。每当危机重重之时，或每当一方似乎取得了对另一方的决定性优势时，双方就会展开对话。当然，每一方都想在自己占优势时开始进行谈判，而不是在自己占劣势时。西班牙已不再抱有征服联省共和国的幻想。休战期间，联省共和国的经济相当地繁荣起来，在亚洲开辟了许多新地盘，而西班牙则颜面尽失、毫无进展，这令西班牙及其盟友非常恼火。1618年，三十年战争在神圣罗马帝国爆发，战争的一方是信奉天主教的帝国皇帝及其盟友，另一方则是信奉新教的选帝侯及其外国盟友。三十年战争的爆发对局势产生了巨大影响。难道哈布斯堡家族的两支就不能联合起来，挫一挫联省共和国的锐气吗？

　　国王腓力三世就延长停战协定还是恢复战争的问题，向阿尔贝特大公征求意见。腓力三世很可能只是做做样子，西班牙通常更希望强制对方向自己投降。阿尔贝特大公重申了腓力三世曾提出的如下要求：允许天主教徒在联省共和国享有宗教自由，联省共和国从欧洲以外的领土撤出。大公还增加了一项要求：重新开放斯海尔德河。[1]国王向阿尔贝特大公明确表示，他不会主动提议谈判；如果他被邀请进行对话，那么只要联省共和国同意这三项要求，他就同意继续休战。莫里斯（拿骚的）则继续营造联省共和国希望继续休战的假象。他曾在1609年强烈反对休战，但如今他是联省共和国的领导人，这一身份令他不便继续如此表态。此外，由于三十年战争，神圣罗马帝国的局势非常危险，作为邻国的联省共和国必须有一支强大的军队。出于经济原因，荷兰和泽兰赞成重启战争，而内陆省份则希望维持和平。尽管如此，莫里斯（拿骚的）还是准备在1609年协议的基础上，尽力争取延长休战期。他认为应该由布鲁塞尔主动提出继续休战，然而，布鲁塞尔不受联省共和国的引诱，并未率先提出继续休战，也没有提出联省共和国期望的提议。

1621年4月9日《十二年停战协定》到期，此时延长休战期的谈判仍在全面进行中，因此，正面的军事冲突并没有直接重启。然而，经济战却立即打响，双方都志在必得。西班牙国王下令立即对如下船只和货物关闭伊比利亚半岛的港口：悬挂荷兰旗帜的船只、在联省共和国建造的船只，以及来自联省共和国的货物，哪怕这些货物是由中立国的船只运输的也不行。西班牙严格执行着新规定，几乎没有货物能通过这密不透风的监视网。这自然对英格兰、汉萨同盟的城镇以及其他国家和地区的航运公司大大有利，他们只要发现可疑的荷兰走私者，总是第一时间向港务局举报。在荷兰方面，每年的3月1日至10月底，联省共和国都会派出一支舰队封锁佛兰德的港口。此外,联省共和国还向对敌贸易征税,并禁止从佛兰德和布拉班特进口货物,以刺激本国产业的发展。它还巧妙地控制沿河的贸易,成功地阻断了敌军的补给线。[2]

1621年7月21日,阿尔贝特大公去世,这对西属尼德兰来说是一个沉痛的损失。大公生前为国家的福祉鞠躬尽瘁。他利用手中能利用的一切资源,义无反顾地支持和平。阿尔贝特大公逝世后,大公夫人伊莎贝尔代表西班牙国王出任西属尼德兰总督,继续奉行阿尔贝特大公的路线。

1621年8月,唐·法德里克·德·托莱多(Don Fadrique de Toledo)在直布罗陀海峡击败了一支荷兰护航队,海战再度爆发。同月,两军在陆地战场相遇,但战斗规模不大,不过是小规模的冲突。虽然斯皮诺拉围攻了小城于利希(Jülich),但联省共和国几乎没受什么影响。1622年,斯皮诺拉命军队包围贝亨奥普佐姆,但布雷达和泽兰的增援部队及时赶到,贝亨奥普佐姆得以抵御长期的围攻,围攻作战彻底失败。斯皮诺拉的部队还遭到猛烈轰炸,伤亡惨重。1586年,帕尔马公爵法尔内塞曾围攻当时有英军驻防的贝亨奥普佐姆失利,此时的斯皮诺拉同样未能攻占这里,他的18000名士兵死伤近半。此外,围攻战耗尽了全年的战争预算。因此,西班牙国王决定在西属尼德兰打一场陆地防御战,同时在海上主动出击。[3]

西班牙创造奇迹的两年

斯皮诺拉的失利对西属尼德兰来说可能是一个挫折；但对于西班牙自身来说，1622年却是奇迹之年。在这一年，四个西班牙人被教皇封为圣徒，这清楚地说明了联省共和国的对手西班牙在精神层面十分看重天主教。这四位新圣徒分别是：耶稣会创始人依纳爵·罗耀拉（Ignatius of Loyola）；耶稣会教士方济各·沙勿略（Franciscus Xaverius），是他迈出了向中国传播天主教的第一步；伊西多尔（Isidore），马德里的赞助人；最后，还有阿维拉的特雷莎（Teresa of Ávila），一个受到阿尔瓦家族特殊保护的神秘主义者。[4] 一年前，也就是在1621年，西班牙年仅16岁的腓力四世成为该君主国的国王，当然，实际的政策是由首席顾问奥利瓦雷斯伯-公爵（Count-Duke of Olivares）加斯帕尔·德·古斯曼（Gaspar de Guzmán）决定的。腓力四世还是王子时，奥利瓦雷斯伯-公爵就已经成为宫廷的首领，成功地跻身于权力中心，掌握权柄长达三十年。腓力四世和奥利瓦雷斯伯-公爵都笃信西班牙是世界上首屈一指的大国，也是全球天主教会的保护人。不过，腓力四世是一位优雅的、热爱艺术的统治者，少了祖父腓力二世身上那种刻板固执的性格。他支持法兰西南部的胡格诺教徒起义，还禁止实施歧视改宗天主教的犹太人的"血统纯净法"。他甚至与奥兰（Oran）的犹太银行家协商，允许葡萄牙-犹太商人参与西班牙在印度群岛的贸易。[5] 国王与他的首席顾问就西班牙帝国内部的结构性问题交换了意见,制订了一项复兴计划,还准备了所有相关的宣传。他们的共同目标是洗刷前任国王腓力三世和莱尔马公爵制定的和平政策所带来的耻辱。[6]

西班牙人觉得他们在随后的一轮会谈中占了上风,他们甚至要求联省共和国在每个城镇至少建立一座天主教堂。[7]哈布斯堡的军队在这些年也非常走运。1623年8月6日,蒂伊伯爵(Count of Tilly)约翰·采克拉斯(Johan Tserclaes)指挥的神圣罗马帝国军队,在距离海尔德兰边境仅一步之遥的施塔特洛恩(Stadtlohn)击败了不伦瑞克的基督徒(Christian of Brunswick)军队。海尔德兰和上艾瑟尔的人民紧张得屏住呼吸,担心战争打过东部边境,所幸战火仍在边界以东进行。这一年,斯皮诺拉没有大动作,坚持执行国王进行陆地防御战的命令,有人就此指责他没有勇气发起进攻。[8]

一年后,1624年8月28日,斯皮诺拉用行动证明了自己。他不顾顾问们的建议,围攻了防御坚固、驻军众多的布雷达。[9]双方都进行了猛烈的炮轰。联省共和国军队想尽办法从外部切断了斯皮诺拉军队的粮食供应。马德里的回应同当年斯皮诺拉围攻贝亨奥普佐姆时一样消极:布雷达并不能通向联省共和国的核心地带,即便攻占了此地也没什么用。许多人都预料,斯皮诺拉将再次损失一半的军队和物资,而事实也正是如此。围攻持续了一整个冬季。1625年4月23日,亲王莫里斯(拿骚的)去世,当然,他活着时也未能解布雷达之围。莫里斯(拿骚的)同父异母的弟弟弗雷德里克·亨利接替了他，于5月27日亲自前往布雷达周围评估局势。布雷达已然是斯皮诺拉的囊中之物，指挥官尤斯廷（拿骚的）以体面的条件投降。令人意外的是，被围困的布雷达人民竟比斯皮诺拉的士兵健康得多，因为后者极度缺乏各类物资。布雷达的许多居民，包括天主教徒，在投降后离开了该城，定居在附近的海特勒伊登贝赫。[10]伊莎贝尔在布雷达自命为总督。当时出版了一本赞美该城并颂扬斯皮诺拉的精彩书籍，这本书被译成了英语、西班牙语和法语。[11]西班牙称赞这次征服是17世纪最伟大的征服之一。1625年，这是腓力四世的第二个奇迹之年。从那时起，他开始被称为腓力大帝（*Felipe el Grande*）。1634—1635年，宫廷画师迭戈·委拉斯开兹（Diego Velázquez）为西班牙国王的布恩·雷蒂罗宫（Buen Retiro Palace）绘制了一幅完全虚构的描写布雷达投降的画作。[12]

联省共和国并没有制定长远的海洋战略，已有的海上力量仅限于护送渔船和贸易船，而船只中最重要的是泽兰和荷兰的数百艘捕鲱渔船，[13]其次是来往于波罗的海与阿尔汉格尔斯克（Archangelsk）、地中海与印度群岛之间的商船。尽管联省共和国每年在3月初到10月底封锁佛兰德的港口，导致奥斯坦德和敦刻尔克的西属尼德兰船只无法出港，但这样的封锁并不是无懈可击的。早在1622年，敦刻尔克的船就击沉了几十艘捕鲱渔船，渔船船员被囚禁在佛兰德内地，他们的同乡可以去那儿为其赎身。

然而在亚洲，荷兰东印度公司正在稳健地扩大业务范围，成果之显著，引起了为腓力四世提供咨询服务的葡萄牙事务委员会的重视，委员会建议他与联省共和国缔结一项协定，因为随着时间的推移，战争变得越来越不可能了。[14] 在遥远的巴西，荷兰人在1624年抢占先机，夺取了巴伊亚（Bahía）的萨尔瓦多。由于距离遥远，这个令人惊讶的消息先传到了西班牙，联省共和国之后才得知此事。结果是，唐·法德里克·德·托莱多指挥西班牙船只赶在荷兰支援舰队到来前夺回了萨尔瓦多。被葡萄牙人封锁在陆地一侧的驻军，很快就放弃抵抗，投降了西班牙，西班牙就此收复萨尔瓦多。马德里的新皇宫布恩·雷蒂罗宫中的挂毯描绘了这次胜利。[15]

图8.2　1625年，海军上将法德里克·德·托莱多从荷兰人手中夺取巴伊亚。一名聪明的印刷工，可能是在西属尼德兰用荷兰语和法语出版介绍了这件事。由于没有真实的巴伊亚地图，他"修改"了一张1604年攻占斯勒伊斯的地图

联省共和国的胜利

一段时间以来，除布雷达以外，西班牙在北方一直没能成功征服其他地方。对西班牙来说，占据尼德兰很重要，但其在意大利的统治比前者更加重要。1627年，曼托瓦继承战爆发，威胁到了西班牙在意大利北部的统治。斯皮诺拉被派往意大利指挥作战，他的调任对西属尼德兰军队来说是个不小的损失，因为无人能像他一样领导多国联军。西班牙在低地国家的所有军团都被派往意大利，因此布鲁塞尔不得不采取防御政策。1629年斯海尔托亨博斯失守后（见下文），腓力四世和伊莎贝尔向斯皮诺拉施加了巨大的压力，要求他返回尼德兰。然而，斯皮诺拉不接受任何威逼利诱，他对获得充足的军费支持信心全无，不想再自掏腰包了。1630年9月25日，斯皮诺拉在蒙费拉（Montferrat）去世。[16]

联省共和国的新任执政现在可以大展身手了。和莫里斯亲王一样，弗雷德里克·亨利也是军旅出身，他与侄子们，也就是弗里斯兰和格罗宁根的执政们，密切合作，选择发动进攻战争。与南方不同的是，三级会议是联省共和国的目标制定者，而执政则是目标的执行者。弗雷德里克·亨利在政治上比莫里斯亲王活跃得多，他试图通过忠实的支持者影响市、省议会和三级会议的决策过程。1625年，他不仅继任莫里斯亲王之职，还娶了德意志女伯爵索尔姆斯的阿马莉（Amalia of Solms）。第二年，他们的长子威廉出生了，他就是后来的执政威廉二世。威廉之后有四个妹妹,她们日后嫁给了同等(或更高)社会地位的王侯。因此,像奥伦治亲王威廉的时代一样,荷兰又出现了一个王朝。弗雷德里克·亨利在外交政策中也发挥了主导作用。在与西班牙的谈判中,他虽反感英格兰和法兰西的干预,但仍与英法两国保持着友好的关系。他的儿子威廉在15岁时迎娶了英格兰国王查理一世(Charles I)的女儿玛丽·亨丽埃塔·斯图亚特(Mary Henrietta Stuart)。这门高攀的婚事对弗雷德里克·亨利而言相当划算,既满足了他延续王朝统治的野心,又满足了他在欧洲提高奥伦治家族声望的渴望。由于联省共和国在与西班牙作战,亨利需要与法兰西建立良好关系。1627年,他本人及联省共和国帮助法兰西孤立并占领了胡格诺派的中心之一拉罗谢尔港。作为交换条件,法兰西每年都向联省共和国提供一笔可观的战争补贴金,并授予亲王"殿下"(Son Altesse)的光荣称号。

在弗雷德里克·亨利的地盘上,东部的奥尔登扎尔对他来说是上艾瑟尔地区的眼中钉,赫龙洛是海尔德兰边境地区的肉中刺。1626年,奥尔登扎尔在被弗里斯兰和格罗宁根的执政恩斯特·卡西米尔(Ernst Casimir)围困之后,落入联省共和国之手。次年轮到了赫龙洛。围攻赫龙洛也是有风险的,赫龙洛远离主要河流,因此攻城军队的武器和粮食补给线会较为薄弱。7月20日,弗雷德里克·亨利围攻了该城。根据当时流行的战法,军队先封锁进城的通道,设置了一条向内的进攻线,之后再在2.5千米远的地方设置了一条向外的防御线,以击退敌方外援。赫龙洛经受了一次令人心惊胆战的毁灭性炮轰。8月20日,由于战壕近到足以冲破防御墙,城镇居民被迫投降。此后,赫龙洛再也没有落入西班牙的手中。[17]

同年,皮特·海因(Piet Hein)指挥一小队为西印度公司服务的私掠船,向萨尔瓦多发动攻击,带走了2500箱糖。但是白银远比糖更诱人。1628年9月8日和9日,一支西班牙的"白银舰队"正载着中南美洲的西班牙银矿产出的白银前往塞维利亚(Sevilla),途经古巴的马坦萨斯湾(Bay of Matanzas)时遭到了袭击,被海因击败。这些产自美洲的白银每年分两批送回西班牙,是西班牙政府的主要收入来源。现在,白银落入了"叛军"之手。舰队只有三艘船,但运载的白银市值1100万荷兰盾,相当于联省共和国军队年度预算的三分之二。被抢劫的白银,大头归联省共和国所有,另外有相当一部分归执政所有,皮特·海因则被西印度公司用7000荷兰盾打发了,于是他立即从公司辞了职。皮特·海因的待遇尚且如此,普通海员获得的回报就可想而知了。[18]

当然,就这笔巨额的意外之财应该如何支配,三级会议进行了大量讨论:偿还政府债务、展开军事行动或海上探险。泽兰尤其乐意为境况不佳的西印度公司提供资金支持,这样它接下来就可以对巴西发起新的攻击了。在陆上,联省共和国最终选定在斯海尔托亨博斯发起作战,将这座有着强大防御力量的城市作为下一个围攻目标。[19]围攻战的规模相当庞大,因而所需军费高昂,不过,弗雷德里克·亨利的陆军吸引了大批来自欧洲其他国家的军官，他们乐于自费前来向荷兰人学习贸易。亲王的军事防御相当坚固，敌人只好另寻他处进攻。尼德兰南方贵族亨德里克·范·登·贝赫（Hendrik van den Bergh）入侵了位于海尔德兰的费吕沃（Veluwe），但没有夺到任何有长远价值的土地。更大的危险实际来自神圣罗马帝国，帝国派遣了一支西班牙－帝国联军，入侵联省共和国。这是三十年战争唯一一次对八十年战争造成直接影响的作战。敌军在雷蒙多·蒙泰库科利（Raimondo Montecuccoli）的指挥下，越过了艾瑟尔河，于1629年8月13日占领了阿默斯福特，企图分散联省共和国的军事力量，转移弗雷德里克·亨利的视线。恐慌蔓延到整个联省共和国。然而，弗雷德里克·亨利保持着理智，没有受到引诱，依旧坚守在斯海尔托亨博斯。幸运的是，一批勇士加入了他的队伍，告诉他，西班牙－帝国联军补给线的中心韦瑟尔正在修复防御工事，他可以趁机利用韦瑟尔这个薄弱点进行突破。弗雷德里克·亨利给勇士们拨了足够多的士兵，他们成功占领了韦瑟尔，阻止了神圣罗马帝国对联省共和国的军事干预。眼瞅着大势已去，斯海尔托亨博斯也放弃抵抗，投降了共和国。现在，轮到斯海尔托亨博斯之围被人记录下来并名传后世了。荷兰一位伟大的诗人辛酸地总结道：

De Prins belegerde Den Bosch and vloog in Wezel
Dat was een brave sprong, van de os op de ezel.[20]

> 亲王围攻了斯海尔托亨博斯，打得韦瑟尔措手不及，
> 就像狐狸向黄鼠狼猛扑过去。

斯海尔托亨博斯丢了，西属尼德兰大为恐慌。高级贵族和神职人员秘密会面，请求伊莎贝尔降低西班牙人在国家治理和军中的影响力，任命更多来自低地国家的人。[21]

就在如此危急的情势中，伊莎贝尔得到了一位新顾问，即加泰罗尼亚的第三代艾托纳侯爵（Marquis of Aytona）弗朗西斯科·德·蒙塔达（Francisco de Montada）的帮助。蒙塔达在西班牙国内和担任驻维也纳大使期间，出色地展示了自己的外交才能。他敦促国王尊重尼德兰高级贵族自决和参与决策的愿望。在他的建议下，伊莎贝尔任命根特主教安东·特里斯特（Antoon Triest）和梅赫伦大主教雅各布·博南（Jacob Boonen）为国务委员会成员。[22]就此，鲜少召开的国务委员会恢复了部分影响力。这两位主教各自在佛兰德和布拉班特议会上有重要的发言权，因此充当了议会与中央政府之间沟通的桥梁。[23]安特卫普法学家彼得·罗斯（Pieter Roose）也被任命为委员会成员。他是西班牙中央集权政府的热心支持者，而非搭建两方沟通的桥梁的建设者。不久，他就被派到马德里为国王出谋划策了。

1631年对联省共和国来说是不太成功的一年。随着曼托瓦继承战争的结束，西班牙军队立即离开意大利，回到低地国家，刚好赶

上阻止弗雷德里克·亨利围攻布鲁日。布鲁日沃利街（Wollestraat）28号的一座房子的山墙上有三座浮雕，描绘了弗雷德里克·亨利进攻和撤退的全过程。[24]房子的角落撑着一个大炮的炮筒，筒身上刻着"奥伦治来到了布鲁日，看了看，走了"（Auriacus Brugam venit, vidit, abiit）的字样。[25]为了避免让人觉得是自己赶走了亲王，西班牙皇家军队并没有追赶亲王的军队。教廷大使写道，要是亲王早一个月登陆，布鲁日将承受无比沉重的苦难。[26]不过，西班牙王室派遣一支庞大舰队企图进入泽兰内陆水域的行动以大败告终了。联省议会看穿了这个计划，在贝亨奥普佐姆驻扎了一支舰队。舰队在马里努斯·霍拉尔（Marinus Hollaer）的统率下严阵以待。9月10日，在拿骚家族的贵族，拿骚－锡根的约翰（Johan of Nassau-Siegen，仍效忠于国王和天主教会）的领导下，西班牙皇家战舰在发生于托伦（Tholen）以西的斯拉克战役（Battle of the Slaak）中大败。皇家舰队指挥官落荒而逃，舰上的4000名普通海员和士兵被俘虏，布鲁塞尔在此战中的经济损失将近400万荷兰盾。[27]

第二年，也就是1632年，联省共和国又迎来了军事作战的新高潮。6月，弗雷德里克·亨利在马斯河（默兹河）沿岸冒险作战。该战之所以能取得成功，主要得益于许多南方大贵族对西属尼德兰统治的不满，其中，名气最大的要数亨德里克·范·登·贝赫。在战役中，联省共和国占领了芬洛（Venlo）和鲁尔蒙德，而最大的战果则是马斯特里赫特。亨德里克·范·登·贝赫要求摆脱西班牙统治的枷锁,但人们对他的呼吁置若罔闻。[28]就如同1600年莫里斯(拿骚的)进攻时一样,尼德兰南部仍然忠于西属尼德兰政府,忠于总督伊莎贝尔,忠于国王腓力四世。但是,这里其实已经充斥着愤怒和不满的情绪了,为此伊莎贝尔召开了自1600年以来的首次三级会议。这一举动得到了新顾问的支持:蒙塔达只是简单地通知腓力四世,在未经国王允许的情况下,他们已经召集了三级会议。在这一方面,伊莎贝尔和蒙塔达都强硬地与国王抗衡。当然,腓力四世也不甘示弱,他拒绝给予许可,但三级会议并不知晓这一内情。1632年10月,11个省份在布鲁塞尔举行会议。腓力四世的首席顾问奥利瓦雷斯伯-公爵认为,应该提醒伊莎贝尔"严格遵循腓力二世时代的政策"。[29]蒙塔达写信给国王说,他们不得不召集三级会议,如果不召开,南部诸省将不再为战争提供资金支持。他说,只要他们的意见得到了倾听,这些省份是不反对战争的。瓦隆省只是希望他们的官员能在政府里获得更高的职位,而不是像目前一样让西班牙人和意大利人占据这些职位。[30]在下一轮和平谈判中,联省共和国增加了要求:它现在希望西属尼德兰对新教徒实行宗教宽容政策,希望来自低地国家的犹太人能像其他尼德兰公民一样,在西班牙和葡萄牙享有同等权利。当然,这些要求被当作了耳边风。

如同1629年危机后总督伊莎贝尔任命艾托纳侯爵蒙塔达为顾问一样,奥利瓦雷斯伯-公爵在1632年危机后把彼得·罗斯送回了布鲁塞尔。罗斯完全信任首席顾问和腓力四世。他对腓力四世言听计从，比国王本人都热衷于君主制。奥利瓦雷斯伯-公爵允许罗斯在西属尼德兰党派之间挑拨离间，甚至建议罗斯背着总督与联省共和国缔结一项条约。[31]这是西班牙王国对自己人民不忠的又一例证。1633年12月1日，伊莎贝尔去世，改宗天主教的阿姆斯特丹诗人约斯特·范·登·冯德尔（Joost van den Vondel）写了一首挽歌，歌颂国母伊莎贝尔。[32]

西班牙最后的进攻

伊莎贝尔死后，西班牙又任命了一位王室出身的亲王担任西属尼德兰总督。奥地利的斐迪南（Ferdinand of Austria）是腓力四世的弟弟，而给国王的兄弟找一个合适的职位并不是一件简单的事。这个浮躁的年轻人不想在教会任职，但在接受了低级圣职之后，他受命担任托莱多大主教，这每年要向西班牙王室索取40万埃斯库多。随后，他被迅速擢升为红衣主教，并被授予"红衣主教-亲王"（Cardinal-Infante）的头衔。伊莎贝尔曾警告国王说，"在尼德兰，人们对红衣主教不太友好"，这话当然是指格兰维尔。[33]1633年，在赴任西属尼德兰总督途中，斐迪南绕路支援正在进行三十年战争的神圣罗马帝国军队，1634年9月6日，斐迪南成功地（也许只是走运）在讷德林根战役（Battle of Nördlingen）中击败了瑞典人。他的英名迅速传播开来。1634年12月，斐迪南就任西属尼德兰总督。他带了11000名士兵，再加上艾托纳侯爵蒙塔达手下的30000陆军，他们组成了一支强大的军队。组建这支军队是非常必要的，因为就在这一年，联省共和国与法兰西缔结了攻防同盟。1635年，法兰西向西班牙宣战。

1634年到1640年，西班牙王室税款增收，于是，奥利瓦雷斯伯-公爵在军费充裕的条件下，成功地发动了大规模的海陆军事攻势。现在，他指挥作战的能力比之前提高了不少。打了几十年的战争，西班牙终于明白了如何在低地国家作战，但不幸的是，西班牙仍然没有扪心自问，这场战争是否符合以及如何才能符合尼德兰人民自身的利益。顺利地从海上将成千上万的兵力运到低地国家的战场，再加上投资建设的佛兰德舰队，西班牙此时有了一个更具优势的起点。然而，红衣主教-亲王发起的首次行动，即对泽兰菲利波讷堡垒的围攻，以失败告终。斐迪南怪罪指挥官指挥不利，然而，据教廷使者记载，这次失利是因为就在所有城镇的居民都在虔心祈祷围攻早日成功之时，斐迪南却一直在外面打猎。[34]

1635年6月，法兰西和联省共和国一起进攻布拉班特，西属尼德兰陷入低谷。6月10日，布鲁塞尔以东的小城蒂嫩被占领，法兰西和联省议会的士兵大肆抢劫、强奸和杀戮。这样的暴行已经多年没有发生过了，它引起了公众广泛的抗议，人民也纷纷散发政治小册子声讨联军暴行。[35]侵略军攻占迪斯特和阿尔斯霍特后，罔顾弗

8 停战到和平的漫漫长路　　235

雷德里克·亨利的建议，围攻了鲁汶。鲁汶周围的城镇防御工事坚固，因而它不会被围困太久。鲁汶的守军、市民和学生奋勇抵抗，拯救了这座城市。法兰西与联省议会军撤退后，愤怒的农民和市民将被俘的法兰西士兵处以私刑。为了报复联军攻占蒂嫩后割掉圣母马利亚雕像双耳的行为，他们割下了法兰西士兵的耳朵，装在篮子里送给了蒙塔达。[36]

西班牙和西属尼德兰对占领申肯尚斯（Schenkenschans）一事感到欣喜。申肯尚斯是战略要地莱茵河与瓦尔河分叉口的一个重要堡垒。1635年7月26日，盖尔登（Geldern）的皇家军队出其不意

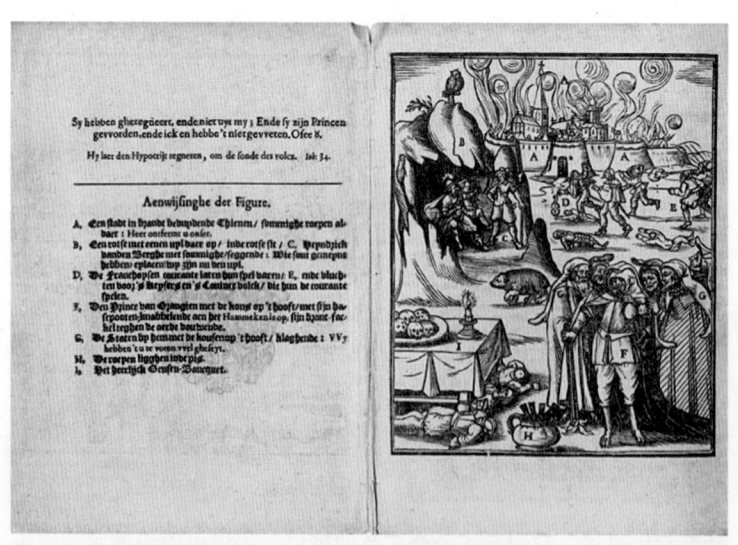

图8.3 法兰西和联省议会军劫掠了蒂嫩，蒂嫩陷入一片火海。前方的一群人是联省共和国三级会议的代表。中间站着的是弗雷德里克·亨利，他的上衣上有字母"F"

地攻占了这座堡垒。你都难以想象当西班牙王室得知这一消息时欣喜若狂的样子,莫非多年的挫败感竟如此之深,以至于一场胜利就被吹捧成一桩伟大的历史事件?斐迪南率领的四万大军就布置在申肯尚斯的东边,而弗雷德里克·亨利则率领规模相当的军队守着北边和西边。奥利瓦雷斯伯-公爵认为,占领申肯尚斯的意义堪比夺取巴黎或海牙。腓力四世相信,从申肯尚斯出兵,就可以一路直指荷兰省的心脏地带。宫廷的其他战略家声称,这座堡垒的分量等于安特卫普加上巴西。然而,不久之后,斐迪南本人就对能否守住堡垒产生了深深的怀疑。1636年4月30日,西班牙占领军投降,联省共和国的防线再次关闭。尽管这个堡垒确实很重要,但是,占领这座堡垒后,奥利瓦雷斯伯-公爵的乐观态度并不合时宜,可以说,那时的他有多么欣喜若狂,堡垒失守时他就有多么绝望。[37]

1637年,法兰西人提议与联省共和国一起攻占敦刻尔克。弗雷德里克·亨利赞成这项计划,但因风向不利,军队滞留在拉梅肯斯堡三周之久,此后,他便取消了此次进攻。兴许他从1600年尼乌波特的失败中吸取了教训?他把所有军队都调到附近的布雷达,在斐迪南从法兰西边境赶来之前包围了布雷达。由于无法阻止弗雷德里克·亨利的围攻,斐迪南只能率军东移,毕竟那里的芬洛和鲁尔蒙德唾手可得。令奥利瓦雷斯伯-公爵非常恼火的是,斐迪南又一次聚焦于法兰西而不是联省共和国。1637年10月7日,驻军死亡过半,布雷达向联省共和国军投降。马德里不得不吞下这颗苦果。1625年,迭戈·委拉斯开兹绘制了《布雷达投降图》，描述布雷达向皇家军队投降的场景，可惜，这幅宏伟之作的颜料都还未干透，布雷达就又落入了联省共和国的手中。

1638年，联省共和国违背弗雷德里克·亨利的意愿，将目标定为攻占安特卫普。弗雷德里克·亨利认为这一计划行不通。阿姆斯特丹也反对将联省共和国的边界延伸到安特卫普，因为它可能再次成为一个强大的贸易对手，但也正是出于这个原因，荷兰的其他城镇和其他省份认为，得到安特卫普至关重要，因为这样就可以制衡阿姆斯特丹的贸易势力。[38]在泽兰，联省共和国做了充分的准备。执政弗雷德里克·亨利的远亲拿骚-锡根的威廉（William of Nassau-Siegen）率领6000人从斯海尔德河左岸登陆，准备占领戍卫安特卫普的堡垒。按照卡斯蒂利亚最有效的传统，精力充沛的安特卫普指挥官立即发起反击。令人惊讶的是，联省共和国军队竟然未能料到守军会如此直接、有力地回击。在后来习称的"卡洛战役"（Battle of Kallo，以其中一个堡垒Kallo的名字命名）中，联省共和国军遭受了惨败。数百人丧生，2500人被俘，所有武器都被皇家军队缴获。这次战役对于联省共和国而言是一场彻底的失败，但对安特卫普和尼德兰南部而言，却是一次巨大的鼓舞。[39]画家彼得·保罗·鲁本斯设计了一辆凯旋车，游行队伍坐着这辆车穿过安特卫普，庆祝这场决定性的胜利。当然，他也把它画在了油画帆布上（见彩插49）。斐迪南随后在圣奥梅尔击败了法军，直逼首都巴黎，加之

238　　　　　　海洋帝国的崛起：尼德兰八十年战争，1568—1648

西班牙在丰特拉维亚（Fuenterrabía）[*]击退了法军对西班牙本土的入侵，此时的西班牙似乎可以满怀信心地展望未来。

战争的尾声

最初，西班牙把所有的信心都投注在了第二支无敌舰队上。这支庞大的舰队旨在迎击即将到来的天才海军中将马尔滕·哈珀特松·特龙普（Maarten Harpertszoon Tromp）指挥的联省共和国海军。奥利瓦雷斯伯-公爵满怀必胜的信心，他下令，即使荷兰船只到英格兰港口寻求避难，也要向其发动攻击。[40]他的计划执行起来实际上事与愿违。特龙普在英吉利海峡向无敌舰队发起进攻。他把船首尾相连排成一列，这样就可以用所有的舷炮向敌人开火。随后，船又掉转方向，从另一侧开火。最后，反而是西班牙船只不敌联省共和国海军的猛烈炮火，只好停靠在英格兰海岸附近的一处避风港——唐斯（Downs）。特龙普获准可以无视英格兰人，再次袭击了西班牙舰队。无敌舰队受到了重创，损失了数十艘战舰，连同甲板上的9000—10000名船员也一并失踪。不过，这次胜利也算不

---

[*] 英文版原文为Fuentarebbía，疑误。据核，1638年法兰西孔戴亲王等人率军突袭西班牙北部小城丰特拉维亚（Fuenterrabía）。围攻数月后因西班牙援军赶到而失败。——编者注

上彻底,因为最初的8500名前往西属尼德兰的西班牙步兵中,有5000多人安全靠岸。后来英格兰船只把他们带到了佛兰德。300万埃斯库多银币补充了战争金库,保证了佛兰德的安全,使其拥有了充实的资金。[41]然而,联省共和国的这次胜利,确实遏止了西班牙在低地国家的进一步野心。

1639年,联省共和国舰队击败第二支无敌舰队的辉煌战绩,却因前者不敌敦刻尔克私掠船而明珠蒙尘。这就好像荷兰雄狮被一群大黄蜂嗡嗡嗡地缠着似的。尽管联省共和国不断打击私掠船,但在1630年至1640年的十年间,它依然遭受了惊人的损失。毕竟,佛兰德舰队不仅规模扩大了两到三倍,其炮火的威力也大大增强。[42]

复杂的冲突在联省共和国统治的巴西一带也频频出现,联省共和国并不占优势。拿骚-锡根的约翰·莫里斯(John Maurice of Nassau-Siegen)伯爵被任命为巴西行政长官时,巴西的政权得到了提振。作为一名经验丰富的将军,他很快就担起扩大并巩固联省共和国领地的责任。他宣布,巴西领地的天主教徒和犹太教徒也同样享有宗教自由,于是,他领导下的行政机构获得了传奇般的魅力。他提高了当地的糖产量,经济因此繁荣起来,同时,他请艺术家描绘了巴西的自然环境。然而,他的统治也有黑暗的一面:为使殖民地和自己发财致富,他引进了大量非洲黑奴,让他们到糖厂工作。[43]

约翰·莫里斯(拿骚-锡根的)率军从海上发起了对萨尔瓦多

的新一轮袭击，但最终以失败告终。此外，管理殖民地的成本远高于西印度公司从殖民地攫取的利润，而对该公司来说，利润当然是第一位的。联省共和国就此面临巨大的经济压力。1640年12月，葡萄牙从西班牙手中重获独立，而讽刺的是，联省共和国在此事中帮了葡萄牙大忙，葡萄牙却在独立后将目光聚焦于从荷兰手中夺回失去的殖民地。在权衡了荷葡关系的利弊后，西印度公司认输了。

最终，1640年的一系列事件使西班牙准备与联省共和国和解。首先，它在对法战争中失去了阿图瓦。其次，它面临着国内的起义，先是加泰罗尼亚人起义反抗国王的统治，12月的葡萄牙起义又在马德里引起了极大的恐慌。葡萄牙从古老的葡萄牙贵族布拉甘萨家族（House of Bragança）中选出了自己的国王，宣布独立。联省共和国立即承认葡萄牙的独立，兴致勃勃地向该国提供食物和军备，甚至出兵增援葡萄牙军队。联省议会派遣海军上将阿图斯·吉塞尔斯（Artus Gijsels）率中队支援安达卢西亚（Andalusia）的起义军，不料，中队在葡萄牙最南端的圣维森特角遭遇了西班牙舰队，未能再前进一步。当时，这支西班牙舰队正等着接应运输白银的另一支舰队，与联省议会军遭遇后，双方发生了激烈的战斗，结果两败俱伤。荷兰舰队被迫回国。1640年和1641年，对奥利瓦雷斯伯-公爵来说是灾难性的两年。随着卡斯蒂利亚人口的减少和人民生活的日渐贫困，他发现自己夹在了葡萄牙与加泰罗尼亚两个动乱地区之间。[44]但是，他仍坚守着自己的立场。

8 停战到和平的漫漫长路 241

在尼德兰,当手下的 2300 名骑兵不得不在没马的情况下应付了事时,红衣主教-亲王斐迪南完全丧失了战斗的兴致。双方都没有大胜。例如,1641 年夏天,弗雷德里克·亨利占领了林堡的城镇亨讷普(Gennep),它的北部是马斯河(默兹河)畔的奈梅亨。在南方,军队指挥官们大部分时间都在互相争吵。借用研究该时期的历史学家勒内·韦梅尔(René Vermeir)的话说,"没有人能和其他人好好相处"。[45]韦梅尔还得出了一个惊人的结论,即西班牙指挥官对弹道等基本的战争知识一无所知。[46] 1641 年 11 月 9 日,斐迪南逝世,终年 32 岁。继任总督是葡萄牙贵族弗朗西斯科·德·梅洛(Francisco de Melo),他行事果决,获得了保皇党民众的许多同情与支持。但是,1642 年 5 月 19 日,他与法军交战于法兰西阿登高原(Ardennes)的罗克鲁瓦(Rocroi),结果惨败而归。[47]斯海尔托亨博斯、马斯特里赫特随后相继陷落,引起了广泛的骚乱。腓力四世想再次任命一个私生子为总督,然而,这却不再是信奉天主教的南方所选择的方案了。

1644 年,西属尼德兰的城镇萨斯范亨特(Sas van Gent)落入联省共和国之手,格拉沃利讷落入法兰西之手。[48]同年,曼努埃尔·德·莫拉·科特-雷亚尔(Manuel de Moura Corte-real)接替弗朗西斯科·德·梅洛担任临时总督,他是卡斯特卢罗德里古(Castelo Rodrigo)的第二代侯爵。卡斯特卢罗德里古的财政来源稀少,因而侯爵与安东·特里斯特和雅各布·博南这两位主教协商制定政策。

出于绝对的必要性,腓力四世最终同意,军费开支可以由西属尼德兰议会自行解决,而荷兰省早在八十年前就已如此规定了！[49]

1645年对西属尼德兰来说又是灾难性的一年。首先,内部的争吵再次分裂了军队领导层。其次,法兰西在与西属尼德兰接壤的边境取得了一系列胜利。再次,弗雷德里克·亨利攻占了许尔斯特,结果为了避免被抢劫,佛兰德大部分地区不得不向他缴纳贡金。此外,城镇萨斯范亨特和许尔斯特周边的战争越来越激烈,炮火不断,破坏不断。[50]在危机中,西属尼德兰议会呼吁立即与联省共和国谈判。联省共和国明确表示可以进行会谈,但他们之间的谈判只能是广义上的明斯特和平谈判的一部分。[51]

1646年,尽管取得了上述进展,联省共和国和法兰西军队还是再次发起了军事行动。法兰西人沿着海岸向北移动,就像1632年弗雷德里克·亨利在马斯河(默兹河)北岸发动的战役中一样,法兰西人几乎没遇到什么抵抗。这次战役的高潮是攻占敦刻尔克。法兰西驻联省共和国大使说,听到这个消息时,阿姆斯特丹市长科内利斯·比克尔(Cornelis Bicker)的脸色变得"比他的衣领还要苍白"。[52]与此同时,弗雷德里克·亨利围攻了芬洛,但当时城镇的守军刚刚得到加强,进行了顽强的抵抗。亲王弗雷德里克·亨利就此放弃了围攻,可能是因为他知道明斯特的和平谈判已经进行到了什么程度。

复杂的和平

当然,联省共和国认为签署和平条约就是一场胜利。但是,联省共和国是一个由七个省份组成的国家,每个省都有自己的领导者和人民,七省之间和各省内部就和平之路进行了无休无止的讨论。公众密切关注着讨论,并就讨论提出批判性意见。在反复的、激烈的公开辩论期间,人们散发了数百本支持或反对和平的小册子。我们将再次从这些令人困惑的讨论和复杂的细节中抽绎出事件发展的主线。

与《十二年停战协定》的谈判过程不同,联省共和国现在可以独立行动,不再需要英格兰或法兰西从中协调和指导了。事实上,虽然法兰西是联省共和国的官方盟友,但它会尽其所能地破坏会谈。1641年12月,主要国家同意在明斯特和奥斯纳布吕克(Osnabrück)同时举行和平谈判。和谈从1643年7月开始,而联省共和国甚至不能就出席人选和谈判指示达成一致。直到1645年7月14日,各省才以六票对一票决定派代表到明斯特;此时,泽兰和其他一些利益集团仍不妥协。代表团直到1646年1月才抵达明斯特。与此同时,布鲁塞尔定期向弗雷德里克·亨利派遣代表团,试图与联省共和国缔结单独的和平协议。他们尽力想让他相信,法兰西的崛起势不可当且几乎不可能符合联省共和国的利益。弗雷德里克·亨利向他们保证,他致力于和平,但他不希望被任命为海尔德兰公爵，因为西班牙的这份礼物在联省共和国不可能受欢迎。

明斯特和谈中的一个关键人物是西班牙代表团团长加斯帕尔·德·布拉卡蒙特（Gaspar de Bracamonte），也就是第三代佩尼亚兰达伯爵（Count of Peñaranda）。他觉得与联省共和国达成和解远比与法兰西达成和解更加重要，他写道："我发现荷兰人比法兰西人更加认真对待自己做出的承诺，在遵守承诺与履行和平协议上更加值得信赖。因此，我们可以更加信任我们与他们达成的协议。"[53] 他还补充道，荷兰人不像法兰西人那样敌视西班牙人。一件事很好地证明了他的先见之明，即他坚持认为最好的策略是保持联省共和国的强大实力，因为大量胡格诺教徒从法兰西来到了联省共和国，联省共和国可以就此与瑞典等新教国家结成联盟来牵制法兰西。

第一次会谈于1646年1月16日开始，但是联省共和国立即就程序问题中断了会谈。随后，佩尼亚兰达伯爵泄露了法兰西提议王储路易（后来的国王路易十四）与西班牙公主联姻而尼德兰南部就是公主嫁妆的消息。这个消息足以使联省共和国在5月重新回到谈判桌旁。这一次，双方的目标是达成一个休战十二年或二十年的协议。联省共和国列出了至少71项条件，除了一些有争议的条款外，大多数条件都得到了认可。1646年夏天，协议内容传播开来，引发了一场激烈的公众讨论。和约的反对者再次武装起来。但与先前的冲突不同，现在支持和平的人明显占多数。平民大众普遍认为自己的生命受到了威胁，还认为富商肯定是被西班牙人贿赂了。[54]

9月,荷兰在三级会议提议,不再讨论新的休战协议,而是要达成一项真正的和平条约。10月27日,该提案获得通过,仅泽兰一票反对。泽兰再次独自大吵大闹,嚷嚷着提案破坏了乌得勒支同盟。12月,联省共和国代表再次来到明斯特,讨论最后遗留的问题。佩尼亚兰达伯爵觉察出了联省共和国代表遵循的秘密指示,即任何阻碍都不应成为达成协议过程中的绊脚石。在佩尼亚兰达伯爵的谨慎关注下,1647年1月8日,和平协议最终敲定并达成。各地就此掀起了新一轮的热议浪潮。反对和平的人仍然冥顽不灵,他们这股力量依然不可小觑。法兰西大使也继续在他力所能及的范围内煽风点火。9月17日,参加谈判的代表们返回了明斯特。此时,西班牙人已经烦透了没完没了的讨论。又一轮会谈之后,协议最终于1648年1月30日签署。但是,和约的支持者和反对者似乎永远不会罢休。2月到5月,他们趁着协议还在走正式审批的手续,又发动了另一场小册子战争,双方都继续重申他们的立场。4月28日,联省三级会议派代表团前往米德尔堡,试图让泽兰恢复理智,但没有成功,主要是因为泽兰人拒绝放弃私掠商船的活动。1648年5月15日,西班牙国王代表与联省共和国代表终于在明斯特举行了《明斯特和约》的签署仪式。画家赫拉德·特博赫(Gerard Terborch)画下了这一幕。泽兰没有派代表参加,不过,《明斯特和约》仍于5月30日在泽兰展示了。三级会议美化了签署和约的目的,称其是为了"维护尼德兰联省的统一与和谐",泽兰人默许了三级会议的这一决定。6月5日，联省共和国举办了官方庆典，来感谢上帝，分享欢乐。巧合的是，就是在整整八十年前的这一天，埃格蒙特伯爵和霍恩伯爵双双被斩首。

后记：作为结论

低地国家八十年战争的故事势必会包含许多不同的利益冲突，也势必会包含各式各样政治观点和宗教观点的冲突。长久以来，这些冲突引发了一系列偶然的、不可预知的事件，引起了政治、经济和军事方面的连锁反应。可以说，八十年战争过程中有无数关键性的时刻：如果在这些时刻里事件朝不同的方向发展，那么，整部尼德兰八十年战争的历史将会有完全不同的路径。

在历史上，以"如果"开头的问题通常没什么意义。然而，这些问题在这里却变得意义非凡。每一次事件转折都让我们想起了古老的教训——一切本可以如此不同。我们应该从这则古训中学到什么？我们不应该试图在历史中寻找那些决定历史进程的因素，无论是政治、经济方面的决定因素，还是宗教方面的决定因素。当今荷兰王国的领土边界是一系列军事行动后确定下来的，它完全是人为因素影响的结果。没有哪一个神圣的预定论号召尼德兰北部的新教徒去建国，也没有哪一条经济规律可以保证，北方富商主导的、以贸易立国的联省共和国，就一定能战胜南方由国王、神职人员和贵族统治的西属尼德兰。

1433年以来，布拉班特、佛兰德和荷兰一直是勃艮第公爵腓力（善良的）治下的低地国家的核心省份。勃艮第和哈布斯堡的诸侯扩大了他们的领地，将17个封国纳入其中。这些封国逐渐联结为一个整体，被称为尼德兰（Netherlands，法语为 *Le Pays-Bas*，拉丁语为 *Belgium nostrum*）。尼德兰作为一个整体，内部的主要差异不是北部的格罗宁根、弗里斯兰与南部的阿图瓦、埃诺之间的差异，而是沿海地区与内陆地区之间的差异。沿海的布拉班特、佛兰德和荷兰已经基本城市化，拥有发达的贸易和工业；内陆则以农业为主。作为十七省的一部分存在了近150年后，布拉班特、佛兰德和荷兰这三个重要省份联合起来，开始反抗哈布斯堡家族对他们的统治。冲突在这三个地区最为激烈，因为只有控制了这三个富庶之地，才能控制其他省份。在执掌了起义一度发展得最为猛烈的佛兰德和布拉班特后，帕尔马公爵法尔内塞向西班牙国王保证，尼德兰南部诸省将处于控制之下。

　　国王腓力二世无论如何都不准许新教徒进入他的世袭领地，因此，他拒不和解，也拒不签署任何和平协定。另一方面，加尔文宗也要为冲突的持续承担一定责任：他们希望自己获得宗教自由，但一旦掌握了权力，却又不允许天主教徒获得同样的自由。从本质上讲，正是宗教不平等导致了尼德兰的分裂；其他因素都是这一原因导致的结果。当然，联省共和国内的新教徒在数量上不占优势，因此，从理论和实践层面而言，共和国的统治集团要劝说新教徒接受宗教宽容政策，操作起来相对没那么复杂，更何况他们也别无选择。

在近两个世纪的时间里，荷兰省凭借自身巨大的经济潜力，在联省共和国内居于主导地位。联省共和国吸纳了数以万计的新教徒和尊奉其他信仰的教徒。这些从信仰天主教的南方逃来的移民凭借自身的知识、资本和贸易关系，为联省共和国的繁荣发展做出了杰出贡献。与此同时，在来到联省共和国避难的移民中，狂热信奉加尔文宗的信徒们希望继续为解放南方而战，盼着有一天能重返布鲁日、根特和安特卫普。执政弗雷德里克·亨利确实夺取了布雷达、斯海尔托亨博斯和马斯特里赫特，但未能攻下布鲁日、根特和安特卫普这三座主要城市。当尼德兰分裂成两个独立的国家之后，新教与天主教的势力范围也就明确地区分开了。

本书的主题是发生在尼德兰的战争，令人震惊的是，在这场战争期间，联省共和国和西属尼德兰都经历了一段精神和文化的繁荣期：大学与发明家繁荣了科学和思想；作家、诗人、画家和作曲家繁荣了文化。尽管联省共和国经历了比较黑暗的岁月，但它也取得了许多辉煌的经济成果。这些发展需要学者专门研究并给予公正的评价。

当埃格蒙特伯爵绝望地问道，如何才能最好地为国王服务时，他得到的回答是："服从他。"然而，低地国家的人民并不钟爱西班牙式的"服从"。英格兰女王伊丽莎白一世的首席国务秘书弗朗西

图 以非写实手法画的贵族协会。图画上方希伯来字母拼写的"上帝"赋予了这一刻一种宗教色彩。图画来自阿德里安·瓦勒留斯(Adriaen Valerius)于1626年出版的《尼德兰纪念歌》(Nederlandtsche Gedenck-clanck)的插图。乞丐的包上是奥伦治亲王威廉的盾形纹章

斯·沃尔辛厄姆(Francis Walsingham),曾经收到一封匿名信,内容有关联省共和国寻找国家首脑的情况。信中写道:"那些城镇希望能有一位君主来服从于他们,而不是他们服从于君主。"这句话道出了许多实情。当奥地利大公马蒂亚斯接受起义省份三级会议的邀请担任尼德兰总督时,受到了严格的限制,尼德兰的这种制度已经基本符合君主立宪制的所有特征。奥伦治亲王威廉在担任荷兰伯爵的授权仪式上接受的限制君主权力的条件,与奥地利大公马蒂亚斯所接受的几乎是一样的。虽然出身于低地国家南部的高级贵族家

庭,但奥伦治亲王威廉并不认为自己的身份和能力高贵、强大到不能成为贵族、市民和农民的领袖。因此,人们很容易得出这样的结论:奥伦治亲王威廉实际上准备成为一位服从于臣民、为群体服务的君主。正是这些对君主权力的限制,奠定了现代比利时王国和荷兰王国这两大君主国的基石。

大事编年

1555 10月25日 尼德兰君主查理五世退位。

1557 西班牙宣布国家破产。

1559 4月3日 西班牙和法兰西缔结《卡托–康布雷齐和约》。

5月12日 教皇将尼德兰设为独立的教会省。

8月25日 腓力二世前往西班牙。

1561—1562 高级贵族因在国家政府中缺乏影响力而不满。

1563 奥伦治亲王、埃格蒙特伯爵和霍恩伯爵反对总督玛格丽特（帕尔马的）的顾问格兰维尔。

1564 3月 格兰维尔被撤职。

1565 1月到4月 埃格蒙特伯爵作为反对派代表觐见国王腓力二世。

10月 塞戈维亚森林的来信；腓力二世坚持更严酷地迫害异端。

1566 3月14日 安东·范·斯特拉伦平息了安特卫普的骚乱。[*]

4月5日 贵族协会呈递请愿书。他们自称"乞丐"；总督玛

---

[*] 原书列在"1577年"下，据核，应为1566年。——编者注

格丽特（帕尔马的）承诺会采取温和手段，新教徒回归。

8月10日　佛兰德的圣像破坏运动开始。

8月23日　玛格丽特（帕尔马的）允许新教传教，贵族协会被解散。

11月29日　腓力二世派阿尔瓦公爵恢复尼德兰的秩序。

1567　1月　图尔奈被政府军占领。

3月13日　乞丐的军队在奥斯特维尔被击败。

3月24日　瓦朗谢讷再次被政府军占领。

4月　奥伦治亲王威廉返回迪伦堡。

8月　阿尔瓦公爵到来。

9月9日　埃格蒙特伯爵和霍恩伯爵被捕。

1568　5月23日　路易（拿骚的）在海利赫莱击败了西班牙军队。

6月5日　埃格蒙特伯爵和霍恩伯爵在布鲁塞尔被斩首。

7月21日　路易（拿骚的）在耶姆古姆战役中被阿尔瓦公爵击败。

10月　奥伦治亲王威廉进攻失败。

1569　阿尔瓦公爵想开征什一税，结果遭到强烈抵制。

1572　4月1日　海上乞丐占领布里尔。

5月24日　路易（拿骚的）占领埃诺的蒙斯。

6月至7月　起义在荷兰为主的地区蔓延。

7月9日　霍林赫姆的殉道者在布里尔被绞死。

8月23—24日　法兰西的圣巴托罗缪惨案终结了胡格诺派援助的希望。

8月至9月　奥伦治亲王威廉第二次出师不利。唐·法德里克·德·托莱多展开对梅赫伦、聚特芬和纳尔登的惩罚性远征。

12月　唐·法德里克·德·托莱多围攻哈勒姆。

1573　7月12日　唐·法德里克·德·托莱多占领了哈勒姆并处决了驻守的士兵。

10月8日　胜利从阿尔克马尔开始。

10月11日　乞丐的舰队在须得海取得一次胜利。

10月14日　阿尔瓦公爵的总督职务由雷克森斯接替。*

1574　1月27日　乞丐的舰队在莱默斯瓦尔击败皇家舰队。

2月9日　蒙德拉贡把米德尔堡交给亲王。

4月14日　路易（拿骚的）和其弟亨利（拿骚的）死于莫克战役。

10月3日　莱顿城解围。

1575　3月　布雷达和平谈判失败。

---

* 原书列在"10月8日"后，据正文"须得海战战败三天之后"改为"10月14日"。——编者注

大事编年

7月11日　荷兰议会授予奥伦治亲王威廉最高权威。

8月8日　西班牙在奥德瓦特的暴行。

9月1日　西班牙第二次宣布国家破产。

1576　3月5日　雷克森斯死亡。

6月29日　济里克泽向西班牙投降。

夏：西班牙军队数年未获报酬后兵变。

布拉班特召集三级会议。

11月8日　《根特协定》，各省联手把西班牙军队赶出。

1577　1月9日　第一次布鲁塞尔联盟——在和平进程中更紧密的天主教联盟。

2月12日　随着《永久敕令》的颁布，新总督唐·胡安批准了《根特协定》，并将外国军队逐出国门。

9月23日　奥伦治亲王威廉入主布鲁塞尔；贵族们此前曾邀请奥地利大公马蒂亚斯担任总督。

12月10日　第二次布鲁塞尔联盟，现在更加宽容。

1578　1月31日　三级会议的军队在让布卢败于皇家军队。

2月　根特激进的加尔文宗在佛兰德发起攻势。

奥伦治亲王威廉提议宗教宽容：一地只要有100个以上的家庭要求，就允许新教徒和天主教徒自由地实践他们的宗教。

10月1日　唐·胡安去世，帕尔马王子亚历山大·法尔内塞继任。

1579　1月6日　阿图瓦和埃诺在阿拉斯天主教同盟中联合起来。

　　　1月23日　乌得勒支同盟结成。

　　　5月　科隆和谈开始，无果。

　　　6月29日　法尔内塞占领马斯特里赫特。

1580　3月15日　腓力二世宣布奥伦治亲王威廉为"叛徒"。

　　　9月29日　三级会议和安茹公爵弗朗索瓦达成协议，安茹公爵弗朗索瓦被授予"尼德兰自由保卫者"的称号。腓力二世征服葡萄牙，迫使法尔内塞无所作为。

1581　7月26日　起义各省的议会宣布废黜腓力二世的君主之位。

　　　安特卫普和布鲁塞尔禁止天主教信仰。

1582　2月19日　安茹公爵弗朗索瓦入主布拉班特。

　　　3月18日　刺杀奥伦治亲王威廉失败。

　　　8月　安茹公爵弗朗索瓦入主佛兰德。

　　　秋：法军进入尼德兰。

1583　1月18日　安特卫普爆发政变"法兰西人的狂怒"——奥伦治亲王威廉的对法政策被质疑。

　　　法尔内塞继续前进。

1584　7月10日　奥伦治亲王威廉在代尔夫特被谋杀。

　　　法尔内塞占领了佛兰德的主要城镇。

1585年　法尔内塞占领布鲁塞尔和安特卫普。

　　　　8月20日　英格兰女王伊丽莎白一世支持起义各省。

　　　　11月13日　莫里斯（拿骚的）成为荷兰和泽兰的执政。

1586　1月　莱斯特伯爵成为叛乱省份的总督；他的政权失败了。

　　　　3月16日　奥尔登巴内费尔特本人被任命为荷兰省议会议长。

1587　莱斯特伯爵离开；联省共和国事实上独立。

1588　夏：西班牙无敌舰队在与英军的战斗和风暴中遭受重大损失。

1590　国王腓力二世部署法尔内塞在战场上对抗法兰西人。

　　　　3月4日　布雷达泥炭驳船；莫里斯（拿骚的）和威廉·路易（拿骚的）成功发起进攻。

1592　12月3日　法尔内塞去世。

1594　格罗宁根成为共和国第七个省。

1596　6月21日—7月5日　英荷联合舰队在加的斯犯下暴行。

　　　　阿尔贝特大公占领加来和许尔斯特。

1597　1月24日　联省共和国在蒂伦豪特骑兵战斗中胜利。

1598　腓力二世把尼德兰作为女儿伊莎贝尔的嫁妆。腓力二世去世，其子腓力三世继位。

1599　阿尔贝特大公和大公夫人伊莎贝尔在布鲁塞尔接受权力。

1600　尼乌波特战役。

1601—1604　奥斯坦德之围，为大公夫妇攻占此地。

1602　荷兰东印度公司成立。

1605—1606　斯皮诺拉占领了共和国东部的奥尔登扎尔和赫龙洛。

1609—1621　《十二年停战协定》。

1618　莫里斯（拿骚的）发动反对"抗议派"（阿明尼乌派）的政变。

1619　5月13日　奥尔登巴内费尔特在海牙的国会内庭被斩首。

1620　5月31日　威廉·路易（拿骚的）去世。

1621　4月9日　《十二年停战协定》到期，经济战开始。

　　　6月3日　三级会议向西印度公司颁发特许状。

　　　7月21日　阿尔贝特大公去世，伊莎贝尔继续担任总督。

　　　腓力三世去世，腓力四世继位。

　　　从现在起，共和国遭受了敦刻尔克私掠船造成的严重损失。

1622　斯皮诺拉围攻贝亨奥普佐姆未果。

1625　4月23日　莫里斯（拿骚的）去世；弗雷德里克·亨利继位。

　　　5月31日　斯皮诺拉占领布雷达。

1627　8月20日　弗雷德里克·亨利占领赫龙洛；河流以北的所有领土现在都重回共和国统治之下。

1628　皮特·海因俘获白银舰队。

1629　弗雷德里克·亨利占领斯海尔托亨博斯；通过占领韦瑟尔，击退了敌人越过艾瑟尔河的一次危险入侵。

1631　9月10日　斯拉克战役——西属尼德兰舰队在约翰（拿骚-锡根的）的指挥下大败。

1632　弗雷德里克·亨利沿马斯河（默兹河）发起战役，芬洛、鲁

　　　　　尔蒙德和马斯特里赫特被占领。

　　　　　自1600年以来,三级会议第一次在西属尼德兰召开。

1633　12月1日　伊莎贝尔去世。

1634　奥地利的斐迪南被任命为西属尼德兰总督。联省共和国与法兰西缔结了攻防同盟。

1635　6月10日　弗雷德里克·亨利和法兰西人占领了蒂嫩;军队犯下暴行。

　　　7月26日　皇家军队攻占申肯尚斯堡;西班牙阵营欢欣鼓舞。

1636　4月30日　威廉(拿骚-锡根的)再次占领申肯尚斯。

1637　10月10日　弗雷德里克·亨利占领布雷达。

1638　6月　卡洛的联省共和国议会军惨败。

1639　马尔滕·哈珀特松·特龙普在唐斯击败第二支西班牙无敌舰队。

1640　加泰罗尼亚和葡萄牙的起义给西班牙带来压力。

1641　7月27日　弗雷德里克·亨利占领亨讷普。

　　　11月9日*　奥地利的斐迪南去世。

1644　7月29日　法兰西军队占领格拉沃利讷。

　　　9月5日　弗雷德里克·亨利占领萨斯范亨特。

1645　11月4日　弗雷德里克·亨利占领许尔斯特。

---

*　原文为"11月6日",据核,应为11月9日。——编者注

1646　法兰西人占领敦刻尔克；弗雷德里克·亨利放弃对芬洛的围攻。

1647　3月14日　弗雷德里克·亨利去世。其子威廉二世继位。

1648　5月15日　《明斯特和约》签署。

注　释

在参考文献中，有大量出自 *De Bello Belgico* 的引文，这是莱顿大学关于八十年战争这一主题的网站 (http://dutchrevolt.leiden.edu)。这个网站提供了约1500个荷兰语条目及少量其他语种的条目。相关注解直接引用网站相应的部分而非具体的链接，因为在相应部分能找到更多的信息。如注10：http://dutchrevolt.leiden.edu > *Geografie* > *Antwerpen*。

1　"近处之地"

1　Friedrich Schiller, *Geschichte des Abfalls der vereinigten Niederlande von der Spanischen Regierung* (Leipzig, 1788), p. 26: "欧洲的一个新国家，除了名字以外什么都有"（'ein neuer Staat in Europa, dem nichts als der Name fehlte'）; J. Huizinga, 'Uit de voorgeschiedenis van ons nationaal besef', in Huizinga, *Verzamelde Werken*, 9 vols (Haarlem, 1948–53), vol. II, p. 125; Alastair Duke, *Dissident Identities in the Early Modern Low Countries*, ed. Judith Pollmann and Andrew Spicer (Farnham, 2009), 尤其是第一章"难以捉摸的尼德兰"（'Elusive Netherlands'）。

2　"执政"（stadtholder, 荷兰语 *stadhouder*) 在一个或多个省中代表国王，并具有相关权利。这个术语很难翻译。法语中常用 *gouverneur* 一词来译。

3　"province"一词需要一些解释。我们使用这个术语是因为没有一个通用术语来指称公国、伯国和领地。不过，该词不用于勃艮第公爵统治期间，直到查理五世统治时期才被经常使用。在我看来，历史学家对这一敏感的区别关注不够，往往只是为了省事而不规范地使用该词。

4　*De blijde inkomst van de hertogen van Brabant Johanna en Wenceslas*, ed. Ria van Bragt (Leuven, 1956).

5 J. H. Elliott, 'A Europe of Composite Monarchies', *Past and Present*, CXXXVII (1992).

6 Dagmar Eichberger, *Dames met klasse: Margareta van York, Margareta van Oostenrijk* (Leuven, 2005); Jacqueline Kerkhoff, *Maria van Hongarije en haar hof: 1505–1558* ([Amsterdam], 2005).

7 Anton van der Lem,'Menno Simons in de Nederlandse geschiedschrijving', *Doopsgezinde Bijdragen*, 22 (1996), pp. 10–19; S. Zijlstra, *Om de ware gemeente en de oude gronden: Geschiedenis van de dopersen in de Nederlanden 1531–1675* (Hilversum and Leeuwarden, 2000).

8 关于这些敏感的问题,以及德国、比利时和荷兰历史学家对这些问题的不同解释,参Monique Weis, *Les Pays-Bas espagnols et les états du Saint Empire (1559–1579): Priorités et enjeux de la diplomatie en temps de troubles* (Brussels, 2003), Chapter Two。

9 M. J. Rodríguez-Salgado, *The Changing Face of Empire: Charles V, Philip II and Habsburg Authority, 1551–1559* (Cambridge, 1988, repr. 2008), p. 7: *sosiego*,西班牙语,冷静、沉着之意。

10 Calvete de Estrella, *El felicíssimo viaje del muy alto y muy poderoso príncipe don Phelippe* (Madrid, 2001) . The three editions, all in Leiden University Library, are mentioned at http://dutchrevolt.leiden.edu > *Geografie* > *Antwerpen*.

2 难题

1 M. J. Rodríguez-Salgado, *The Changing Face of Empire: Charles V, Philip II and Habsburg Authority, 1551–1559* (Cambridge, 1988, repr. 2008), p. 126: 'Contemporaries were aghast'.

2 Louis-Prosper Gachard, *Retraite et mort de Charles-Quint au monastère de Yuste* (Brussels, 1854), p. 78.

3 Manuel Fernández Alvarez, *Charles V: Elected Emperor and Hereditary Ruler* (London, 1975), pp. 167–9.

4 Harry Kelsey, *Philip of Spain King of England:The Forgotten Sovereign* (London, 2012), pp. 79 (marriage), 101–2 (Catholicism restored), 103 (summoned to Brussels) and 111

(phantom pregnancy).

5 Olaf Mörke, *Wilhelm von Oranien, 1533–1584: Fürst und 'Vater' der Republik* (Stuttgart, 2007), pp. 57–8.

6 Prudencio de Sandoval, *Historia de la vida y hechos del emperador Carlos V*, 2 vols (Pamplona, 1618–19), vol. II, pp. 806–7.

7 M. van Durme, *Antoon Perrenot, bisschop van Atrecht, kardinaal van Granvelle, minister van Karel V en van Filips II (1517–1586)* (Brussels, 1953), p. 150.

8 Rodríguez-Salgado, *The Changing Face of Empire*, p. 129.

9 Ibid., p. 132. 她不同意盖查德认为查理确实有影响力的观点。

10 Rodríguez-Salgado, *The Changing Face of Empire*, pp. 235–6; Van Durme, *Antoon Perrenot*, p. 157.

11 Rodríguez-Salgado, *The Changing Face of Empire*, p. 236.

12 James B. Tracy, *Holland under Habsburg Rule, 1506–1566:The Formation of a Body Politic* (Berkeley, ca, 1990), pp. 123–4, 132.

13 Ibid., pp. 183, 186.

14 Ibid., pp. 140, 181.

15 P. D. Lagomarsino,'Court Factions and the Formulation of Spanish Policy towards the Netherlands, 1559–1567', PhD thesis, University of Cambridge, 1973, p. 324.

16 Marjolein C.'t Hart, *The Dutch Wars of Independence: Warfare and Commerce in the Netherlands, 1570–1680* (Abingdon, 2014), pp. 150–51.

17 Tracy, *Holland under Habsburg Rule*, p. 176.

18 Rodríguez-Salgado, *The Changing Face of Empire*, p. 192.

19 Ibid., p. 128.

20 Ibid., p. 160.

21 Geoffrey Parker, *The Grand Strategy of Philip II* (New Haven, ct, 1998), p. 89.

22 Kelsey, *Philip of Spain*, p. 131.

23 Rodríguez-Salgado, *The Changing Face of Empire*, p. 179.

24 Kelsey, *Philip of Spain*, p. 149.

25 根据公认的国际惯例引用尼德兰和法国的城镇名称（如安特卫普、布鲁塞尔、敦刻尔克、伊普尔、海牙)。另外,涉及说荷兰语的低地国家,使用城镇的荷兰语名字;而在法语区,使用城镇的法语名。

26 Braudel, Fernand, *La Méditerranée et le monde méditerranéen à l'époque de Philippe II*, 2 vols (Paris, 1966); English translation: *The Mediterranean and the Mediterranean World in the Age of Philip II*, 2 vols (NewYork and London, 1972–3).

27 Rodríguez-Salgado, *The Changing Face of Empire*, pp. 329–30; William of Orange, *The Apologie of William of Orange against the Proclamation of the King of Spaine*, edited after the English edition of 1581 by H. Wansink (Leiden, 1969), p. 61.

28 Rodríguez-Salgado, *The Changing Face of Empire*, Chapter Seven: 'Rebellion in the Spanish Realms'.

29 Rodríguez-Salgado, *The Changing Face of Empire*, p. 173; Kelsey, *Philip of Spain*.

30 Peter Arnade, *Beggars, Iconoclasts, and Civic Patriots: The Political Culture of the Dutch Revolt* (Ithaca, NY, 2008), p. 60. For Margaret: Charlie R. Steen, *Margaret of Parma: A Life* (Leiden, 2013).

31 反驳意见,参Michel Baelde, *De Collaterale Raden onder Karel V en Filips II (1531–1578): Bijdrage tot de geschiedenis van de centrale instellingen in de zestiende eeuw* (Brussels, 1965)。For Baelde himself, see http://dutchrevolt.leidenuniv.edu/dutch: *Geschiedschrijvers > Baelde*. See also Tracy, *Holland under Habsburg Rule*, p. 177: "谣言,现在正被历史学家们所认可。"('rumors, not now credited by historians')

32 Henri Pirenne,*Histoire de Belgique*, 7vols(Brussels,1923–32),vol.IV,p.54.

33 Parker, *The Grand Strategy*, p. 117.

34 A. C. Duke, *Reformation and Revolt in the Low Countries* (London, 1990), p.71.

35 William Monter,'Heresy Executions in Reformation Europe,1520–1565', in Ole Peter Grell and Bob Scribner, *Tolerance and Intolerance in the European Reformation* (Cambridge, 1996), p. 49.

36 Hugo de Groot, *Kroniek van de Nederlandse Oorlog:De Opstand* 1559–1588, trans. and epilogue Jan Waszink (Nijmegen, 2014), vol. I, par. 30.

37 J. J.Woltjer, *Friesland in Hervormingstijd* (Leiden, 1962), pp. 90–104.

38 See http://dutchrevolt.leiden.edu > *Bronnen (1559) > Super universas: de paus maakt*

de Nederlanden tot een zelfstandige kerkprovincie.
39 1570年3月3日,禁止尼德兰人出国留学的法令颁布。当然,在实践中这是不可能强制执行的。
40 Postma, 'Nieuw licht op een oude zaak: De oprichting van de nieuwe bisdommen in 1559', *Tijdschrift voor Geschiedenis*, 103 (1990), p. 22.
41 Geoffrey Parker, *The Dutch Revolt* (London, 1977), p. 283, n. 24; Gustaaf Janssens, *Brabant in het verweer: Loyale oppositie tegen Spanje's bewind in de Nederlanden van Alva tot Farnese 1567–1578* (Kortrijk and Heule, 1988), p. 110.
42 K. W. Swart, 'The Black Legend During the Eighty Years' War', in *Britain and the Netherlands*, vol. V, ed. J. S. Bromley and E. H. Kossmann (The Hague, 1975).
43 Werner Thomas, *La represión del protestantismo en España 1517–1648* and *Los protestantes y la Inquisición en España en tiempos de Reforma y Contrarreforma* (Leuven, 2001).
44 Rodríguez-Salgado, *The Changing Face of Empire*, p. 219.
45 Lagomarsino, 'Court Factions', pp. 42, 76–7.
46 Gerard van der Kooi, *De Wynberch des heren: Godsdienstige veranderingen op Texel 1514–1572* (Hilversum, 2005), pp. 278–9, 175.
47 Liesbeth Geevers, *Gevallen vazallen: De integratie van Oranje, Egmont en Horn in de Spaans-Habsburgse monarchie (1559–1567)* (Amsterdam, 2008), p. 94:奥伦治亲王真的写了这封信,但埃格蒙特伯爵一个月都没寄,因为没有信使!最终这封信于8月25日由紧急信使送到宫廷,并附有埃格蒙特伯爵的一份照会。吉弗斯(Geevers)强调,这封信必须通过温和派代表弗朗西斯科·德·埃拉索交给国王,并由他亲自向国王解释。
48 Ibid., pp. 104ff.埃格蒙特伯爵用私人信使寄出这封信,不是给埃拉索,而是给查尔斯·德·蒂斯纳克(Charles de Tisnacq),即国王的尼德兰事务顾问。蒂斯纳克没有解释就把信寄了出去。
49 Arnade, *Beggars, Iconoclasts and Civic Patriots*, p. 63; H.F.K. van Nierop, 'A Beggar's Banquet: The Compromise of the Nobility and the Politics of Inversion', *European History Quarterly*, XXI (1991), p. 433.

50 Lagomarsino, 'Court Factions', pp. 60, 75.
51 他当然是用法语说的这些话。Florentius van der Haer, *De initiis tumultuum Belgicorum* (Douai, 1587), pp. 186–7; Lagomarsino, 'Court Factions', p. 91: "坦率地谈到良心自由。"关于此问题的概述，见 http://dutchrevolt.leiden.edu > *Bronnen* > 1564 > *Willem van Oranje spreekt de Raad van State toe*。
52 在1562年10月6日写给腓力二世的信中。多亏古斯塔夫·汉森斯 (Gustaaf Janssens)，他看到了原作。加查德 (Gachard) 将其总结如下: 'Jusqu'ici la conduite personnelle du prince d'Orange en matière de religion est irrépréhensible' (Louis-Prosper Gachard, ed., *Correspondance de Philippe II sur les affaires des Pays-Bas* (Brussels, 1848–79), vol. I, p. 218)。
53 Lagomarsino, 'Court Factions', p. 99.
54 Ibid., p. 119.
55 Ibid., pp. 173–81.
56 Ibid., pp. 186–200.
57 在尼德兰，他通常被称为帕尔马，而在比利时，他则被称为法尔内塞。我们在这里用帕尔马。这里，"prince"这个头衔指的不是一个王国的君主，而是一个君主的儿子。
58 Enno van Gelder, *Van beeldenstorm tot pacicatie: Acht opstellen over de Nederlandse revolutie der zestiende eeuw* (Amsterdam, 1964); H.F.K. van Nierop, *Van ridders tot regenten: De Hollandse adel in de zestiende en de eerste helft van de zeventiende eeuw*, 2nd edn (Amsterdam, 1990).
59 Arlette Jouanna, *Le Devoir de révolte: La noblesse française et la gestation de l'État moderne,* 1559–1661 (Paris, 1989), p. 178.
60 Pirenne, *Histoire de Belgique*, vol. III, p. 420.
61 Ibid., p. 245.
62 Parker, *The Dutch Revolt*, p. 76.
63 Ibid., pp. 76–8.
64 Pirenne, *Histoire de Belgique*, vol. III, p. 468.
65 Otto J. de Jong, *Beeldenstormen in de Nederlanden* (Groningen, 1964), p. 6; Hans

Cools,'De Beeldenstorm in de Nederlanden', http://dutchrevolt.leiden.edu > *Begrippen* > *Beeldenstorm*.

66 Jurjen Vis,'Tot meerdere eer en glorie van God. Kunst en muziek in en om de kerk', in *Geschiedenis van Alkmaar*, ed. Diederik Aten et al. (Zwolle, 2007), pp. 178–9.

67 关于各种理论的概述，参Judith Pollmann,'Countering the Reformation in France and the Netherlands: Clerical Leadership and Catholic Violence, 1560–1585', *Past and Present: A Journal of Scientific History*, cxc (2006), pp. 84, 89, and *Catholic Identity and the Revolt of the Netherlands, 1520–1635* (Oxford, 2011)。

68 Pollmann, *Catholic Identity*, p. 72.阿姆斯特丹的大学图书馆里有一份请愿书的印刷本。

69 Christin,'France et Pays-Bas:Le second iconoclasme', in *Iconoclasme:Vie et mort de l'image médiévale*, ed. Cécile Dupeux et al. (Zurich, 2001), p. 57.

70 Lagomarsino,'CourtFactions',p.244: "腓力吓得不知所措。"

71 See also C. Rooze-Stouthamer, *De opmaat tot de Opstand: Zeeland en het centraal gezag (1566–1572)* (Hilversum, 2009), pp. 46ff.约翰·马尼克斯和他的部队在攻占瓦尔赫伦岛拉梅肯斯堡时大败，铩羽而归。

3 被检验的忠诚

1 Geoffrey Parker, *The Dutch Revolt* (London, 1977), p. 86.

2 P. D. Lagomarsino,'Court Factions and the Formulation of Spanish Policy towards the Netherlands, 1559–1567', PhD thesis, University of Cambridge, 1973, p. 245; W. S. Maltby, *Alba: A Biography of Fernando Alvarez de Toledo,Third Duke of Alba,* 1507–1582 (Berkeley and Los Angeles, CA, 1983), p. 131.

3 本章提及的所有西班牙人都可以在这里找到: http://dutchrevolt.leiden.edu > *Personen*。

4 Maltby, *Alba*, p. 124. Lagomarsino,'Court Factions', p. 27，认为阿尔瓦派是在推动战争和外交，而埃沃利派则是在关注自身的财政状况。Henry Kamen, *The Duke of Alba* (New Haven, ct, 2004), pp. 38 and 56，声称派系之间没有意识形态上的分歧。

5 Kamen, *Duke of Alba*, p. 72.

6 Maltby, *Alba*, pp. 138–9.

7 Geoffrey Parker, *The Army of Flanders and the Spanish Road,* 1567–1659, 2nd edn (Cambridge, 2004).

8 Friedrich Schiller, *Geschichte des Abfalls der vereinigten Niederlande von der Spanischen Regierung* (Leipzig, 1788), p. 263.

9 Fruin,'Willem de Zwijger', in Fruin, *Verspreide Geschriften,* 10 vols (The Hague, 1900–1905), vol. VIII, p. 407, from Anonymous, *Pandorae sive Veniae Hispanicae Belgicis exulibus* (n.p., 1574), vol. VI: 'Si (inquit) astutus Guilielmus evasit, non erunt solida gaudia.' 后来这话被错误地当成出自格兰维尔之口。

10 See also http://dutchrevolt.leiden.edu > *Spreuken* > *Zwijger*.

11 Andrew Pettegree, *Emden and the Dutch Revolt: Exile and the Development of Reformed Protestantism* (Oxford, 1992).对于侨民的概况，参Johannes Martin Müller, *Exile Memories and the Dutch Revolt:The Narrated Diaspora,* 1550–1750 (Leiden, 2014)。

12 Karel Bostoen,'Waar kwam de Historie van B. Cornelis (1569) van de pers? Het spoor terug naar plaats van uitgave, boekverkoper en boekdrukker', *Handelingen van het Genootschap voor Geschiedenis te Brugge,* cli (2014), pp. 65–111.Theme issue *Dutch Crossing*.

13 Louis Paul Boon, *Het Geuzenboek* (Amsterdam, 1979); M. Backhouse, *Beeldenstorm en bosgeuzen in het westkwartier (1566–1568): Bijdrage tot de geschiedenis van de godsdiensttroebelen der Zuidelijke Nederlanden in de xvie eeuw* (Kortrijk, 1971).

14 Maltby, *Alba*, pp. 148–9.其中最突出的官员：一边是阿尔瓦公爵的秘书胡安·德·阿尔沃诺斯（Juan de Albornoz）和他的密友，腐败的操纵者弗朗西斯科·德·利克斯尔德（Francisco de Lixalde）；另一边是军需官弗朗西斯科·德·伊瓦拉（Francisco de Ibarra）和腓力二世在安特卫普的财政官赫罗尼莫·德·库列尔（Gerónimo de Curiel）。后者在一天晚上离开阿尔瓦公爵在布鲁塞尔的住所后被刺伤。

15 Maltby, *Alba*, pp. 147–8.

16 Julie Versele, *Louis del Río (1537–1578): Reflets d'une période troublée* (Brussels, 2004).

17 Gustaaf Janssens, *Brabant in het verweer: Loyale oppositie tegen Spanje's bewind in de*

Nederlanden van Alva tot Farnese 1567–1578 (Kortrijk and Heule, 1988), p. 146.

18 Gustaaf Janssens, 'The Duke of Alba:Governor of the Netherlands in Times of War', in *Alba*, ed. Maurits A. Ebben et al. (Rotterdam, 2013), p. 98.

19 Monique Weis, *Les Pays-Bas espagnols et les états du Saint Empire(*1559–1579*): Priorités et enjeux de la diplomatie en temps de troubles* (Brussels, 2003).

20 Johan Brouwer, *Philips Willem, de Spaansche prins van Oranje* (Zutphen, 1940).

21 A.Th. van Deursen, *Mensen van klein vermogen: Het kopergeld van de Gouden Eeuw* (Amsterdam, 1991), p. 193.

22 Marijke van de Vrugt, *De Criminele ordonnantiên van 1570: Enkele beschouwingen over de eerste strafrechtcodificatie in de Nederlanden* (Zutphen, 1978).

23 Paul Scholten, 'Christelijke vrijheid en Nederlanderschap', in H. B. Wiardi Beckman, B. M. Telders and Paul Scholten, *Den Vaderlant ghetrouwe* (Haarlem, 1940), p. 45: 'liberteyt van religie en conscientie'; Kamen, *Duke of Alba*, p. 87.

24 W. Bergsma, *Tussen Gideonsbende en publieke kerk: Een studie over het gereformeerd protestantisme in Friesland,* 1580–1650 (Hilversum, 1999), p. 260.

25 Maltby, *Alba*, pp. 161–2. 2014年初，媒体上出现了一些骚动，称在达勒姆（今德国达尔海姆，位于荷兰鲁尔蒙德以东）发现了一场"遗失"的战斗。奥伦治军队的这场败仗当然是众所周知的；see J. Presser et al., *De Tachtigjarige Oorlog* (Amsterdam, 1941), p. 46："我们甚至还没有提到德·比列尔斯（de Villers）和科克维尔（Coqueville）[奥伦治亲王的将军]在[军事行动]方面的小型行动。"; I. L. Uijterschout, *Beknopt overzicht van de belangrijkste gebeurtenissen uit de Nederlandsche krijgsgeschiedenis van* 1568 *tot heden* (Kampen,[1935]), pp. 18–19，没有提及失败，因为他特别希望战争旗开得胜。

26 Maltby, *Alba*, pp. 162–3.

27 Jasper van der Steen, *Memory Wars in the Low Countries,* 1566–1700 (Leiden, 2014), Chapter One.

28 Anton van der Lem, 'Echos de la Révolte: Montaigne et les Pays-Bas du xvie siècle', in *Montaigne and the Low Countries (*1580–1700*)*, ed. Paul J. Smith and Karel A. E. Enenkel (Leiden, 2007), pp. 47–62.

29 Van Deursen, *Mensen van klein vermogen*, p. 236.
30 Erik Swart, *Krijgsvolk: Militaire professionalisering en het ontstaan van het Staatse leger,* 1568–1590 (Amsterdam, 2006), p. 130.
31 Maltby, *Alba*, p. 178. See also René Quatrefages,'Alba Cunctator', in *Alba*, ed. Ebben et al.
32 P. J. Blok, *Willem de Eerste, prins van Oranje*, 2 vols (Amsterdam, 1919–20), vol. I, p. 192.
33 H. Klink, *Opstand, politiek en religie bij Willem van Oranje 1559–1568: Een thematische biografie* (Heerenveen, 1997), 试图用加尔文宗抵抗的理论来解释奥伦治亲王威廉的战斗, 但很明显这就是为什么作者局限在列日城围攻这场与冲突无关的战争上, 使人们误解了他的论点, 毕竟, 这个论点是以对主题的广泛了解为基础的。奥伦治亲王威廉直到1573年才参加圣餐礼, 且直到后来也没有声张。16世纪70年代末, 亲王在布鲁塞尔期间, 又再度参加天主教弥撒。
34 Ad den Besten, *Wilhelmus van Nassouwe: Het gedicht en zijn dichter* (Leiden, 1983). English edition: *The Beehive of the Romish Church*, translated from Dutch to English by George Gilpin the Elder (London, 1598).
35 Eberhard Nehlsen, *Wilhelmus von Nassauen: Studien zur Rezeption eines niederländischen Liedes im deutschsprachigen Raum vom 16. bis 20. Jahrhundert* (Münster, 1993); Abraham Maljaars, *Het Wilhelmus: Auteurschap, datering en strekking: een kritische toetsing en nieuwe interpretatie* (Kampen, 1996).
36 Maltby, *Alba*, p. 181.
37 Nicolas le Roux,*Les Guerres de religion 1559–1629* (Paris,2009),p. 125; Hugues Daussy,'Louis de Nassau et le parti huguenot', in *Entre Calvinistes et Catholiques: Les relations religieuses entre la France et les Pays-Bas du Nord (XVIE–XVIIIE siècle)*, ed.Yves Krumenacker and Olivier Christin (Rennes, 2010), pp. 31–43.
38 Violet Soen, *Geen pardon zonder Paus!: Studie over de complementariteit van het koninklijk en pauselijk generaal pardon (1570–1574) en over inquisiteur-generaal Michael Baius (1560–1576)* (Brussels, 2007); *Vredehandel: Adellijke en Habsburgse verzoeningspogingen tijdens de Nederlandse Opstand (1564–1581)* (Amsterdam, 2012).

39 Ferdinand H. M. Grapperhaus, *Alva en de Tiende Penning* (Zutphen, 1982).
40 海上乞丐的突击地图参Petra Groen et al., eds, *De Tachtigjarige Oorlog: Van opstand naar geregelde oorlog* 1568–1648 (Amsterdam, 2013), pp. 50–51。
41 Parker, *The Dutch Revolt*, p. 133.
42 Maltby, *Alba*, p. 229，提到莫里利翁（Morillon），他给格兰维尔写信说，阿尔瓦公爵在遇到挫折时总是说这样的话。
43 Morillon, in Charles Piot, ed., *Correspondance du cardinal de Granvelle*, 1565–1583 (Brussels, 1877–96), vol. IV, p. 174，提及有八十人死亡。
44 Anton van der Lem, 'Den Briel: Sint-Catharinakerk; Watergeuzen veroveren Brielle, 1 april 1572', in *Plaatsen van herinnering: Nederland in de zeventiende en achttiende eeuw*, ed. Maarten Prak (Amsterdam, 2006); B. Hartmann, *De martelaren van Gorcum: Volgens het getuigenis van Guilielmus Estius geschreven in* 1572, trans., introduction and commentary B. Hartmann (Oegstgeest, 2009); Roy Tepe, *Oog in oog met de Martelaren van Gorcum. Catalogus bij de tentoonstelling in het Gorcums Museum* – 2012 (Gorinchem, 2012)，给出了最多细节。
45 J. J. Woltjer, *Tussen vrijheidsstrijd en burgeroorlog* (Amsterdam, 1994), p. 59.
46 Johanna K. Oudendijk, 'Den coninck van hispaengien heb ick altijt gheeert', in *Dancwerc: Opstellen aangeboden aan Prof.Dr. D.Th. Enklaar ter gelegenheid van zijn 65ste verjaardag* (Groningen, 1959), p. 272.
47 B. Hartmann, *De martelaren van Roermond in het kader van de politieke en kerkelijke situatie van hun tijd* (Oegstgeest, 2009).
48 Maltby, *Alba*, p. 237; Raymond Fagel, *Kapitein Julián: De Spaanse held van de Nederlandse Opstand* (Hilversum, 2011), p. 47.
49 *Declaration des jvstes causes du saccaigement de la ville de Mailine* (dated 4 October 1572) (n.p., [1572]); Pieter Chr. Bor, *Oorsprongk, begin en vervolgh der Nederlandsche oorlogen, beroerten, en borgerlyke oneenigheden etc.*, 4 vols (Amsterdam, 1679–84), vol. I, pp. 409–10; Kamen, *Duke of Alba*, p. 110.
50 A.C.J. de Vrankrijker, *De historie van de vesting Naarden*, 3rd edn (Haarlem and Naarden, 1978), pp. 45–53. See also Marianne Eekhout, *Material Memories of the*

Dutch Revolt: The Urban Memory Landscape in the Low Countries, 1566–1700 (Leiden, 2014).

51 Kamen, *Duke of Alba*, p. 116.
52 Maltby, *Alba*, p. 250.
53 Ibid., p. 259; Kamen, *Duke of Alba*, p. 117.
54 Maltby, *Alba*, p. 259.
55 Theodorus Velius, *Kroniek van Hoorn*, 2 vols (Hoorn, 2007), vol. II, p. 532. 为了更好地理解这一时期，推荐阅读此书的当代荷兰语译本，还可以参考 *Hadrianus Junius, Holland is een eiland* 的译本。
56 H.F.K. van Nierop, *Het foute Amsterdam* (Amsterdam, 2000).
57 真实情况见 Els Kloek, *Kenau en Magdalena: Vrouwen in de Tachtigjarige Oorlog* (Nijmegen, 2014), pp. 228–9。
58 Eekhout, *Material Memories*.
59 Maltby, *Alba*, p. 124.

4 尼德兰，分裂还是统一

1 Geoffrey Parker, *The Dutch Revolt* (London, 1977) 在后面的章节中讨论了第一次、第二次和第三次起义；Ferdinand H. M. Grapperhaus, *Alva en de Tiende Penning* (Zutphen, 1982), p. 280。

2 Marjolein C.'t Hart, *The Dutch Wars of Independence: Warfare and Commerce in the Netherlands,* 1570–1680 (Abingdon, 2014), p. 2；这整个部分都基于 Erik Swart, *Krijgsvolk: Militaire professionalisering en het ontstaan van het Staatse leger,* 1568–1590 (Amsterdam, 2006)。

3 P. Noordeloos, *Cornelis Musius (Mr Cornelius Muys): Pater van Sint Agatha te Delft: humanist, priester, martelaar* (Utrecht, 1955), 及 Ton Oosterhuis, *Lumey, de vossestaart: Admiraal van de Geuzen* (Amsterdam, 1996).

4 't Hart, *The Dutch Wars of Independence*, p. 42.

5 Ibid., p. 88. 这是士兵们每周的预付工资。每隔几个月，就会计算差额，然后士兵们会收到剩余的部分。然而，在实践中，他们常常不得不等待最终的结算。感谢 Erik

Swart提供的附加信息。

6 Marie-Ange Delen, *Het hof van Willem van Oranje* (Amsterdam, 2004).
7 它们之中,在荷兰北部的有阿尔克马尔、霍伦、恩克赫伊曾、梅登布利克、埃丹、蒙尼肯丹和皮尔默伦德,在荷兰南部的有布里尔、弗拉尔丁恩、鹿特丹、霍林赫姆和斯洪霍芬。
8 K. W. Swart, *William of Orange and the Revolt of the Netherlands,* 1572-84,有Alastair Duke and Jonathan I. Israel所写的介绍性章节; ed. R. P. Fagel, M.E.H.N. Mout and H.F.K. van Nierop (Aldershot, 2003), pp. 39-40。
9 *Catonis disticha moralia* (1, 27),古罗马政治家老加图的谚语,Dousa使用了伊拉斯谟的一个版本。
10 Karel Bostoen, *Hart voor Leiden: Jan van Hout (1542-1609), stadssecretaris, dichter en vernieuwer* (Hilversum, 2009), pp. 48-54.
11 Th.F. Wijsenbeek-Olthuis, *Honger* (Leiden, 2006).
12 't Hart, *The Dutch Wars of Independence*, pp. 103, 106.
13 Swart, *William of Orange*, p. 63.
14 Nettie Stoppelenburg, *De Oudewaterse moord* (Oudewater, 2005).
15 Swart, *William of Orange*, pp. 89-90.
16 Johan Brouwer, *Kronieken van Spaansche soldaten uit het begin van den Tachtigjarigen Oorlog* (Zutphen, 1933; 1980), p. 240.
17 Swart, *William of Orange*, p. 92.
18 N. M. Sutherland, 'The Foreign Policy of Queen Elizabeth, the Sea Beggars and the Capture of Brill, 1572', in Sutherland, *Princes, Politics and Religion,* 1547-1589 (London, 1984), pp. 183-206.关于英格兰对八十年战争的总体态度,见Hugh Dunthorne, *Britain and the Dutch Revolt,* 1560-1700 (Cambridge, 2013)。
19 Swart, *William of Orange*, p. 101.
20 Nicolas le Roux, *Les Guerres de religion* 1559-1629 (Paris, 2009), p. 203.
21 Swart, *William of Orange*, p. 109.
22 J. van Roey, *De val van Antwerpen 17 augustus* 1585 - *voor en na* (Antwerp, 1985), p. 30.

23　Parker, *The Dutch Revolt*, p. 178 引用了传统的数字 8000。现代的统计是 2500。

24　Hugo de Schepper, 'Belgium Nostrum' 1500–1650: *Over integratie en desintegratie van het Nederland* (Antwerp, 1987), pp. 5–6; De Schepper, *'Belgium dat is Nederlandt': Identiteiten en identiteitenbesef in de Lage Landen, 1200–1800: epiloog: Koninkrijk der Nederlanden, 1815–1830* (Breda, 2014).

25　Swart, *William of Orange*, p. 123.

26　Parker, *The Dutch Revolt*, p. 303, n. 16.

27　Guido Marnef, 'Het protestantisme te Brussel', pp. 293–40.

5　分裂的尼德兰

1　P.J.H. Ubachs, 'De Nederlandse religievrede van 1578', *Nederlands Archief voor Kerkgeschiedenis*, LXXVII (1997), pp. 41–61. 这 27 个城镇分别是阿尔斯特、安特卫普、博尔斯瓦德、布雷达、布鲁日、布鲁塞尔、代芬特尔、弗拉讷克、根特、格罗宁根、哈勒姆、哈灵根、斯海尔托亨博斯、坎彭、科特赖克、吕伐登、梅赫伦、蒙特福特、奈梅亨、奥德纳尔德、雷嫩、斯内克、乌得勒支、芬洛、迪尔斯泰德附近韦克、伊普尔和兹沃勒。

2　Henri Pirenne, *Histoire de Belgique*, 7 vols (Brussels, 1923–32), vol. IV, p. 61.

3　Ibid., p. 73.

4　Pieter Chr. Bor, *Oorsprongk, begin en vervolgh der Nederlandsche oorlogen, beroerten, en borgerlyke oneenigheden etc.*, 4 vols (Amsterdam, 1679–84), vol. I, pp. 893–6.

5　Guido Marnef, 'Het protestantisme te Brussel', pp. 250–51.

6　J. Decavele, *Het einde van een rebelse droom: Opstellen over het calvinistisch bewind te Gent (1577–1584) en de terugkeer van de stad onder de gehoorzaamheid van de koning van Spanje*[17 September 1584](Ghent, 1984), p. 40.

7　Pirenne, *Histoire de Belgique*, vol. IV, p. 109.

8　Ferdinand H. M. Grapperhaus, *Convoyen en licenten* (Zutphen, Deventer, 1986).

9　J. H. Kernkamp, *De handel op den vijand*, 2 vols (Utrecht, 1931–[35]).

10　K. W. Swart, *William of Orange and the Revolt of the Netherlands, 1572–84*, 有 Alastair Duke and Jonathan I. Israel 所写的介绍性章节; ed. R. P. Fagel, M.E.H.N. Mout and

H.F.K. van Nierop (Aldershot, 2003), p. 158。

11 Decavele, *Het einde van een rebelse droom*, p. 50.

12 Pirenne, *Histoire de Belgique*, vol. IV, pp. 140–41.

13 Ibid., vol. IV, p. 147.

14 Hugo de Schepper, *'Belgium Nostrum'* 1500–1650: *Over integratie en desintegratie van het Nederland* (Antwerp, 1987), p. 18.

15 Geoffrey Parker, *The Dutch Revolt* (London, 1977), p. 202.

16 De Schepper, *Belgium nostrum*, p. 19.

17 Parker, *The Dutch Revolt*, p. 195.

18 Francisco Verdugo, *Voor God en mijn koning: Het verslag van kolonel FranciscoVerdugo over zijn jaren als legerleider en gouverneur namens Filips II in Stad en Lande van Groningen, Drenthe, Friesland, Overijssel en Lingen (*1581–1595*)*, Jan van den Broek的介绍、翻译和注解 (Assen, 2009)。

19 Guido Marnef, *Het calvinistisch Bewind te Mechelen (*1580–1585*)* (Kortrijk and Heule, 1988), p. 117.

20 Swart, *William of Orange*, p. 197.

21 Parker, *The Dutch Revolt*, p. 208.

22 Marnef, *Het calvinistisch bewind te Mechelen*, pp. 189, 298.

23 Swart, *William of Orange*, p. 227.

24 Ibid., p. 201.

25 Ibid., p. 250.

26 J.P.A. Coopmans,'De huldigingsvoorwaarden voor Willem van Oranje van 1583: Een nieuw type gezagsovereenkomst', in *Beleid en bestuur in de oude Nederlanden: Liber amicorum prof. dr. M. Baelde*, ed. Hugo Soly and René Vermeir (Ghent, 1993), p. 58.

27 Swart, *William of Orange*, p. 247.

28 Ibid.

29 Ibid., p. 255.

30 更多信息见 http://dutchrevolt.leiden.edu > *Spreuken* > *Mon Dieu, mon Dieu*。

31 Swart, *William of Orange*, p. 124.

6 进攻战

1 Henri Pirenne, *Histoire de Belgique*, 7 vols (Brussels, 1923–32), vol. IV, p. 189.
2 Thanks to Erik Swart. Léon van der Essen, *Alexandre Farnèse, prince de Parme*, 5 vols (Brussels, 1933–7), vol. II, 152.
3 Werner Thomas and Luc Duerloo, *Albert & Isabella, 1598–1621: Essays* ([Turnhout], 1998), p. 9.
4 See http://dutchrevolt.leiden.edu > *Personen* > *Florianus*.
5 See also J. Presser et al., *De Tachtigjarige Oorlog* (Amsterdam, 1941), p. 68: 'De bakermat van onze Opstand!'
6 Geoffrey Parker, *The Dutch Revolt* (London, 1977), p. 218.
7 F.G.Oosterhoff, *Leicester and the Netherlands, 1586–1587*(Utrecht,1988).
8 Pieter Chr. Bor, *Oorsprongk, begin en vervolgh der Nederlandsche oorlogen, beroerten, en borgerlyke oneenigheden etc.*, 4 vols (Amsterdam, 1679–84), vol. I, p. 205. Alastair Duke 的译文收录于 A. C. Duke, *Reformation and Revolt in the Low Countries* (London, 1990)。
9 A.Th. van Deursen, *Maurits van Nassau: De winnaar die faalde* (Amsterdam, 2000), p. 42.
10 Parker, *The Dutch Revolt*, p. 226.
11 Magdalena Pi Corrales, *España y las potencias nordicas:'La otra invencible'* 1574 (Madrid, 1983).
12 Garrett Mattingly, *The Armada* (Boston, MA, 1959); Robert Hutchinson, *The Spanish Armada* (London, 2014).
13 Geoffrey Parker,'Was Parma Ready? The Army of Flanders and the Spanish Armada in 1588', in *Beleid en bestuur in de oude Nederlanden: Liber amicorum prof. dr. M. Baelde*, ed. Hugo Soly and René Vermeir (Ghent, 1993), pp. 279–97; see also Fernando Riaño Lozano, *Los medios navales de Alejandro Farnese (1587–1588)* (Madrid, 1999).
14 Petra Groen et al., eds, *De Tachtigjarige Oorlog:Van opstand naar geregelde oorlog 1568–1648* (Amsterdam, 2013), p. 222.
15 Arlette Jouanna, *Le Devoir de révolte: La noblesse française et la gestation de l'État*

moderne, 1559–1661 (Paris, 1989), p. 191.

16 Geoffrey Parker, *The Grand Strategy of Philip II* (New Haven, ct, 1998); Patrick Williams, *Philip II* (Basingstoke, 2001).

17 Anton van der Lem, '"Het groote pleit beslecht". Anderhalve eeuw Tien Jaren van Robert Fruin', in *Aangeraakt: Boeken in contact met hun lezers. Een bundel opstellen voor Wim Gerretsen en Paul Hoftijzer*, ed. Kasper van Ommen, Arnoud Vrolijk, Geert Warnar (Leiden, 2007), pp. 231–8.

18 Ubbo Emmius, *Willem Lodewijk, graaf van Nassau (1560–1620), stadhouder van Friesland, Groningen en Drenthe* (Hilversum, 1994), p. 105.

19 See Groen et al., *De Tachtigjarige Oorlog* and Ronald de Graaf, *Oorlog, mijn arme schapen: Een andere kijk op de Tachtigjarige Oorlog 1565–1648* (Franeker, 2004)有精彩的概述。

20 Marjolein C. 't Hart, *The Dutch Wars of Independence: Warfare and Commerce in the Netherlands, 1570–1680* (Abingdon, 2014), p. 34.

21 Herbert Boland, *De list met het turfschip van Breda* (Breda, 2011), p. 15.

22 P. Louwerse and J. J. Moerman, *Geïllustreerde vaderlandse geschiedenis: Voor jong en oud Nederland*, (Amsterdam, 1961), Chapter 'Twee jonge veldheren'.

23 Van Deursen, *Maurits*, pp. 125, 128.

24 Groen et al., *De Tachtigjarige Oorlog*, p. 106.

25 't Hart, *The Dutch Wars of Independence*, p.22; Christi M. Klinkert, *Nassau in het nieuws: Nieuwsprenten van Maurits van Nassaus militaire ondernemingen uit de periode 1590–1600* (Zutphen, 2005), Chapter Eleven.

26 Van Deursen, *Maurits*, p. 45.

27 Robert Fruin, *Tien jaren uit den Tachtigjarigen oorlog* (Leiden, 1857), pp. 191–2; De Graaf, *Oorlog, mijn arme schapen*, p. 302; Arthur Lens, *Lier: Ontstaan en evolutie van een kleine stad* (Lier, 1993), p. 37.

28 Van Deursen, *Maurits*, p. 157; De Graaf, *Oorlog, mijn arme schapen*, pp. 28–329; Klinkert, *Nassau in het nieuws*, Chapter Fourteen; D.B.J. Trim, 'Sir Francis Vere (1560/1–1621), Army Officer and Diplomat', *Oxford Dictionary of National Biography*,

www.oxforddnb.com.

29 Van Deursen, *Maurits*, p. 158.
30 有关曼斯费尔德伯爵的更多信息，请参阅 Hugo de Schepper 的传记 http://dutchrevolt.leiden.edu > Personen > Mansfeld. See also Mousset, *Un prince de la Renaissance*。
31 Thomas and Duerloo, *Albert & Isabella*; Dries Raeymaekers, *One Foot in the Palace:The Habsburg Court of Brussels and the Politics of Access in the Reign of Albert and Isabella*, 1598-1621 (Leuven, 2013); Luc Duerloo, *Dynasty and Piety: Archduke Albert (1598-1621) and Habsburg Political Culture in an Age of Religious Wars* (Farnham, 2012).
32 Van Deursen, *Maurits*, p. 154.
33 有传闻说，腓力知道他的女儿没有生育能力或可能无法生育。如果这是真的，那么尼德兰的权力移交将成为一个可悲的笑话。Paul C. Allen, *Philip III and the Pax Hispanica, 1598-1621: The Failure of Grand Strategy* (New Haven, CT, 2000), p. 18, n. 29, referring to Cabrera de Córdoba, *Felipe Segundo*, vol. IV, p. 285.
34 Joseph Lefèvre, *Correspondance de Philippe II sur les affaires des Pays-Bas*, 2 vols (Brussels, 1940-60), part II, vol. II, no. 1399, pp. 465-6，法语摘要。
35 Margit Thøfner, *A Common Art: Urban Ceremonial in Antwerp and Brussels During and After the Dutch Revolt* (Zwolle, 2007).
36 Van Deursen, *Maurits*, p. 146.
37 B. Cox, *Vanden Tocht in Vlaenderen: De logistiek van Nieuwpoort* 1600 (Zutphen, 1986); Anthonis Duyck, *De slag bij Nieuwpoort: Journaal van de tocht naar Vlaanderen in* 1600, trans. Vibeke Roeper, introduction and annotation Wilfried Uitterhoeve (Nijmegen, 2000).
38 Klinkert, *Nassau in het nieuws*, Chapter Sixteen.
39 I. L. Uijterschout, *Beknopt overzicht van de belangrijkste gebeurtenissen uit de Nederlandsche krijgsgeschiedenis van 1568 tot heden* (Kampen,［1935］), p. 64; 't Hart, *The Dutch Wars of Independence*, pp. 24, 69; Allen, *Philip III*, p. 127.
40 Van Deursen, *Maurits*, p. 194; Allen, *Philip III*, pp. 85, 89.

41　Allen, *Philip III*, p. 88.

42　Anton van der Lem,'De strijd om de Vlaamse havens tijdens de Tachtigjarige Oorlog', in Dirk de Vries, *Oostende verloren, Sluis gewonnen, 1604: een kroniek in kaarten. Catalogus bij een tentoonstelling in de Leidse universiteitsbibliotheek van* 12 *augustus–* 12 *september* 2004 (Leiden, 2004), pp. 9–26.

43　Werner Thomas, *De val van het nieuwe Troje: Het beleg van Oostende, 1601–1604* (Leuven, 2001); Allen, *Philip III*, p. 138. 围攻持续了三年零七十七天。

44　Allen, *Philip III*, p. 146.

45　Ibid., p. 145. 在西班牙的文件里，共和国的这个部分常被称为 *Frisia*。

46　Allen, *Philip III*, p. 151.

47　J. E. van der Pluijm, *De vestingstad Grol: Geschiedenis van de vestingwerken van Groenlo* (Groenlo, 1999).

48　Groen et al., *De Tachtigjarige Oorlog*, pp. 187–8.

49　Ibid., pp. 213 and 216.

50　Ibid., p. 217.

51　Ibid., p. 233.

52　Ibid., p. 236; Maurits A. Ebben,'El ataque de Pieter van der Does a Canarias y la expansión neerlandesa a finales del siglo XVI y comienzos del siglo XVII', in *Coloquio internacional Canarias y el Atlántico, 1580–1648: IV centenario del ataque deVan der Does a las Palmas de Gran Canaria, 1999*, ed. Massieu Antonio de Béthencourt (Las Palmas de Gran Canaria 2001), pp. 147–68.

53　Groen et al, *De Tachtigjarige Oorlog*, p. 252.

54　Ibid., pp. 254–55; 't Hart, *The Dutch Wars of Independence*, p. 25.

7　《十二年停战协定》

1　W.J.M. van Eysinga, *De wording van het Twaalfjarig Bestand van 9 april* 1609 (Amsterdam, 1959); J. I. Israel, *The Dutch Republic and the Hispanic World, 1606–1661* (Oxford, 1986); Paul C. Allen, *Philip III and the Pax Hispanica, 1598–1621: The Failure of Grand Strategy* (New Haven, ct, 2000); Simon Groenveld, *Het Twaalfjarig Bestand*

1609–1621: *De jongelingsjaren van de Republiek der Verenigde Nederlanden* (Hilversum, 2009).

2   Allen, *Philip III* 的中心论点就是说明这个。
3   Groenveld, *Het Twaalfjarig Bestand*, p. 50.
4   Allen, *Philip III*, p. 15.
5   Yolanda Rodríguez Pérez, *De Tachtigjarige Oorlog in Spaanse ogen: De Nederlanden in Spaanse historische en literaire teksten (circa 1548–1673)* (Nijmegen, 2003); S. A. Vosters, *De Nederlanden in de Spaanse literatuur (van 1200 tot 1700)* (Breda, 2014), passim.
6   Allen, *Philip III*, p. 12.
7   Ibid., p. 52.
8   See also the maxim 'France as a friend, but not as a neighbour' > http://dutchrevolt.leiden.edu > *Spreuken* > *Gallia amica, non vicina*.
9   Groenveld, *Het Twaalfjarig Bestand*, p. 36.
10 Israel, *The Dutch Republic and the Hispanic World*, p. 5.
11 Allen, *Philip III*, p. 161.
12 In the Treaty of Tordesillas, 7 June 1494.
13 Allen, *Philip III*, p. 192，很好地区分了良心自由和天主教徒的信仰自由，但在几乎所有其他情况下，在实际应该使用第二个的时候，他都使用了第一个。
14 Allen, *Philip III*, p. 183.
15 Ibid., p. 216.
16 Groenveld, *Het Twaalfjarig Bestand*, p. 49:'comme avec Etats libres, sur lesquels le roi d'Espagne et les archiducs ne prétendent rien.'
17 Allen, *Philip III*, p. 229.
18 Groenveld, *Het Twaalfjarig Bestand*, p. 52: 'Hauts et Puissants Seigneurs'.
19 Ibid., pp. 54–5；全文参阅 Groenveld, *Unie—Bestand—Vrede: Drie fundamentele wetten van de Republiek der Verenigde Nederlanden* (Hilversum, 2009), pp. 115–27.
20 'De voor-seyde Heeren Eertzhertoghen verclaeren, soo wel in hunnen naem, als in den neem des voorseyden Heeren Conings, dat sy te vreden zijn te handelen met de voor-

seyde Heeren Staeten Generael van de Vereenighdde Provintien in qualiteyt ende als de selve houdende voor vrye Landen, Provincien ende Staten, op de welcke sy niet en pretenderen.'

21 Henk den Heijer, *De geschiedenis van de wic* (Zutphen, 2002).

22 Israel, *The Dutch Republic and the Hispanic World*, p. 22.

23 这句话是在1644年荷兰人在厄勒海峡介入丹麦—瑞典战争后使用的。

24 Israel, *The Dutch Republic and the Hispanic World*, p. 23.

25 Tim Piceu, *Over vrybuters en quaetdoenders:Terreur op het Vlaamse platteland (eind 16de eeuw)* (Leuven, 2008); Han Verschure, *Overleven buiten de Hollandse tuin Raamsdonk,Waspik, 's Gravenmoer, Capelle, Sprang en Besoijen tijdens de Tachtigjarige Oorlog* (n.p., 2004); Leo Adriaenssen, *Staatsvormend geweld: Overleven aan de frontlinies in de meierij van Den Bosch, 1572–1629* (Tilburg, 2007); Jos Wassink and Wil Nouwen, *Boerenschansen: verscholen voor Staatsen en Spanjaarden* (Weert, 2008); 't Hart, *The Dutch Wars of Independence*, Chapter Five.

26 Israel, *The Dutch Republic and the Hispanic World*, pp. 15, 49.

27 Ibid., p. 49.

28 Luc Duerloo and Marc Wingens, *Scherpenheuvel: Het Jeruzalem van de Lage Landen* (Leuven, 2002).

29 Craig Harline and Eddy Put, *A Bishop's Tale: Matthias Hovius among his Flock in Seventeenth-century Flanders* (New Haven, ct, 2000).

30 Judith Pollmann, *Catholic Identity and the Revolt of the Netherlands, 1520–1635* (Oxford, 2011), Chapter Six.

31 Roy Tepe, *Oog in oog met de Martelaren van Gorcum. Catalogus bij de tentoonstelling in het Gorcums Museum-2012* (Gorinchem, 2012), p. 21.

32 Willem Heijting and Willem Frijhoff, *Hollandse priesterbibliotheken uit de tijd van de Republiek* (Amstelveen, 2005). 阿兰德芬、阿森德尔夫特、伯伊滕费尔德特、福尔堡和泽芬霍芬的保存在阿姆斯特丹自由大学图书馆；埃丹、埃塞尔、朗厄拉尔、尼乌科普和诺德韦克的保存在莱顿大学图书馆。

33 Joke Spaans, *De levens der maechden: Het verhaal van een religieuze vrouwengemeenschap*

in de eerste helft van de zeventiende eeuw (Hilversum, 2012), 对这些在哈勒姆被称为 *kloppen* 的天主教妇女的生活进行了精彩的观察。

34 A.Th. van Deursen, *Bavianen en slijkgeuzen: Kerk en kerkvolk ten tijde van Maurits en Oldenbarnevelt*, 4th, revised and illustrated edn (Franeker, 2010); A.Th. van Deursen, *Maurits van Nassau: De winnaar die faalde* (Amsterdam, 2000); Geert H. Janssen, *Het stokje van Oldenbarnevelt* (Hilversum, 2001); Ben Knapen, *De man en zijn staat: Johan van Oldenbarnevelt (1547–1619)* (Amsterdam, 2005); Groenveld, *Het Twaalfjarig Bestand*.

35 弗朗西斯库斯·戈马尔(1563年生于布鲁日，1641卒于格罗宁根),1594—1611年任莱顿大学教授。另见 *Reformatorica:Teksten uit de geschiedenis van het Nederlandse protestantisme*, ed. C. Augustijn et al. (Zoetermeer, 1996), pp. 118–19。

36 阿明尼乌(1560生于欧德沃特，1609卒于莱顿),1603—1609年任莱顿大学教授。另见 *Reformatorica*, pp. 116–17。对阿明尼乌更清晰全面的考察，见网络展示：*Arminius, Arminianisme en Europa* at www.library.leidenuniv.nl。See also Judith Pollmann, *Religious Choice in the Dutch Republic: The Reformation of Arnoldus Buchelius (*1565–1641*)* (Manchester, 1999), pp. 105–6.

37 Joris van Eijnatten and Fred van Lieburg, *Nederlandse religiegeschiedenis*, 2nd edn (Hilversum, 2006), p. 175.

38 Van Deursen, *Bavianen en slijkgeuzen*, p. 366.

39 Both in *Reformatorica*, no. 60, pp. 120–22, and no. 61, 122–24.

40 莫里斯（拿骚的）说他不知道宿命是"绿色还是蓝色的"，这一说法被Van Deursen巧妙地驳斥了。Van Deursen, *Maurits*, p. 233.

41 Knapen, *De man en zijn staat*, p. 299; the full text can be found at http://dutchrevolt.leiden.edu > Bronnen > 1619 > *De Scherpe Resolutie*.

42 全国会议如期采取行动，并将抗议者驱逐出教会，最终导致大约200名传教士被解雇。*Reformatorica*, no. 63, pp. 125–7; W. van't Spijker et al., *De Synode van Dordrecht in 1618 en 1619*, 2nd edn (Houten, 1994).

43 http://dutchrevolt.leiden.edu > Brieven > 10 *april* 1619.

44 Knapen, *De man en zijn staat*, pp. 335–6.

8 从停战到和平的漫漫长路

1. J. I. Israel, *The Dutch Republic and the HispanicWorld, 1606–1661* (Oxford, 1986), p. 69.
2. Ibid., p. 86.
3. Ibid., pp. 100–103. For the actual siege, seeYolande Kortlever, 'Ambrogio Spinola, militair grootmeester (1569–1630)', in *Ambrogio Spinola 1622*, ed. Frans van Dongen and Han Verbeem (Bergen op Zoom, 2008), pp. 9–39.
4. Alain Hugon, *Philippe IV: Le siècle de Vélasquez* (Paris, 2014), p. 122; Werner Thomas,'Alba and Religion', in *Alba*, ed. Maurits A. Ebben et al. (Rotterdam, 2013), pp. 120–22.
5. R. A. Stradling, *Philip IV and the Government of Spain, 1621–1665* (Cambridge, 1988); Maurits A. Ebben, *Zilver, brood en kogels voor de koning: Kredietverlening door Portugese bankiers aan de Spaanse kroon, 1621–1665* (Leiden, 1996), pp. 112–13.另见 Maurits Ebben 为腓力四世所写的简略传记：http://dutchrevolt.leiden.edu > Personen > Filips IV van Spanje。
6. J. H. Elliott, *Imperial Spain 1469–1716* (London, 1963)提供了一个洞见十足的概述；Elliott, *The Count-Duke of Olivares: The Statesman in an Age of Decline* (New Haven, ct, and London, 1986)可能会因为它的篇幅而使许多读者望而却步。一个好的介绍是Jonathan Brown and J. H. Elliott, *A Palace for a King: The Buen Retiro and the Court of Philip IV* (New Haven, CT, 1993)。
7. Israel, *The Dutch Republic and the Hispanic World*, p. 226.
8. Ibid., p. 106.
9. S. A. Vosters, *Het beleg en de overgave van Breda*, 3 vols (Breda, 1993).
10. Israel, *The Dutch Republic and the Hispanic World*, p.108.
11. Hermann Hugo, *Obsidio Bredana armis Philippi IIII: auspiciis Isabellæ ductu Ambr. Spinolæ perfecta* (Antwerp, 1626).
12. Brown and Elliott, *A Palace for a King*, pp. 178–84; Andrés Úbeda de los Cobos, *Paintings for the Planet King: Philip IV and the Buen Retiro Palace* (Madrid, 2005), pp. 132–3.

13 A. P. van Vliet, *Vissers in oorlogstijd: De Zeeuwse zeevisserij in de jaren 1568–1648* (Middelburg, 2003).

14 Israel, *The Dutch Republic and the Hispanic World*, p. 122.

15 Brown and Elliott, *A Palace for a King*, pp. 184–92; Úbeda de los Cobos, *Paintings for the Planet King*, pp. 122–5.

16 Joseph Lefèvre, *Spinola et la Belgique (1601–1627)* (Brussels, 1947), pp. 100–103.

17 J. E. van der Pluijm, *De vestingstad Grol: Geschiedenis van de vestingwerken van Groenlo* (Groenlo, 1999).

18 Israel, *The Dutch Republic and the HispanicWorld*, pp. 196–7.

19 Peter de Cauwer, *Tranen van bloed: Het beleg van 's-Hertogenbosch en de oorlog in de Nederlanden, 1629* (Amsterdam, 2008).

20 Daniel Heinsius, *Rerum ad Sylvam-Ducis atque alibi in Belgio aut a Belgis anno MDCXXIX gestarum historia* (Leiden, 1631), translation: Heinsius, *Het beleg van 's-Hertogenbosch in 1629 en andere gebeurtenissen uit die tijd*, trans. and introduction Jan van Boxtel (Den Bosch, 2013); Constantijn Huygens, *Gedichten*, vol. IV (4 February 1645), p. 136.

21 Israel, *The Dutch Republic and the Hispanic World*, p. 237; René Vermeir, *In staat van oorlog: Filips IV en de Zuidelijke Nederlanden, 1629–1648* (Maastricht, 2001), p. 17.

22 Vermeir, *In staat van oorlog*, p. 27.

23 Ibid., p. 41.

24 Petra Groen et al., eds, *De Tachtigjarige Oorlog: Van opstand naar geregelde oorlog 1568–1648* (Amsterdam, 2013), p. 273,展示了同一栋房子里各种描绘弗雷德里克·亨利撤退场面的富丽堂皇的浮雕。

25 Groen et al., *De Tachtigjarige Oorlog*, p. 272.

26 Vermeir, *In staat van oorlog*, pp. 45–6.

27 Groen et al., *De Tachtigjarige Oorlog*, p. 273.

28 Vermeir, *In staat van oorlog*, pp. 58–9.

29 Ibid., pp. 66–8.

30 Israel, *The Dutch Republic and the Hispanic World*, p. 239.

31 Ibid., pp. 243-7.
32 Joost van den Vondel, *Werken*, ed. J.F.M. Sterck et al., 10 vols (Amsterdam, 1927-37), vol. III, pp. 403-4.
33 Vermeir, *In staat van oorlog*, p. 104.
34 Israel, *The Dutch Republic and the Hispanic World*, p. 252. 众所周知，红衣主教-亲王并不只是狩猎取乐。
35 *Tienen 1635: Geschiedenis van een Brabantse stad in de zeventiende eeuw* (Tienen, 1985).
36 Ibid.; Vermeir, *In staat van oorlog*, pp. 117-19.
37 Israel, *The Dutch Republic and the Hispanic World*, pp. 253-5; Vermeir, *In staat van oorlog*, pp. 120-26.
38 Israel, *The Dutch Republic and the Hispanic World*, pp. 259-60.
39 Vermeir, *In staat van oorlog*, p. 146.
40 Israel, *The Dutch Republic and the Hispanic World*, p. 269.
41 Vermeir, *In staat van oorlog*, pp. 150-52.
42 Israel, *The Dutch Republic and the Hispanic World*, pp. 270-71.
43 莱顿大学图书馆有许多特殊的手写文件，与这份巴西最早的历史记录有关。Michiel van Groesen, *Amsterdam's Atlantic: Print Culture and the Making of Dutch Brazil* (Philadelphia, pa, 2017).
44 Israel, *The Dutch Republic and the Hispanic World*, pp. 313-14.
45 Vermeir, *In staat van oorlog*, pp. 172, 184.
46 Ibid., p. 177.
47 Israel, *The Dutch Republic and the Hispanic World*, p. 317; Vermeir, *In staat van oorlog*, p. 253.
48 Vermeir, *In staat van oorlog*, pp. 261, 282.
49 Ibid., pp. 261, 283.
50 Israel, *The Dutch Republic and the Hispanic World*, pp. 320-21.
51 Vermeir, *In staat van oorlog*, pp. 288-9.
52 Ibid., p. 290.

53 Israel, *The Dutch Republic and the Hispanic World*, p. 359: 'tengo a los holandeses por mas religiosos y seguros en observar la promesa y juramento de la Paz que a los franceses, y asi se pudiera quedar con mas seguridad en lo que con los holandeses se asentase'.
54 Ibid., pp. 360–65.

参考文献

Adriaenssen, Leo, *Staatsvormend geweld: Overleven aan de frontlinies in de meierij van Den Bosch, 1572–1629* (Tilburg, 2007)
Allen, Paul C., *Philip III and the Pax Hispanica, 1598–1621: The Failure of Grand Strategy* (New Haven, CT, 2000)
Andriessen, J., *De jezuïeten en het samenhorigheidsbesef der Nederlanden 1585–1648* (Antwerp, 1957)
Arnade, Peter, *Beggars, Iconoclasts, and Civic Patriots: The Political Culture of the Dutch Revolt* (Ithaca, NY, 2008)
Arndt, Johannes, *Das Heilige Römische Reich und die Niederlande 1566 bis 1648: Politisch-konfessionelle Verflechtung und Publizistik im Achtzigjährigen Krieg* (Cologne, 1998)
Asaert, G., *1585: De val van Antwerpen en de uittocht van Vlamingen en Brabanders* (Tielt, 2004; 2nd edn 2010)
Atlas van historische verdedigingswerken in Nederland: Groningen, Friesland, Drenthe (Utrecht, 2013)
Augustijn, C., 'Anabaptisme in de Nederlanden', *Doopsgezinde Bijdragen*, 12–13 (1987), pp. 13–29
Backhouse, M., *Beeldenstorm en bosgeuzen in het westkwartier (1566–1568): Bijdrage tot de geschiedenis van de godsdiensttroebelen der Zuidelijke Nederlanden in de XVIe eeuw* (Kortrijk, 1971)
Baelde, Michel, *De Collaterale Raden onder Karel V en Filips II (1531–1578): Bijdrage tot de geschiedenis van de centrale instellingen in de zestiende eeuw* (Brussels, 1965)
Bergsma, W., *De wereld volgens Abel Eppens: Een Ommelander boer uit de zestiende eeuw* (Groningen/Leeuwarden, 1988)
——, *Tussen Gideonsbende en publieke kerk: Een studie over het gereformeerd protestantisme in Friesland, 1580–1650* (Hilversum, 1999)
Berkelbach van der Sprenkel, J. W., *Oranje en de vestiging van de Nederlandse staat* (Amsterdam, 1946)
Besten, Ad den, *Wilhelmus van Nassouwe: Het gedicht en zijn dichter* (Leiden, 1983)
Blockmans, Wim, *Keizer Karel V, 1500–1558: De utopie van het keizerschap* (Leuven/Amsterdam, 2000)

Blok, P. J., *Willem de Eerste, prins van Oranje*, 2 vols (Amsterdam, 1919–20)
Blokker, Jan, 'De tachtigjarige oorlog: Een gat in de markt', supplement
to *Vrij Nederland* (27 September 1986), pp. 4–29
Boland, Herbert, *De list met het turfschip van Breda* (Breda, 2011)
Boogman, J. C., 'De overgang van Gouda, Dordrecht, Leiden en Delft
in de zomer van het jaar 1572', *Tijdschrift voor Geschiedenis*, 57 (1942),
pp. 81–112
Boon, Louis Paul, *Het Geuzenboek* (Amsterdam, 1979)
Bor, Pieter Chr., *Oorsprongk, begin en vervolgh der Nederlandsche
oorlogen, beroerten, en borgerlyke oneenigheden etc.*, 4 vols
(Amsterdam, 1679–84)
Bostoen, Karel, 'Reformation, Counter-Reformation and Literary
Propaganda in the Low Countries in the Sixteenth Century: The Case
of Brother Cornelis', in *The Education of a Christian Society: Humanism
and the Reformation in Britain and the Netherlands*, ed. N. Scott Amos,
Andrew Pettegree and Henk van Nierop (Aldershot, 1999), pp. 164–89
——, *Hart voor Leiden: Jan van Hout (1542–1609), stadssecretaris, dichter en
vernieuwer* (Hilversum, 2009)
——, 'Waar kwam de Historie van B. Cornelis (1569) van de pers? Het
spoor terug naar plaats van uitgave, boekverkoper en boekdrukker',
Handelingen van het Genootschap voor Geschiedenis te Brugge, 151 (2014),
pp. 65–111
Braekman, E. M., *Les Médailles des Gueux et leurs résurgences modernes*
(Brussels, 1972)
Braudel, Fernand, *La Méditerranée et le monde méditerranéen à l'époque de
Philippe II*, 2 vols (Paris, 1966)
——, *The Mediterranean and the Mediterranean World in the Age of Philip II*,
2 vols (New York and London, 1972–3)
Brouwer, Johan, *Philips Willem, de Spaansche prins van Oranje* (Zutphen,
1940)
——, *Kronieken van Spaansche soldaten uit het begin van den Tachtigjarigen
Oorlog* [1933] (Zutphen, 1980)
Brown, Jonathan, and J. H. Elliott, *A Palace for a King: The Buen Retiro and
the Court of Philip IV* (New Haven, CT, 1993)
Bruin, G. de, 'De geschiedschrijving over de Nederlandse Opstand',
in *Kantelend geschiedbeeld: Nederlandse historiografie sinds 1945*,
ed. W. W. Mijnhardt (Utrecht/Antwerp, 1984), pp. 48–82
——, 'De Nederlandse Opstand (1555–1588)', *Spiegel Historiael*, XXIX (1994),
pp. 441–52
Busken Huet, Conrad, *Het Land van Rembrand*, ed. Olf Praamstra
(Amsterdam, 1987)
Cabrera de Córdoba, Luís, *Filipe Segundo, rey de España*, 4 vols
(Madrid, 1876–7)
Caldecott-Baird, Duncan, *The Expedition in Holland, 1572–1574.
From the manuscript of Walter Morgan* (London, 1976)
Calvete de Estrella, *El felicíssimo viaje del muy alto y muy poderoso principe don
Phelippe* (Madrid, [2001])
Cauwer, Peter de, *Tranen van bloed: Het beleg van 's-Hertogenbosch en de oorlog
in de Nederlanden, 1629* (Amsterdam, 2008)

Christin, Olivier, 'France et Pays-Bas: Le second iconoclasme', in *Iconoclasme: Vie et mort de l'image médiévale*, ed. Cécile Dupeux et al. (Zurich, 2001), pp. 57–66

Cools, Hans, 'De Beeldenstorm in de Nederlanden', http://dutchrevolt. leiden.edu > *Begrippen* > *Beeldenstorm*

Coopmans, J.P.A., 'De huldigingsvoorwaarden voor Willem van Oranje van 1583: Een nieuw type gezagsovereenkomst', in *Beleid en bestuur in de oude Nederlanden: Liber amicorum prof. dr. M. Baelde*, ed. Hugo Soly and René Vermeir (Ghent, 1993)

Cox, B., *Vanden Tocht in Vlaenderen: De logistiek van Nieuwpoort 1600* (Zutphen, 1986)

Daussy, Hugues, 'Louis de Nassau et le parti huguenot', in *Entre Calvinistes et Catholiques: Les relations religieuses entre la France et les Pays-Bas du Nord (XVIe–XVIIIe siècle)*, ed. Yves Krumenacker and Olivier Christin (Rennes, 2010), pp. 31–43

Decavele, J., *De dageraad van de Reformatie in Vlaanderen (1520–1565)*, 2 vols (Brussels, 1975)

——, 'De aanloop tot de Reformatie in Frans-Vlaanderen', *De Franse Nederlanden: jaarboek = Les Pays-Bas français: annuaire* (1977), pp. 121–35

——, *Het einde van een rebelse droom: Opstellen over het calvinistisch bewind te Gent (1577–1584) en de terugkeer van de stad onder de gehoorzaamheid van de koning van Spanje* [17 September 1584] (Ghent, 1984)

——, *Vlaanderen tussen Spanje en Oranje: Willem de Zwijger en de Lage Landen in de zestiende eeuw* (Ghent, 1984)

——, 'Het calvinisme en de Opstand', *Spiegel Historiael*, XXIX (1994), pp. 453–9

——, 'Ketters en Papisten in het Kortrijkse stadsbestuur 1561–1580', *Handelingen van de Maatschappij voor Geschiedenis en Oudheidkunde*, Ghent, XLIX (1995), pp. 221–50

——, *De eerste protestanten in de Lage Landen: Geloof en heldenmoed* (Leuven and Zwolle, 2004)

Delen, Marie-Ange, *Het hof van Willem van Oranje* (Amsterdam, 2004)

Deursen, A. Th. van, *Mensen van klein vermogen: Het kopergeld van de Gouden Eeuw* (Amsterdam, 1991)

——, *Maurits van Nassau: De winnaar die faalde* (Amsterdam, 2000)

——, *Bavianen en slijkgeuzen: Kerk en kerkvolk ten tijde van Maurits en Oldenbarnevelt*, 4th revd and illustrated edn (Franeker, 2010)

——, and H. de Schepper, *Willem van Oranje: Een strijd voor vrijheid en verdraagzaamheid* (Weesp/Tielt, 1984)

Deyon, Solange, and Alain Lottin, *Les casseurs de l'été 1566: L'iconoclasme dans le Nord* (Lille, 1986)

Dierickx, M. J., *De oprichting der nieuwe bisdommen in de Nederlanden onder Filips II 1559–1570* (Antwerp/Utrecht, 1950)

Dorren, Gabrielle, 'Lorenzo de Villavicencio en Alonso del Canto: Twee Spaanse informanten over de Nederlandse elite (1564–1566)', *Tijdschrift voor Geschiedenis*, III (1998), pp. 352–76

Duerloo, Luc, *Dynasty and Piety: Archduke Albert (1598–1621) and Habsburg Political Culture in an Age of Religious Wars* (Farnham, 2012)

——, and Marc Wingens, *Scherpenheuvel: Het Jeruzalem van de Lage Landen* (Leuven, 2002)
Duke, A. C., *Reformation and Revolt in the Low Countries* (London, 1990)
——, *Dissident Identities in the Early Modern Low Countries*, ed. Judith Pollmann and Andrew Spicer (Farnham, 2009)
Dunthorne, Hugh, *Britain and the Dutch Revolt, 1560–1700* (Cambridge, 2013)
Dupeux, Cécile, ed., *Iconoclasme: Vie et mort de l'image médiévale* (Berne, Strasbourg and Zurich, 2001)
Duquenne, Frédéric, *L'entreprise du duc d'Anjou aux Pays-Bas de 1580 à 1584: Les responsabilités d'un échec à partager* (Villeneuve d'Asq, 1998)
Durme, M. van, *Antoon Perrenot, bisschop van Atrecht, kardinaal van Granvelle, minister van Karel V en van Philip II (1517–1586)* (Brussels, 1953)
Duyck, Anthonis, *De slag bij Nieuwpoort: Journaal van de tocht naar Vlaanderen in 1600*, trans. Vibeke Roeper, introduction and annotation Wilfried Uitterhoeve (Nijmegen, 1600)
Ebben, Maurits A., *Zilver, brood en kogels voor de koning: Kredietverlening door Portugese bankiers aan de Spaanse kroon, 1621–1665* (Leiden, 1996)
——, 'El ataque de Pieter van der Does a Canarias y la expansión neerlandesa a finales del siglo XVI y comienzos del siglo XVII', in *Coloquio internacional Canarias y el Atlántico, 1580–1648: IV centenario del ataque de Van der Does a las Palmas de Gran Canaria, 1999*, ed. Massieu Antonio de Béthencourt (Las Palmas, 2001), pp. 147–68
——, Margriet Lacy-Bruijn and Rolof van Hövell tot Westerflier, eds, *Alba: General and Servant to the Crown* (Rotterdam, 2013)
Eekhout, Marianne, *Material Memories of the Dutch Revolt: The Urban Memory Landscape in the Low Countries, 1566–1700* (Leiden, 2014)
Eichberger, Dagmar, *Dames met klasse: Margareta van York, Margareta van Oostenrijk* (Leuven, 2005)
Eijnatten, Joris van, and Fred van Lieburg, *Nederlandse religiegeschiedenis*, 2nd edn (Hilversum, 2006)
Elliott, J. H., *Imperial Spain, 1469–1716* (London, 1963)
——, *The Count-Duke of Olivares: The Statesman in an Age of Decline* (New Haven, CT, and London, 1986)
——, 'A Europe of Composite Monarchies', *Past and Present*, 137 (1992), pp. 48–71
Emmius, Ubbo, *Willem Lodewijk, graaf van Nassau (1560–1620), stadhouder van Friesland, Groningen en Drenthe* (Hilversum, 1994)
Essen, Léon van der, *Alexandre Farnèse, prince de Parme*, 5 vols (Brussels, 1933–7)
——, 'Kritisch onderzoek betreffende de oorlogsvoering van het Spaans leger in de Nederlanden in de zestiende eeuw, nl. de bestraffing van de opstandige steden tijdens het bewind van Alva', *Mededelingen van de Koninklijke Vlaamse Academie voor wetenschappen, letteren en schone kunsten van België*, XII (1950), pp. 3–36
Esteban Estringana, Alicia, *Guerra y finanzas en los Países Bajos católicos: De Farnesio a Spínola (1592–1630)* (Madrid, 2002)
Eysinga, W.J.M. van, *De wording van het Twaalfjarig Bestand van 9 april 1609* (Amsterdam, 1959)

Fagel, Raymond, *Leids beleg en ontzet door Spaanse ogen* (The Hague, 1997)
——, *Kapitein Julián: De Spaanse held van de Nederlandse Opstand* (Hilversum, 2011)
Fernández Alvarez, Manuel, *Charles v: Elected Emperor and Hereditary Ruler* (London, 1975)
Final de la Guerra de Flandes (1621–1648): 350 aniversario de la paz de Münster (Madrid, 1998)
Frijhoff, Willem, 'Hoe Noord en Zuid van godsdienst verwisselden: Katholiek en protestant', in *Het geheugen van de Lage Landen*, ed. Jo Tollebeek and Henk te Velde (Rekkem, 2009), pp. 120–28
Fritschy, W., 'Holland en de financiering van de Opstand (1568–1648): Deel I en II', *Economisch Statistische Berichten*, LXXXIX/4437 (2004), pp. 328–30, and LXXXIX/4438 (2004), pp. 353–5
——, 'Willem van Oranje en de overheidsfinanciën', in W. Fritschy, *William of Orange Lecture* (Delft, 2006), pp. 7–29
Fruin, Robert, *Tien jaren uit den Tachtigjarigen oorlog* (Leiden, 1857) (multiple reprints)
——, 'Willem de Zwijger', in Fruin, *Verspreide Geschriften*, 10 vols (The Hague, 1900–1905), vol. VIII, pp. 404–9
Gachard, Louis-Prosper, ed., *Correspondance de Philippe II sur les affaires des Pays-Bas* (Brussels, 1848–79)
——, *Retraite et mort de Charles-Quint au monastère de Yuste*, 2 vols (Brussels, 1854)
——, 'Sur l'origine du nom de gueux, donné aux révolutionnaires des Pays-Bas dans le XVIe siècle', in Fruin, *Études et notices historiques concernant l'histoire des Pays-Bas*, 3 vols (Brussels, 1890), vol. I, pp. 130–41
García García, Bernardo J., *Tiempo de paces: La Pax Hispanica y la Tregua de los Doce Años* (Madrid, 2009)
Geevers, Liesbeth, *Gevallen vazallen: De integratie van Oranje, Egmont en Horn in de Spaans-Habsburgse monarchie (1559–1567)* (Amsterdam, 2008)
Gelder, H. A. Enno van, 'Een historiese vergelijking: De Nederlandse Opstand en de Franse godsdienstoorlogen', *Verslag van de algemeene vergadering der leden van het Historisch Genootschap* (Utrecht, 1930), pp. 21–42
——, *Van beeldenstorm tot pacificatie: Acht opstellen over de Nederlandse revolutie der zestiende eeuw* (Amsterdam, 1964)
Gelderblom, Oscar, *Zuid-Nederlandse kooplieden en de opkomst van de Amsterdamse stapelmarkt (1578–1630)* (Hilversum, 2000)
Gelderen, M. van, *Op zoek naar de Republiek: Politiek denken tijdens de Nederlandse Opstand (1555–1590)* (Hilversum, 1991)
——, *The Political Thought of the Dutch Revolt, 1555–1590* (Cambridge, 1992)
——, 'Van vrijheden naar vrijheid: De legitimatie van de Nederlandse Opstand', *Spiegel Historiael*, XXIX (1994), pp. 494–500
Geurts, P.A.M, *De Nederlandse Opstand in de pamfletten 1566–1584* (Nijmegen, 1956; Utrecht, 1983, 3rd edn)
Goosens, Aline, *Les inquisitions modernes dans les Pays-Bas méridionaux, 1520–1633*, 2 vols (Brussels, 1997–8)
Gosses, I. H., 'Friesland in den eersten tijd van den Tachtigjarigen Oorlog', in Gosses, *Verspreide Geschriften* (Groningen/Batavia, 1946), pp. 451–70

Graaf, Ronald de, *Oorlog, mijn arme schapen: Een andere kijk op de Tachtigjarige Oorlog 1565–1648* (Franeker, 2004)
Grapperhaus, Ferdinand H. M., *Alva en de Tiende Penning* (Zutphen, 1982)
—, *Convoyen en licenten* (Zutphen, Deventer, 1986)
Groen, Petra, et al., eds, *De Tachtigjarige Oorlog: Van opstand naar geregelde oorlog 1568–1648* (Amsterdam, 2013)
Groenveld, S., 'Trouw en verraad tijdens de Nederlandse Opstand', *Zeeuws Tijdschrift*, XXXVII (1987), pp. 3–12
Groenveld, Simon, *T'is ghenoegh, oorloghsmannen: De Vrede van Munster: de afsluiting van de Tachtigjarige Oorlog* (The Hague, 1997)
—, 'Filips van Montmorency, Graaf van Horn (1524–1568): Een Habsburgs edelman tussen vorstenmacht en verzet', *Limburgs Geschieden Oudheidkundig Genootschap, Publications de la Société Historique et Archéologique de Limbourg*, CXXXIX (2003), pp. 39–99
—, *Het Twaalfjarig Bestand 1609–1621: De jongelingsjaren van de Republiek der Verenigde Nederlanden* (Hilversum, 2009)
—, *Unie – Bestand – Vrede: Drie fundamentele wetten van de Republiek der Verenigde Nederlanden* (Hilversum, 2009)
—, and H.L.Ph. Leeuwenberg, eds, *De Unie van Utrecht: Wording en werking van een verbond en een verbondsacte* (The Hague, 1979)
—, M.E.H.N. Mout et al., *De kogel door de kerk?* and *De bruid in de schuit*, 2 vols (Zutphen, 2013)
Groesen, Michiel van, *Amsterdam's Atlantic: Print Culture and the Making of Dutch Brazil* (Philadelphia, PA, 2017)
Groot, Hugo de, *Kroniek van de Nederlandse Oorlog: De Opstand 1559–1588*, trans. and epilogue Jan Waszink (Nijmegen, 2014)
Grosfeld, J. F., W. Klinkert and J. P. Meeuwissen, *Het turfschip van Breda 1590–1990* (Breda, 1990)
Haer, Florentius van der, *De initiis tumultuum Belgicorum* (Douai, 1587)
Hageman, Maarten, *Het kwade exempel van Gelre: De stad Nijmegen, de Beeldenstorm en de Raad van Beroerten, 1566–1568* (Nijmegen, 2005)
Harline, Craig, and Eddy Put, *A Bishop's Tale: Matthias Hovius among his Flock in Seventeenth-century Flanders* (New Haven, CT, 2000)
Hart, Marjolein C. 't, *In Quest for Funds: Warfare and State Formation in the Netherlands, 1620–1650* (Leiden, 1989)
—, *The Making of a Bourgeois State: War, Politics and Finance during the Dutch Revolt* (Manchester and New York, 1993)
—, *The Dutch Wars of Independence: Warfare and Commerce in the Netherlands, 1570–1680* (Abingdon, 2014)
Hartmann, B., *De martelaren van Roermond in het kader van de politieke en kerkelijke situatie van hun tijd* (Oegstgeest, 2009)
—, *De martelaren van Gorcum: Volgens het getuigenis van Guilielmus Estius geschreven in 1572*, trans., introduction and commentary B. Hartmann (Oegstgeest, 2009)
Heijer, Henk den, *De geschiedenis van de WIC* (Zutphen, 2002)
Heinsius, Daniel, *Rerum ad Sylvam-Ducis atque alibi in Belgio aut a Belgis anno MDCXXIX gestarum historia* (Leiden, 1631)
—, *Het beleg van 's-Hertogenbosch in 1629 en andere gebeurtenissen uit die tijd*, trans. and introduction Jan van Boxtel (Den Bosch, 2013)

Heijting, Willem, and Willem Frijhoff, *Hollandse priesterbibliotheken uit de tijd van de Republiek* (Amstelveen, 2005)
Hoeven, Marco van der, ed., *Exercise of Arms: Warfare in the Netherlands, 1568–1648* (Leiden, 1997)
Hooft, P. C., *Nederlandsche historien*, 2 vols, 2nd edn (Amsterdam, 1677)
Horst, Daniel, *De Opstand in zwart-wit: Propagandaprenten uit de Nederlandse Opstand 1566–1584* (Zutphen, 2003)
Houwaert, J. B., *Declaratie van die triumphante incompst vanden prince van Oraignien, binnen die princelijcke stadt van Brusselse* (Antwerp, 1579)
Hugo, Hermann, *Obsidio Bredana armis Philippi IIII: auspiciis Isabellæ ductu Ambr. Spinolæ perfecta* (Antwerp, 1626)
Hugon, Alain, *Philippe IV: Le siècle de Vélasquez* (Paris, 2014)
Huizinga, J., 'Uit de voorgeschiedenis van ons nationaal besef', in Huizinga, *Verzamelde Werken*, 9 vols (Haarlem, 1948–53), vol. II, pp. 97–160, esp. sec. III, 'Namen en teekens voor de Bourgondische staatseenheid'
Hutchinson, Robert, *The Spanish Armada* (London, 2014)
Huygens, Constantijn, *Gedichten*, ed. J. A. Worp, 9 vols (Groningen, 1892–9)
IJzerman, A. W., *De 80-jarige oorlog* (Leiden, [1948])
Israel, J. I., 'The Holland Towns and the Dutch-Spanish Conflict, 1621–1648', *Bijdragen en Mededelingen betreffende de Geschiedenis der Nederlanden*, 94 (1979), pp. 41–69
——, *The Dutch Republic and the Hispanic World, 1606–1661* (Oxford, 1986)
——, *The Dutch Republic: Its Rise, Greatness, and Fall, 1477–1806* (Oxford, 1995)
Janssen, Geert H., *Het stokje van Oldenbarnevelt* (Hilversum, 2001)
——, *The Dutch Revolt and Catholic Exile in Reformation Europe* (Cambridge, 2014)
Janssens, Gustaaf, *'De eerste jaren van Filips II (1555–1566)'*, in *Algemene Geschiedenis der Nederlanden VI*, ed. M. Cloet et al. (Haarlem, 1979), pp. 186–201
——, *Brabant in het verweer: Loyale oppositie tegen Spanje's bewind in de Nederlanden van Alva tot Farnese 1567–1578* (Kortrijk and Heule, 1988)
——, 'The Duke of Alba: Governor of the Netherlands in Times of War', in *Alba*, ed. Ebben et al., pp. 90–115
Janssens, Paul, *België in de 17de eeuw: De Spaanse Nederlanden en het prinsbisdom Luik*, 2 vols (Ghent, 2006)
Jong, Michiel de, *'Staat van oorlog': Wapenbedrijf en militaire hervorming in de Republiek der Verenigde Nederlanden, 1585–1621* (Hilversum, 2005)
Jong, Otto J. de, *Beeldenstormen in de Nederlanden* (Groningen, 1964)
Jonge, Krista de, and Gustaaf Janssens, eds, *Les Granvelle et les Anciens Pays-Bas* (Leuven, 2000)
Jouanna, Arlette, *Le Devoir de révolte: La noblesse française et la gestation de l'État moderne, 1559–1661* (Paris, 1989)
Junius, Hadrianus, *Holland is een eiland: De Batavia van Hadrianus Junius* [1511–75], introduction, trans. and annotation Nico de Glas (Hilversum, 2011)
Kamen, Henry, *The Duke of Alba* (New Haven, CT, 2004)
Kaplan, Benjamin J., *Calvinists and Libertines: Confession and Community in Utrecht, 1578–1620* (Oxford, 1995)

Kaptein, Herman, *De beeldenstorm* (Hilversum, 2002)
Kelsey, Harry, *Philip of Spain, King of England: The Forgotten Sovereign* (London, 2012)
Kerkhoff, Jacqueline, *Maria van Hongarije en haar hof: 1505–1558* ([Amsterdam], 2005)
Kernkamp, J. H., *De handel op den vijand*, 2 vols (Utrecht, 1931–[35])
Kinds, Karel, *Kroniek van de Opstand in de Lage Landen 1555–1609: actuele oorlogsverslaggeving uit de zestiende eeuw met 228 gravures van Frans Hogenberg*, 2 vols (Wenum Wiesel, [2000])
Klink, H., *Opstand, politiek en religie bij Willem van Oranje 1559–1568: Een thematische biografie* (Heerenveen, 1997)
Klinkert, Christi M., *Nassau in het nieuws: Nieuwsprenten van Maurits van Nassaus militaire ondernemingen uit de periode 1590–1600* (Zutphen, 2005)
Kloek, Els, *Kenau en Magdalena: Vrouwen in de Tachtigjarige Oorlog* (Nijmegen, 2014)
Kluiver, J. H., ed., *De correspondentie tussen Willem van Oranje en Jan van Nassau (1578–1584)* (Amsterdam, 1984)
Knapen, Ben, *De man en zijn staat: Johan van Oldenbarnevelt (1547–1619)* (Amsterdam, 2005)
Knoops, W. A., and F. Ch. Meijer, *De Spaanse Armada: De tocht en ondergang van de Onoverwinnelijke Vloot in het jaar 1588* (Amsterdam, 1988)
Koenigsberger, H. G., 'Why did the States General of the Netherlands Become Revolutionary in the Sixteenth Century?', *Parliaments, Estates and Representation*, II (1982), pp. 103–11
——, 'Orange, Granvelle and Philip II', *Bijdragen en Mededelingen betreffende de Geschiedenis der Nederlanden*, XCIX (1984), pp. 573–95
Kohler, Alfred, *Karl V 1500–1558: eine Biographie* (Munich, 1999)
Kooi, Gerard van der, *De Wynberch des heren: Godsdienstige veranderingen op Texel 1514–1572* (Hilversum, 2005)
Koopmans, J. W., *De Staten van Holland en de Opstand: De ontwikkeling van hun functies en organisatie in de periode 1544–1588* (The Hague, 1990)
Kortlever, Yolande, 'Ambrogio Spinola, militair grootmeester (1569–1630)', in *Ambrogio Spinola 1622*, ed. Frans van Dongen and Han Verbeem (Bergen op Zoom, 2008), pp. 9–39
Kossmann, E. H., and A. F. Mellink, eds, *Texts Concerning the Revolt of the Netherlands* (Cambridge, 1975)
Kuipers, Jan J. B., *De Staats-Spaanse linies: Monumenten van conflict en cultuur* (Vlissingen, 2013)
Kuttner, Erich, *Het hongerjaar 1566*, 3rd edn (Amsterdam, 1974)
Lacarta, Manuel, *Felipe III* (Madrid, 2003)
Lacroix, A., *Apologie de Guillaume de Nassau [. . .] Justification du Taciturne* (Brussels and Leipzig, 1858)
Lademacher, Horst, *Die Stellung des Prinzen von Oranien als Statthalter in den Niederlanden* (Bonn, 1958)
Lagomarsino, P. D., 'Court Factions and the Formulation of Spanish Policy Towards the Netherlands, 1559–1567', PhD thesis, University of Cambridge, 1973
Leestmans, Charles-J.A., *Soldats de l'armée des Flandres 1621–1715* (Brussels, 2013)

Lefèvre, Joseph, *Spinola et la Belgique (1601–1627)* (Brussels, 1947)
—, ed., *Correspondance de Philippe II sur les affaires des Pays-Bas*, 2 vols (Brussels, 1940–1960)
Lem, Anton van der, 'Menno Simons in de Nederlandse geschiedschrijving', *Doopsgezinde Bijdragen*, XXII (1996), pp. 10–19
—, 'Van de prins geen kwaad: De moordplannen van en op prins Willem van Oranje', in *Koningsmoorden*, ed. Tom Verschaffel (Leuven, 2000), pp. 159–72, 285–7
—, 'De strijd om de Vlaamse havens tijdens de Tachtigjarige Oorlog', in Dirk de Vries, *Oostende verloren, Sluis gewonnen, 1604: een kroniek in kaarten. Catalogus bij een tentoonstelling in de Leidse universiteitsbibliotheek van 12 augustus – 12 september 2004* (Leiden, 2004), pp. 9–26
—, 'Epos voor de vrijheid: Boek Friedrich Schiller over Opstand na twee eeuwen vertaald', *Mare di Libri: Boekenbijlage van het Leids Universitair Weekblad Mare*, II/3 (17 March 2005), p. 5
—, 'Den Briel: Sint-Catharinakerk;Watergeuzen veroveren Brielle, 1 april 1572', in *Plaatsen van herinnering: Nederland in de zeventiende en achttiende eeuw*, ed. Maarten Prak (Amsterdam, 2006), pp. 24–35
—, 'Willem van Oranje verheerlijkt en verguisd', in *Bronnen van kennis:Wetenschap, kunst en cultuur in de collecties van de Leidse Universiteitsbibliotheek*, ed. Paul Hoftijzer et al. (Leiden, 2006), pp. 73–84
—, 'Kampf im Druck: Die Anfangsjahre des niederländischen Aufstandes in Pamphleten und Bildern', in Martina Fuchs, Alfred Kohler, Ralph Andraschek-Holzer (Hrsg.), *Geschichte in Bildern?,Wiener Zeitschrift zur Geschichte der Neuzeit*, 6 (2006), vol. II, pp. 69–86
—, *Verbeeldingen van vrijheid: Partijtekens en nationale symboliek in de eerste decennia van de Tachtigjarige Oorlog 1564–1584* (Utrecht, 2006)
—, '"Het groote pleit beslecht". Anderhalve eeuw Tien Jaren van Robert Fruin', in *Aangeraakt: Boeken in contact met hun lezers. Een bundel opstellen voor Wim Gerretsen en Paul Hoftijzer*, ed. Kasper van Ommen, Arnoud Vrolijk and Geert Warnar (Leiden, 2007), pp. 231–8
—, 'Echos de la Révolte: Montaigne et les Pays-Bas du XVIe siècle', in *Montaigne and the Low Countries (1580–1700)*, ed. Paul J. Smith and Karel A. E. Enenkel (Leiden, 2007), pp. 47–62
—, 'Willem van Oranje, een strateeg van formaat', *Protestants Nederland. Maandblad van de Vereniging Protestants Nederland*, LXXIV/4 (April 2008), pp. 5–9; LXXIV/5 (May 2008), pp. 13–17; LXXIV/6–7 (June/July 2008), pp. 14–20
—, 'Een voordelige vrede: het Twaalfjarig Bestand, 1609–1621', *Geschiedenis magazine*, XLIV/3 (April 2009), pp. 14–19
Lens, Arthur, *Lier: Ontstaan en evolutie van een kleine stad* (Lier, 1993)
Le Roux, Nicolas, *Les Guerres de religion 1559–1629* (Paris, 2009)
Lesaffer, Randall, *Defensor pacis Hispanicae: De kardinaal-infant, de Zuidelijke Nederlanden en de Europese politiek van Spanje: van Nördlingen tot Breda (1634–1637)* (Kortrijk and Heule, [1994])
Lottin, Alain, *La Révolte des Gueux en Flandre, Artois et Hainaut (politique, religion et société au XVIe siècle)* (Lillers, 2007)
Louwerse, P., and J. J. Moerman, *Geïllustreerde vaderlandse geschiedenis:Voor jong en oud Nederland*, 10th edn (Amsterdam, 1961)

Lovett, A. W., 'The Governorship of Don Luis de Requesens, 1573–1576: A Spanish View', *European Studies Review*, II (1972), pp. 187–99

Malengreau, G., *L'Esprit particulariste et la révolution des Pays-Bas au 16e siècle, 1578–1584* (Leuven, 1936)

Maljaars, Abraham, *Het Wilhelmus: Auteurschap, datering en strekking: een kritische toetsing en nieuwe interpretatie* (Kampen, 1996)

Maltby, W. S., *Alba: A Biography of Fernando Alvarez de Toledo, Third Duke of Alba, 1507–1582* (Berkeley and Los Angeles, CA, 1983)

Marañon, Gregorio, *El conde-duque de Olivares* (Madrid, 1953)

Marnef, Guido, 'Het protestantisme te Brussel onder de "Calvinistische Republiek", ca. 1577–1585', in *Staat en religie in de 15e en 16e eeuw*, ed. W. P. Blockmans and H. van Nuffel (Brussels, 1986), pp. 231–99

——, 'Brabants calvinisme in opmars: De weg naar de calvinistische republieken te Antwerpen, Brussel en Mechelen, 1577–1580', *Bijdragen tot de Geschiedenis*, LXX (1987), pp. 7–21

——, *Het calvinistisch Bewind te Mechelen (1580–1585)* (Kortrijk and Heule, 1988)

——, *Antwerpen in de tijd van de Reformatie: Ondergronds protestantisme in een handelsmetropool 1550–1577* (Amsterdam and Antwerp, 1996)

——, 'The Dynamics of Reformed Militancy in the Low Countries: The Wonderyear', in *The Education of a Christian Society: Humanism and the Reformation in Britain and the Netherlands*, ed. N. Scott Amos, Andrew Pettegree and Henk van Nierop (Aldershot, 1999), pp. 193–210

Mattingly, Garrett, *The Armada* (Boston, MA, 1959)

Meij, J.C.A. de, *De Watergeuzen en de Nederlanden 1568–1572* (Amsterdam and London, 1972)

——, 'De watergeuzen: Gangmakers van de Opstand', *Spiegel Historiael*, XXIX (1994), pp. 482–7

Men sagh Haerlem bestormen (Haarlem, 1973)

Mertens, Jozef, Franz Aumann, eds, *Krijg en kunst: Leopold Willem (1614–1662), Habsburger, landvoogd en kunstverzamelaar* (Bilzen, 2003)

Mesa Gallego, Eduardo de, *La pacificación de Flandes: Spínola y las campañas de Frisia (1604–1609)* (Madrid, 2009)

Meteren, Emanuel van, *Historien der Nederlanden, en haar naburen oorlogen tot het jaar 1612* (Amsterdam, 1652)

Monter, William, 'Heresy Executions in Reformation Europe, 1520–1565', in Ole Peter Grell and Bob Scribner, *Tolerance and Intolerance in the European Reformation* (Cambridge, 1996), pp. 48–64

Mörke, Olaf, *Wilhelm von Oranien, 1533–1584: Fürst und 'Vater' der Republik* (Stuttgart, 2007)

Mousset, Jean-Luc, *Un prince de la Renaissance: Pierre-Ernest de Mansfeld (1517–1604)* (Luxembourg, 2007)

Mout, M.E.H.N., *Plakkaat van Verlatinge 1581*, introduction, transcription and translation in modern-day Dutch (The Hague, 1979)

——, 'Van arm vaderland tot eendrachtige republiek: De rol van politieke theorieën in de Nederlandse Opstand', *Bijdragen en Mededelingen betreffende de Geschiedenis der Nederlanden*, CI (1986), pp. 345–65

Müller, Johannes Martin, *Exile Memories and the Dutch Revolt: The Narrated Diaspora, 1550–1750* (Leiden, 2014)

Nehlsen, Eberhard, *Wilhelmus von Nassauen: Studien zur Rezeption eines niederländischen Liedes im deutschsprachigen Raum vom 16. Bis 20. Jahrhundert* (Münster, 1993)

Nierop, H.F.K. van, *Van ridders tot regenten: De Hollandse adel in de zestiende en de eerste helft van de zeventiende eeuw*, 2nd edn (Amsterdam, 1990)

——, 'A Beggar's Banquet: The Compromise of the Nobility and the Politics of Inversion', *European History Quarterly*, XXI (1991), pp. 419–43

——, 'De adel en de Opstand', *Spiegel Historiael*, XXIX (1994), pp. 460–67

——, 'De troon van Alva: Over de interpretatie van de Nederlandse Opstand', *Bijdragen en Mededelingen betreffende de Geschiedenis der Nederlanden*, 110 (1995), pp. 205–23

——, *Het foute Amsterdam* (Amsterdam, 2000)

Nimwegen, Olaf van, *'Deser landen crijchsvolck': Het Staatse leger en de militaire revoluties (1588–1688)* (Amsterdam, 2006)

Noordeloos, P., *Cornelis Musius (Mr Cornelius Muys): Pater van Sint Agatha te Delft: humanist, priester, martelaar* (Utrecht, 1955)

Nuffel, Herman van, *Lamoraal van Egmont in de geschiedenis, literatuur, beeldende kunst en legende* (Leuven, 1968)

Oosterhoff, F.G., *Leicester and the Netherlands 1586–1587* (Utrecht, 1988)

Oosterhuis, Ton, *Lumey, de vossestaart: Admiraal van de Geuzen* (Amsterdam, 1996)

Opstand en onafhankelijkheid: Eerste Vrije Statenvergadering Dordrecht 1572 (Dordrecht, 1972)

Opstand en Pacificatie in de Lage Landen: Bijdrage tot de studie van de Pacificatie van Gent (Ghent, 1976)

Orange, William of, *The Apologie of William of Orange against the Proclamation of the King of Spaine*, edited after the English edition of 1581 by H. Wansink (Leiden, 1969)

Oudendijk, Johanna K., 'Den coninck van hispaengien heb ick altijt gheeert', in *Dancwerc: Opstellen aangeboden aan Prof. Dr. D. Th. Enklaar ter gelegenheid van zijn 65ste verjaardag* (Groningen, 1959)', pp. 264–78

Parker, Geoffrey, *The Dutch Revolt* (London, 1977) (multiple reprints)

——, *Philip II* (London, 1979)

——, *The Military Revolution: Military Innovation and the Rise of the West, 1500–1800* (Cambridge, 1988)

——, 'Was Parma Ready? The Army of Flanders and the Spanish Armada in 1588', in *Beleid en bestuur in de oude Nederlanden: Liber amicorum prof. dr. M. Baelde*, ed. Hugo Soly and René Vermeir (Ghent, 1993), pp. 279–97

——, *The Grand Strategy of Philip II* (New Haven, CT, 1998)

——, *The Army of Flanders and the Spanish Road 1567–1659*, 2nd edn (Cambridge, 2004)

——, *Imprudent King: A New Life of Philip II* (New Haven, CT, 2014)

Pettegree, Andrew, *Emden and the Dutch Revolt: Exile and the Development of Reformed Protestantism* (Oxford, 1992)

——, 'Religion and the Revolt', in *The Origins and Development of the Dutch Revolt*, ed. Graham Darby (London, 2001), pp. 67–83

——, 'France and the Netherlands: The Interlocking of Two Religious Cultures in Print During the Era of the Religious Wars', *Nederlands Archief voor Kerkgeschiedenis*, 84 (2004), pp. 319–37

Piceu, Tim, *Over vrybuters en quaetdoenders: Terreur op het Vlaamse platteland (eind 16de eeuw)* (Leuven, 2008)
Pi Corrales, Magdalena, *España y las potencias nordicas: 'La otra invencible' 1574* (Madrid, 1983)
Pietromarchi, Antonello, *Alessandro Farnese: L'eroe italiano delle Fiandre* (Rome, 1999)
Piot, Charles, ed., *Correspondance du cardinal de Granvelle, 1565–1583*, 12 vols (Brussels, 1877–96)
Pirenne, Henri, *Histoire de Belgique*, 7 vols (Brussels, 1922–32)
Pluijm, J. E. van der, *De vestingstad Grol: Geschiedenis van de vestingwerken van Groenlo* (Groenlo, 1999)
Po-Chia Hsia, R., and H.F.K. van Nierop, *Calvinism and Religious Toleration in the Dutch Golden Age* (Cambridge, 2002, repr. 2012)
Poelhekke, J. J., *De vrede van Munster* (The Hague, 1948)
——, *Frederik Hendrik: Een biografisch drieluik* (Zutphen, 1978)
——, 'De Infanta Isabel 1566–1633', in *Vrouwen in het landsbestuur: Van Adela van Hamaland tot en met Koningin Juliana: Vijftien biografische opstellen*, ed. C. A. Tamse (The Hague, 1982), pp. 97–111
Pollmann, Judith, *Religious Choice in the Dutch Republic: The Reformation of Arnoldus Buchelius (1565–1641)* (Manchester, 1999)
——, *Een andere weg naar God: De reformatie van Arnoldus Buchelius (1565–1641)* (Amsterdam, 2000)
——, 'Countering the Reformation in France and the Netherlands: Clerical Leadership and Catholic Violence, 1560–1585', *Past and Present: A Journal of Scientific History*, 190 (2006), pp. 83–120
——, '"Brabanters do Fairly Resemble Spaniards After All": Memory, Propaganda and Identity in the Twelve Years' Truce', in *Public Opinion and Changing Identities in the Early Modern Netherlands*, ed. Judith Pollmann and Andrew Spicer (Leiden and Boston, 2007), pp. 211–27
——, 'No Mans' Land: Reinventing Netherlandish Identities, 1585–1621', in *Networks, Regions and Nations: Shaping Identities in the Low Countries, 1300–1650*, ed. Robert Stein and Judith Pollmann (Leiden, 2009), pp. 241–62
——, *Catholic Identity and the Revolt of the Netherlands 1520–1635* (Oxford, 2011)
Postma, Folkert, *Viglius van Aytta als humanist en diplomaat 1507–1549* (Zutphen, 1983)
——, 'Nieuw licht op een oude zaak: De oprichting van de nieuwe bisdommen in 1559', *Tijdschrift voor Geschiedenis*, 103 (1990), pp. 10–27
——, *Viglius van Aytta: De jaren met Granvelle, 1549–1564* (Zutphen, 2000)
——, 'Van bescheiden humanist tot vechtjas: Viglius van Aytta en de crisis van 1566–1567', *Bijdragen en Mededelingen betreffende de Geschiedenis der Nederlanden*, 123 (2008), pp. 323–40
Prak, Maarten, *The Dutch Republic in the Seventeenth Century: The Golden Age* (Cambridge, 2005)
——, *Gouden Eeuw: Het raadsel van de Republiek* (Amsterdam, 2012)
Presser, J., et al., *De Tachtigjarige Oorlog* (Amsterdam, 1941) (multiple reprints)
Puype, J. P., and Marco van der Hoeven, eds, *Het arsenaal van de wereld: Nederlandse wapenhandel in de Gouden Eeuw* (Amsterdam, 1993)

Quatrefages, René, 'Alba Cunctator', in *Alba*, ed. Ebben et al., pp. 50–72
Quilliet, Bernard, *Guillaume le Taciturne* (Paris, 1994)
Rachfahl, Felix, 'Die Trennung der Niederlande vom deutschen Reiche', *Westdeutsche Zeitschrift für Geschichte und Kunst*, 19 (1900), pp. 79–119
——, *Wilhelm von Oranien und der niederländische Aufstand*, 3 vols (The Hague, 1906–24)
Raeymaekers, Dries, *One Foot in the Palace: The Habsburg Court of Brussels and the Politics of Access in the Reign of Albert and Isabella, 1598–1621* (Leuven, 2013)
Reformatorica: Teksten uit de geschiedenis van het Nederlandse protestantisme, ed. C. Augustijn et al. (Zoetermeer, 1996)
Riaño Lozano, Fernando, *Los medios navales de Alejandro Farnese (1587–1588)* (Madrid, 1999)
Rodríguez Pérez, Yolanda, *De Tachtigjarige Oorlog in Spaanse ogen: De Nederlanden in Spaanse historische en literaire teksten (circa 1548–1673)* (Nijmegen, 2003)
——, *The Dutch Revolt Through Spanish Eyes: Self and Other in Historical and Literary Texts of Golden Age Spain (c. 1548–1673)* (Oxford, 2008)
Rodríguez-Salgado, M. J., *The Changing Face of Empire: Charles V, Philip II and Habsburg Authority, 1551–1559* (Cambridge, 1988, repr. 2008)
——, and the staff of the National Maritime Museum, *Armada, 1588–1988: An International Exhibition to Commemorate the Spanish Armada* (London, 1988)
Roey, J. van, *De val van Antwerpen 17 augustus 1585 – voor en na* (Antwerp, 1985)
Roosbroeck, R. van (ed.), *De kroniek van Godevaert van Haecht over de troebelen van 1565 tot 1574 te Antwerpen en elders*, 2 vols (Antwerp, 1929)
——, *Willem de Zwijger: Graaf van Nassau, Prins van Oranje* (The Hague and Antwerp, 1974)
Rooze-Stouthamer, C., *Hervorming in Zeeland (ca. 1520–1572)* (Goes, 1996)
——, *De opmaat tot de Opstand: Zeeland en het centraal gezag (1566–1572)* (Hilversum, 2009)
Sandoval, Prudencio de, *Historia de la vida y hechos del emperador Carlos V*, 2 vols (Pamplona, 1618–19)
Scheerder, J., *De beeldenstorm* (Bussum, 1974)
——, *Het Wonderjaar te Ghent 1566–1567*, ed. Johan Decavele and Gustaaf Janssens (Ghent, 2016)
Schelven, A.A. van, *Willem van Oranje: Een boek ter gedachtenis van idealen en teleurstellingen*, 4th edn (Amsterdam, 1948)
Schepper, Hugo de, 'De mentale rekonversie van de Zuidnederlandse hoge adel na de Pacificatie van Gent', *Tijdschrift voor Geschiedenis*, 89 (1976), pp. 420–28
——, *'Belgium Nostrum' 1500–1650: Over integratie en desintegratie van het Nederland* (Antwerp, 1987)
——, *'Belgium dat is Nederlandt': Identiteiten en identiteitenbesef in de Lage Landen, 1200–1800: epiloog: Koninkrijk der Nederlanden, 1815–1830* (Breda, 2014)
Schiller, Friedrich, *Geschichte des Abfalls der vereinigten Niederlande von der Spanischen Regierung* (Leipzig, 1788), quoted from the edition in

Schillers Werke Nationalausgabe, vol. XVII, part 1 (Weimar, 1970), pp. 7–289

Scholten, Paul, 'Christelijke vrijheid en Nederlanderschap', in H. B. Wiardi Beckman, B. M. Telders and Paul Scholten, *Den Vaderlant ghetrouwe* (Haarlem, 1940), pp. 35–52

Sigmond, Peter, *Zeemacht in Holland en Zeeland in de zestiende eeuw* (Hilversum, 2013)

——, and Wouter Kloek, *Zeeslagen en zeehelden in de Gouden Eeuw* (Amsterdam, 2007)

Soen, Violet, *Geen pardon zonder Paus!: Studie over de complementariteit van het koninklijk en pauselijk generaal pardon (1570–1574) en over inquisiteur-generaal Michael Baius (1560–1576)* (Brussels, 2007)

——, *Vredehandel: Adellijke en Habsburgse verzoeningspogingen tijdens de Nederlandse Opstand (1564–1581)* (Amsterdam, 2012)

Spaans, Joke, *De levens der maechden: Het verhaal van een religieuze vrouwengemeenschap in de eerste helft van de zeventiende eeuw* (Hilversum, 2012)

Spijker, W. van 't, et al., *De Synode van Dordrecht in 1618 en 1619*, 2nd edn (Houten, 1994)

Steen, Charlie R., *A Chronicle of Conflict: Tournai, 1559–1567* (Utrecht, 1985)

——, *Margaret of Parma: A Life* (Leiden, 2013)

Steen, Jasper van der, *Memory Wars in the Low Countries, 1566–1700* (Leiden, 2014)

Stein, Robert, 'Seventeen: The Multiplicity of a Unity in the Low Countries', in *The Ideology of Burgundy: The Promotion of National Consciousness 1364–1565*, ed. D'Arcy Jonathan Dacre Boulton and Jan R. Veenstra (Leiden, 2006), pp. 223–85

——, *De hertog en zijn staten: De eenwording van de Bourgondische Nederlanden ca. 1380–ca. 1480* (Hilversum, 2014)

——, *Magnanimous Dukes and Rising States: The Unification of the Burgundian Netherlands, 1380–1480* (Oxford, 2017)

Stensland, Monica, *Habsburg Communication in the Dutch Revolt* (Amsterdam, 2012)

Stoppelenburg, Nettie, *De Oudewaterse moord* (Oudewater, 2005)

Storms, Martijn, 'Cartografie in camouflage: Sluis (1604) wordt Salvador de Bahía (1625)', *De Boekenwereld*, XXIX/5 (2013), pp. 24–7

Stradling, R. A., *Philip IV and the Government of Spain, 1621–1665* (Cambridge, 1988)

——, *The Armada of Flanders: Spanish Maritime Policy and European War, 1568–1668* (Cambridge, 1992)

Sutherland, N. M., 'William of Orange and the Revolt of the Netherlands: A Missing Dimension', *Archiv für Reformationsgeschichte*, 74 (1983), pp. 201–30; reprinted in Sutherland, *Princes, Politics and Religion, 1547–1589* (London, 1984), pp. 207–36

——, 'The Foreign Policy of Queen Elizabeth, the Sea Beggars and the Capture of Brill, 1572', in Sutherland, *Princes, Politics and Religion, 1547–1589* (London, 1984), pp. 183–206

Swart, Erik, *Krijgsvolk: Militaire professionalisering en het ontstaan van het Staatse leger, 1568–1590* (Amsterdam, 2006)

参考文献

——, 'The Field of Finance: War and Taxation in Holland, Flanders and Brabant, ca. 1572-85', *Sixteenth Century Journal*, 42 (2011), pp. 1051-71
Swart, K. W., 'The Black Legend During the Eighty Years' War', in *Britain and the Netherlands*, v, ed. J. S. Bromley and E. H. Kossmann (The Hague, 1975), pp. 36-57
——, *William of Orange and the Revolt of the Netherlands, 1572-84*, with introductory chapters by Alastair Duke and Jonathan I. Israel; ed. R. P. Fagel, M.E.H.N. Mout and H.F.K. van Nierop (Aldershot, 2003)
Tepe, Roy, *Oog in oog met de Martelaren van Gorcum. Catalogus bij de tentoonstelling in het Gorcums Museum – 2012* (Gorinchem, 2012)
Thijs, Alfons K. L., *Van Geuzenstad tot katholiek bolwerk: Maatschappelijke betekenis van de Kerk in contrareformatorisch Antwerpen* ([Turnhout], 1990)
Thøfner, Margit, *A Common Art: Urban Ceremonial in Antwerp and Brussels During and After the Dutch Revolt* (Zwolle, 2007)
Thomas, Werner, *La represión del protestantismo en España 1517-1648*, and *Los protestantes y la Inquisición en España en tiempos de Reforma y Contrarreforma*, 2 vols (Leuven, 2001)
——, *De val van het nieuwe Troje: Het beleg van Oostende, 1601-1604* (Leuven, 2001)
——, 'Alba and Religion', in *Alba*, ed. Ebben et al., pp. 116-35
——, and Luc Duerloo, *Albert & Isabella, 1598-1621: Essays* ([Turnhout], 1998)
Tienen 1635: Geschiedenis van een Brabantse stad in de zeventiende eeuw (Tienen, 1985)
Tracy, James B., *Holland under Habsburg Rule, 1506-1566: The Formation of a Body Politic* (Berkeley, CA, 1990)
——, *The Founding of the Dutch Republic: War, Finance, and Politics in Holland 1572-1588* (Oxford, 2008)
Trim, D.B.J., 'Sir Francis Vere (1560/1-1621), Army Officer and Diplomat', *Oxford Dictionary of National Biography*, online edition
Ubachs, P.J.H., 'De Nederlandse religievrede van 1578', *Nederlands Archief voor Kerkgeschiedenis*, 77 (1997), pp. 41-61
Úbeda de los Cobos, Andrés, *Paintings for the Planet King: Philip IV and the Buen Retiro Palace* (Madrid, 2005)
Uijterschout, I. L., *Beknopt overzicht van de belangrijkste gebeurtenissen uit de Nederlandsche krijgsgeschiedenis van 1568 tot heden* (Kampen, [1935])
Valerius, Adriaen, *Nederlandtsche Gedenck-clanck* (Haarlem, 1626)
Valvekens, Emiel, *De Zuid-Nederlandsche norbertijner abdijen en de Opstand tegen Spanje maart 1576-1585* (Antwerp, 1929)
Velius, Theodorus, *Kroniek van Hoorn*, 2 vols (Hoorn, 2007)
Verdugo, Francisco, *Voor God en mijn koning: Het verslag van kolonel Francisco Verdugo over zijn jaren als legerleider en gouverneur namens Filips II in Stad en Lande van Groningen, Drenthe, Friesland, Overijssel en Lingen (1581-1595)*, introduction, translation and explanatory notes by Jan van den Broek (Assen, 2009)
Verheyden, Alphonse, *Le Martyrologe protestant des Pays-Bas du Sud au XVIe siècle* (Brussels, 1960)
——, *Le Conseil des Troubles* (Flavion-Florennes, 1981)

Verhoef, C.E.H.J., *Nieuwpoort 1600: De bekendste slag uit de Tachtigjarige Oorlog* (Soesterberg, 2001)
Vermeir, René, *In staat van oorlog: Filips IV en de Zuidelijke Nederlanden, 1629–1648* (Maastricht, 2001)
Verschure, Han, *Overleven buiten de Hollandse tuin: Raamsdonk, Waspik, 's Gravenmoer, Capelle, Sprang en Besoijen tijdens de Tachtigjarige Oorlog* (n.p., 2004)
Versele, Julie, *Louis del Río (1537–1578): Reflets d'une période troublée* (Brussels, 2004)
Verwer, Willem Janszoon, *Memoriaelbouck: Dagboek van gebeurtenissen te Haarlem van 1572–1581* ed., J. J. Temminck (Haarlem, 1973)
Vetter, Klaus, *Wilhelm von Oranien. Eine Biographie* (Berlin, 1987)
Vis, Jurjen, 'Centrum van de Hollandse reformatie: Opkomst en vestiging van de "ware" religie', in *Geschiedenis van Alkmaar*, ed. Diederik Aten et al. (Zwolle, 2007), pp. 134–45
——, 'Tot meerdere eer en glorie van God. Kunst en muziek in en om de kerk', in *Geschiedenis van Alkmaar*, ed. Diederik Aten et al. (Zwolle, 2007), pp. 169–83
Vliet, A. P. van, *Vissers in oorlogstijd: De Zeeuwse zeevisserij in de jaren 1568–1648* (Middelburg, 2003)
Vondel, Joost van den, *Werken*, ed. J.F.M. Sterck et al., 10 vols (Amsterdam, 1927–37)
Vosters, S. A., *Het beleg en de overgave van Breda*, 3 vols (Breda, 1993)
——, *De Nederlanden in de Spaanse literatuur (van 1200 tot 1700)* (Breda, 2014)
Vrankrijker, A.C.J. de, *De historie van de vesting Naarden*, 3rd edn (Haarlem and Naarden, 1978)
Vrugt, Marijke van der, *De Criminele ordonnantieën van 1570: Enkele beschouwingen over de eerste strafrechtcodificatie in de Nederlanden* (Zutphen, 1978)
Wassink, Jos, and Wil Nouwen, *Boerenschansen: verscholen voor Staatsen en Spanjaarden* (Weert, 2008)
Weis, Monique, *Les Pays-Bas espagnols et les états du Saint Empire (1559–1579): Priorités et enjeux de la diplomatie en temps de troubles* (Brussels, 2003)
Wijsenbeek-Olthuis, Th.F., *Honger* (Leiden, 2006)
Williams, Patrick, *Philip II* (Basingstoke, 2001)
Winter, P. J. van, *Oorlogsduur in oorlogsnamen: Over het gebruik van getallen tot steun van historische voorstellingen* (Amsterdam and London, 1972)
Wittman, Tibor, *Les gueux dans les 'Bonnes villes' de Flandre (1577–1584)* (Budapest, 1969)
Woltjer, J. J., *Friesland in Hervormingstijd* (Leiden, 1962)
——, *Tussen vrijheidsstrijd en burgeroorlog* (Amsterdam, 1994)
——, 'De middengroepen in de Opstand', *Spiegel Historiael*, XXIX (1994), pp. 468–73
——, *Op weg naar tachtig jaar oorlog: Het verhaal van de eeuw waarin ons land ontstond: Over de voorgeschiedenis en de eerste fasen van de Nederlandse opstand* (Amsterdam, 2011)
Zijlstra, S., *Om de ware gemeente en de oude gronden: Geschiedenis van de dopersen in de Nederlanden 1531–1675* (Hilversum and Leeuwarden, 2000)

Zijp, R. P., ed., *Ketters en papen onder Filips II: Het godsdienstig leven in de tweede helft van de 16de eeuw* (Utrecht, 1986)
Zwitzer, H. L., *'De militie van den staat': Het leger van de Republiek der Verenigde Nederlanden* (Amsterdam, 1991)

致　谢

我们有幸能看到许多关于八十年战争的著作，这些优秀的作品通常是由专家团队撰写的，卷帙浩繁也无可厚非。但本书试图用人人都能接受的简明叙述来呈现尼德兰历史上一个非常复杂的时期。

如果没有一些人的支持，我绝不敢开始这项工作，他们在不同领域的专长对我而言十分宝贵。我衷心地感谢卡雷尔·博斯丹（Karel Bostoen[†]）、毛里茨·埃本（Maurits Ebben）、雷蒙德·法赫尔（Raymond Fagel）、古斯塔夫·汉森斯（Gustaaf Janssens）、埃里克·斯瓦特（Erik Swart）、阿诺德·菲瑟（Arnoud Visser）和布迪恩·德·弗里斯（Boudien de Vries），感谢他们阅读本书，并提出批判性的修订和补充建议。我还想感谢我莱顿大学图书馆特藏部的同事们，他们长期协助我查找珍稀的插图，并为我制作高清的电子副本。最后，我想感谢我们信息部的扬·朱克·特贾尔斯马（Jan Jouke Tjalsma），感谢他长期以来不懈地维护八十年战争主题的大学网站：http://dutchrevolt.leiden.edu。

专有名词对照表

Aalst	阿尔斯特
Aarschot	阿尔斯霍特
Abbey of Egmond	埃格蒙特修道院
Abbey of Hemiksem	海米克瑟姆修道院
Abraham de Bruyn	亚伯拉罕·德·布勒因
Achterhoek	阿赫特霍克
Achterraad	枢密院
Act of Abjuration	《誓绝法案》
Adolf of Nassau	拿骚的阿道夫
Adriaen Valerius, *Nederlandtsche Gedenck-clanck*	阿德里安·瓦勒留斯,《尼德兰纪念歌》
Adriaen van de Venne, *Fishing for Souls*	阿德里安·范·德·韦恩,《为灵魂捕鱼》
Affligem Abbey	阿夫利赫姆修道院
Aire	艾尔
Alastair Duke	阿拉斯泰尔·杜克
Albert of Austria	奥地利的阿尔贝特
Alexander Farnese, prince, later duke of Parma	亚历山大·法尔内塞,帕尔马王子,后来的帕尔马公爵
Alkmaar	阿尔克马尔
Alonso Pérez de Guzmán, duke of Medina-Sidonia	阿隆索·佩雷斯·德·古斯曼,梅迪纳-西多尼亚公爵
Amalia of Solms	索尔姆斯的阿马莉
Amboyna	安波那
Ambrogio Spinola	安布罗焦·斯皮诺拉
Amersfoort	阿默斯福特
Amsterdam	阿姆斯特丹
Anabaptists	再洗礼派
Andalusia	安达卢西亚
Anna of Egmont, countess of Buren	埃格蒙特的安娜,比伦伯爵夫人

Anna of Saxony, princess of Orange	萨克森的安娜，奥伦治王妃
Anneke van den Hove	安妮克·范·登·霍夫
Antoine Perrenot, cardinal Granvelle	安托万·佩勒诺，格兰维尔红衣主教
Antoni van Leest	安东尼·范·莱斯特
Antoon van Straelen	安东·范·斯特拉伦
Antwerp	安特卫普
Apology	《护教书》
Aragon	阿拉贡
Aranjuez	阿兰胡埃斯
Archangel (Arkhangelsk)	阿尔汉格尔斯克
Archivo General de Simancas	西班牙国家档案馆
Arminians	阿明尼乌派
Arras	阿拉斯
Artois	阿图瓦
Artus Gijsels	阿图斯·吉塞尔斯
Assendelft	阿森德尔夫特
Axel	阿克塞尔
Bahía	巴伊亚，参"Salvador de Bahía"
Balthasar Gérard	巴尔塔扎·热拉尔
Barnevelt	巴内费尔特，参"Jan van Oldenbarnevelt"
Battle of Cape St Vincent	圣维森特角战役
Battle of Gembloux	让布卢战役
Battle of Gracelines	格拉沃利讷战役
Battle of Heiligerlee	海利赫莱战役
Battle of Jemmingen/Jemgum	耶姆古姆战役
Battle of Kallo(1638)	卡洛战役
Battle of Lepanto	勒班陀战役
Battle of Mookerheyde	莫克战役
Battle of Mühlberg	米尔贝格战役
Battle of Nieuwpoort	尼乌波特战役
Battle of Nördlingen	讷德林根战役
Battle of Oosterweel	奥斯特维尔战役
Battle of Reimerswaal	莱默斯瓦尔战役
Battle of Rijmenam	里梅纳战役
Battle of Rocroi	罗克鲁瓦战役
Battle of Stadtlohn	施塔特洛恩战役
Battle of St-Quentin	圣康坦战役

Battle of the Downs	唐斯战役
Battle of the Slaak	斯拉克战役
Battle of the Zuiderzee	须得海战役
Battle of Turnhout	蒂伦豪特战役
Bay of Matanzas	马坦萨斯湾
Beeldenstorm	圣像破坏运动
Beemster	贝姆斯特
Benelux	比荷卢
Bergen (Hainaut)	贝亨（埃诺），参"Mons"
Bergen op Zoom	贝亨奥普佐姆
Bernardino de Mendoza	贝尔纳迪诺·德·门多萨
Besançon	贝桑松
Béthune	贝蒂讷
Beveren	贝弗伦
Beverwijk	贝弗韦克
Bijen-corf der H. Roomscher Kercke	《罗马教会的蜂房》
Binnenhof	国会议事堂
bishoprics	主教区
Black Legend	黑色传奇
Blijde Inkomst	《欢乐入境》
Blood Council	血腥委员会
Blood placards	《血腥法令》
bosgeuzen	森林乞丐
Bossu / Boussu	布叙
Boulogne	布洛涅
Bourtange	布尔坦格
Boussu Houses	布叙家族
Brabant	布拉班特
Brandenburg	勃兰登堡
Breda	布雷达
Bredevoort	布雷德福特
Brill	布里尔
Buen Retiro Palace	布恩·雷蒂罗宫
Burgundian Circle	勃艮第联合体
Cádiz	加的斯
Calais	加来
Cambrai	康布雷
Canary Islands	加那利群岛

Cartagena	卡塔赫纳
Castile	卡斯蒂利亚
Castricum	卡斯特里克姆
Catalonia	加泰罗尼亚
Catherine of Nassau	拿骚的卡特琳
Charles I, king of England	查理一世，英格兰国王
Charles V, emperor	查理五世，皇帝
Charles IX, king of France	查理九世，法兰西国王
Charles de Berlaymont, count	查尔斯·德·贝尔莱蒙，伯爵
Charles de Brimeu, count of Megen	查尔斯·德·布里默，梅亨伯爵
Charles de Chimay, duke of Aarschot	查尔斯·德·希迈，阿尔斯霍特公爵
Charles de Héraugières	夏尔·德·埃罗吉埃斯
Charles Howard	查尔斯·霍华德
Charles Philippe de Croÿ, marquis of Havré	查尔斯·菲利普·德·克罗伊，阿夫雷侯爵
Charles the Bold, duke of Burgundy	查理（大胆的），勃艮第公爵
Charlotte de Bourbon	夏洛特·德·波旁
Christian IV, king of Denmark	克里斯蒂安四世，丹麦国王
Christian of Brunswick	不伦瑞克的基督徒
Christopher Columbus	克里斯托弗·哥伦布
Cleves	克莱沃
Coevorden	库福尔登
Collateral Councils	附属委员会
Cologne	科隆
Committees of Eighteen Men	十八人委员会
composite monarchy	复合君主制
Compromise of Nobles	贵族协会
Confessio Belgica	比利时信条
conseillers de robe longue	长袍贵族
conversos	犹太人
convooien	护航费
Cornelis Bicker	科内利斯·比克尔
Cornelis Haga	科内利斯·哈加
Cornelis van Monnickendam	科内利斯·范·蒙尼肯达姆
Cornelius Musius	科内利斯·穆修斯
Cortes	议会
Council of Finance	财政委员会
Council of State (Brussels)	国务委员会（布鲁塞尔）

Council of State (Madrid)	国务委员会（马德里）
Council of State (The Hague)	国务委员会（海牙）
Council of Trent	特伦托会议
Council of Troubles	暴动事件委员会，即血腥委员会
Cristóbal de Mondragón	克里斯托巴尔·德·蒙德拉贡
cuius regio, eius religio	教随国定
Culemborg	屈伦博赫
Daniel van den Queecborn, *William of Orange*	丹尼尔·范·登·奎克伯恩，《奥伦治亲王威廉》
David, king of Israel	大卫，以色列王
Deinze	丹泽
Delfshaven	代尔夫沙文
Delft	代尔夫特
Delfzijl	代尔夫宰尔
Dendermonde	登德尔蒙德
Deventer	代芬特尔
Diederik Sonoy	迪德里克·索诺伊
Diego Velázquez	迭戈·委拉斯开兹
Diest	迪斯特
Dijon	第戎
Dillenburg	迪伦堡
Dirck Bronckhorst	迪尔克·布朗克霍斯特
Dirck Janszoon, farmer in Friesland	迪尔克·扬松，弗里斯兰农民
Dokkum	多克姆
Don Carlos of Austria	奥地利的唐·卡洛斯
Don Fadrique de Toledo, admiral	唐·法德里克·德·托莱多，上将
Don John of Austria	奥地利的唐·胡安
Dordrecht	多德雷赫特
Douai	杜埃
Drenthe	德伦特
Duchy Burgundy	勃艮第公国
Dunkirk	敦刻尔克
East Friesland	东弗里斯兰
Ebolists	埃沃利派
Eems river	埃姆斯河
Eighteen Men	十八人委员会，参"Committees of Eighteen Men"
El Escorial	埃尔埃斯科里亚尔

Elizabeth I, queen of England	伊丽莎白一世，英格兰女王
Emden	埃姆登
Emmanuel Philibert, duke of Savoy	伊曼纽尔·菲利贝尔，萨伏依公爵
Enkhuizen	恩克赫伊曾
Enno III, count of East Friesland	恩诺三世，东弗里斯兰伯爵
Enschede	恩斯赫德
Erasmus of Rotterdam	鹿特丹的伊拉斯谟
Ernest of Austria	奥地利的埃内斯特
Ernst Casimir of Nassau	拿骚的恩斯特·卡西米尔
Ernst H. Kossmann	恩斯特·H.科斯曼
Fadrique Álvarez de Toledo, son of Alba	法德里克·阿尔瓦雷斯·德·托莱多，阿尔瓦之子
Family Fugger	富格尔家族
Ferdinand I, emperor	斐迪南一世，皇帝
Ferdinand II, king of Aragon	斐迪南二世，阿拉贡国王
Ferdinand of Austria	奥地利的斐迪南
Fernand Braudel	费尔南·布罗代尔
Fernando Álvarez de Toledo, duke of Alba	费尔南多·阿尔瓦雷斯·德·托莱多，阿尔瓦公爵
Fidèles au roy, jusqu'à la besace	忠于国王，忠于乞丐的袋子
Fistula dulce canit, volucrem dum decipit auceps	口蜜腹剑，字面义：当捕鸟人想把鸟引诱到他的网中时，笛子的音符是甜美的
Flanders	佛兰德
Floris de Montmorency, marquis de Montigny	弗洛里斯·德·蒙特莫伦西，蒙蒂尼侯爵
Floris van Pallandt, count of Culemborg	弗洛里斯·范·帕兰特，屈伦博赫伯爵
Flushing	弗卢辛
fort Rammekens	拉梅肯斯堡
Franché-Comté	弗朗什-孔泰
Francis Drake	弗朗西斯·德雷克
Francis Vere, *The Commentaries*	弗朗西斯·维尔，《评注》
Francis Walsingham	弗朗西斯·沃尔辛厄姆
Francisco de Eraso	弗朗西斯科·德·埃拉索
Francisco de Melo	弗朗西斯科·德·梅洛
Francisco de Montada, marquis of Aytona	弗朗西斯科·德·蒙塔达，艾托纳侯爵
Francisco Gómez de Sandoval y Rojas, duke of Lerma	弗朗西斯科·戈麦斯·德·桑多瓦尔-罗哈斯，莱尔马公爵

专有名词对照表

Francisco Verdugo	弗朗西斯科·贝尔杜戈
Franciscus Gomarus	弗朗西斯库斯·戈马尔
Franciscus Sonnius	弗朗西斯库斯·桑尼乌斯
François, duke of Anjou	弗朗索瓦，安茹公爵
François de la Ketulle, lord of Rijhove	弗朗索瓦·德·拉·凯图里，里乔夫领主
François de la Noue	弗朗索瓦·德·拉·努
François van Boschuysen	弗朗索瓦·范·博舒伊森
François Vranck	弗朗索瓦·弗兰克
Frans Hogenberg, *Beeldenstorm*	弗兰斯·霍根贝格，《圣像破坏运动》
Frederick III, emperor	腓特烈三世，皇帝
Frederick Henry, prince of Orange, count of Nassau	弗雷德里克·亨利，奥伦治亲王，拿骚伯爵
French Fury	法兰西人的狂怒
Friesland	弗里斯兰
Gaasbeek	哈斯贝克
Gaspar de Bracamonte y Guzmán, count of Peñaranda	加斯帕尔·德·布拉卡蒙特·古斯曼，佩尼亚兰达伯爵
Gaspar de Guzmán, count-duke of Olivares	加斯帕尔·德·古斯曼，奥利瓦雷斯伯-公爵
Gaspar Schetz	加斯帕尔·舍茨
Gaspard de Coligny	加斯帕尔·德·科利尼
Geertruidenberg	海特勒伊登贝赫
Gelderland	海尔德兰
Geldern	盖尔登
Gelre	海尔德
Gemme van Burmania	格梅·范·布曼尼亚
General Pardon	大赦
Generality Lands	普有土地
Gennep	亨讷普
Genoa	热那亚
Geoffrey Parker	杰弗里·帕克
Georges de Lalaing, count of Rennenberg	乔治·德·拉兰，伦嫩贝格伯爵
Gerard Terborch	赫拉德·特博赫
Gerard van Loon, *Beschryving der Nederlandsche historipenningen*	赫拉尔德·范·隆，《尼德兰纪念勋章》
Gerrit van Santen	赫里特·范·桑滕
Ghent	根特

Godevaert van Haecht, *Chronicles*	戈德瓦特·范·海赫特,《编年史》
Godfried van Mierlo	霍德弗里德·范·米尔洛
Goes	胡斯
Gomarists	戈马尔派
Gonzalo de Bracamonte	贡萨洛·德·布拉卡蒙特
Gouda	豪达
Grave	赫拉弗
Gravelines	格拉沃利讷
Great Privileges / *Groot-Privileges*	《大特权》
Groenlo	赫龙洛
Grol	格罗,参"Groenlo"
Groningen	格罗宁根
Günther von Schwarzburg	金特·冯·施瓦茨布格
Guy de Brès	吉多·德·布利
H. A. Enno van Gelder	H. A. 恩诺·范·赫尔德
Haarlem	哈勒姆
Haarlemmermeer	哈勒默梅尔湖
Hainaut	埃诺
Hans Liefrinck, *Henry of Brederode*	汉斯·利弗林克,《布雷德罗德的亨利》
Hanseatic League	汉萨同盟
Harlingen	哈灵根
Heidelberg	海德堡
Hendrick de Clerck	亨德里克·德·克莱克
Hendrik van den Bergh, count	亨德里克·范·登·贝赫,伯爵
Hendrik Voes	亨德里克·沃斯
Henk van Nierop	亨克·范·尼洛普
Henri, duke of Guise	亨利,吉斯公爵
Henri I de Bourbon, prince of Condé	亨利一世·德·波旁,孔戴亲王
Henri II, king of France	亨利二世,法兰西国王
Henri III, king of France	亨利三世,法兰西国王
Henri IV, king of France	亨利四世,法兰西国王
Henri of Navarre	纳瓦拉的亨利,参"Henri IV"
Henri Pirenne	亨利·皮雷纳
Henry, count of Brederode	亨利,布雷德罗德伯爵
Henry VIII, king of England	亨利八世,英格兰国王
Henry of Nassau	拿骚的亨利
Heusden	赫斯登

Hoe en wanneer Holland tot een graafschap is afgezondert	荷兰何时以及如何被分割成一个伯国
Holland Mission	荷兰传道会
Hoorn	霍伦
House of Austria	奥地利家族，参"House of Habsburg"
House of Austruweel	奥斯特维尔家族，参"Battle of Oosterweel"
House of Bragança	布拉甘萨家族
House of Burgundy	勃艮第家族
House of Coligny	科利尼家族
House of Condé	孔戴家族
House of Guise	吉斯家族
House of Habsburg	哈布斯堡家族
House of Orange	奥伦治家族
House of Valois	瓦卢瓦家族
Hubert and Jan Van Eyck	许贝特·凡·爱克和扬·凡·爱克
Hugo Grotius	胡戈·格劳秀斯
Huguenots	胡格诺派
Hulst	许尔斯特
Huy	于伊
iconoclastic fury	圣像破坏运动
Ignatius of Loyola	依纳爵·罗耀拉
IJ river	伊吉河
IJssel	艾瑟尔
Isabella, queen of Castile	伊莎贝拉，卡斯蒂利亚女王
Isabella Clara Eugenia of Austria	奥地利的伊莎贝尔·克拉拉·欧亨尼娅
Isabella of Portugal	葡萄牙的伊莎贝拉
J. J. Woltjer	J.J.沃尔特耶
Jacob Boonen	雅各布·博南
Jacob van Heemskerck	雅各布·范·海姆斯凯克
Jacobus Arminius	阿明尼乌
Jan Baptist Houwaert, Declaratie van die triumphante incompst	扬·巴普蒂斯特·豪威尔特，《凯旋入境宣言》
Jan Cornelisz Vermeyen, Portrait of Philip II	扬·科内利斯·维米尔，《腓力二世肖像画》
Jan Haring	扬·哈林
Jan Neyen	扬·内扬
Jan van der Does, lord of Noordwijck	扬·范·德·杜斯，诺德韦克领主

Jan van der Noot, *Lofsang van Brabant*	扬·范·德·努特,《布拉班特的颂歌》
Jan van Essen	扬·范·埃森
Jan van Hembyze	扬·范·海姆比泽
Jan van Hout	扬·范·豪特
Jan van Oldenbarnevelt	扬·范·奥尔登巴内费尔特
Je maintiendrai	我会坚持
Jean II, king of France	约翰二世,法兰西国王
Jean de Glymes, marquis of Bergen [op Zoom]	让·德·格利姆,贝亨[奥普佐姆]侯爵
Jean de Ligne, count of Arenberg	让·德·利涅,阿伦贝格伯爵
Joachim Hopperus	约阿希姆·霍佩鲁斯
Joanna (the Mad), queen of Castile and Aragon	胡安娜(疯癫者),卡斯蒂利亚和阿拉贡女王
Johan Huizinga	约翰·赫伊津哈
Johan of Nassau-Siegen	拿骚-锡根的约翰
Johan Tserclaes, count of Tilly	约翰·采克拉斯,蒂伊伯爵
Johannes Florianus	约翰内斯·弗洛里亚努斯
Johannes Uyttenbogaert	约翰尼斯·厄伊滕博加尔特
Johannes Wierix	约翰尼斯·维里克斯
John Lothrop Motley	约翰·洛思罗普·莫特利
John Marnix, lord of Toulouse	约翰·马尼克斯,图卢兹领主
John Maurice of Nassau-Siegen	拿骚-锡根的约翰·莫里斯
John of Nassau	拿骚的约翰
Jonathan Israel	乔纳森·伊斯雷尔
Joost van den Vondel	约斯特·范·登·冯德尔
Joyous Entry	《欢乐入境》
Juan de Vargas	胡安·德·瓦尔加斯
Juan Jauregui	胡安·豪雷吉
Juana of Austria	奥地利的胡安娜
Julián Romero	朱利安·罗梅罗
Jülich	于利希
Jülich-Cleves crisis	于利希-克莱沃危机
Justification	《辩白书》
Justin of Nassau	拿骚的尤斯廷
Kampen	坎彭
Kenau Simonsdochter Hasselaer	基诺·西蒙多克·哈塞尔
Kingdom of the Netherlands	荷兰王国
Kortrijk	科特赖克

专有名词对照表

Kouwenstein dyke	库文斯坦大堤
la guerra de Flandes	佛兰德战争
La Rochelle	拉罗谢尔
Lambert Melisz.	兰贝特·梅利斯
Lambertus Hortensius	兰伯特斯·霍滕修斯
Lamoraal, count of Egmont	拉莫勒尔，埃格蒙特伯爵
Land of Cockayne	科凯恩之地
Land of Waas (Waasland)	瓦斯
Land's Advocate of Holland	荷兰土地代言官
Leeuwarden	吕伐登
Leiden	莱顿
Leo Belgicus	比利时雄狮，以狮子的形式描绘的尼德兰地图
les pays de par deça	近处之地
Les Quinze [Arras]	十五人委员会[阿拉斯]
Leuven	鲁汶
leyenda negra	黑色传奇，参 "Black Legend"
licenten	许可费
Liège	列日
Lier	利尔
Lille	里尔
Limburg-Overmaas	林堡-奥弗马斯
Lingen	林根
Linköping	林雪平
Lochem	洛赫姆
Lorenzo de Villavicencio	洛伦佐·德·比亚维森西奥
Lorraine	洛林
Louis XI, king of France	路易十一，法兰西国王
Louis XIII, king of France	路易十三，法兰西国王
Louis XIV, king of France	路易十四，法兰西国王
Louis de Guise, cardinal of Lorraine	路易·德·吉斯，洛兰红衣主教
Louis of Nassau	拿骚的路易
Louise de Coligny	路易丝·德·科利尼
Louis-Prosper Gachard	路易-普罗斯珀·加查德
Lucas van Leyden	路加斯·范·莱登
Luis de Requesens	路易斯·德·雷克森斯
Luis del Río	路易斯·德尔·里奥
Maarten Harpertszoon Tromp	马尔滕·哈珀特松·特龙普

Maas river	马斯河（默兹河）
Maerten van Heemskerck	梅尔滕·范·海姆斯凯克
Malcontents	不满者
Mantua	曼托瓦
Manuel de Moura Corte-Real, marquis of Castelo Rodrigo	曼努埃尔·德·莫拉·科特-雷亚尔，卡斯特卢罗德里古侯爵
Marcus van Vaernewijck	马库斯·范·瓦恩韦奇克
Margaret of Austria, governor-general of the Netherlands	奥地利的玛格丽特，尼德兰总督
Margaret of Valois	瓦卢瓦的玛格丽特
Maria of Austria	奥地利的玛丽亚
Marinus Hollaer	马里努斯·霍拉尔
Markiezenhof	马基耶岑霍夫
martyrs of Gorinchem	霍林赫姆的殉道者
Mary, duchess of Burgundy	玛丽，勃艮第女公爵
Mary, princess of Orange, countess of Nassau	玛丽，奥伦治公主，拿骚伯爵夫人
Mary, queen of Hungary, governor-general of the Netherlands	玛丽，匈牙利女王，尼德兰总督
Mary, queen of Scots	玛丽，苏格兰女王
Mary I, queen of England	玛丽一世，英格兰女王
Mary Henrietta Stuart, princess of Orange	玛丽·亨丽埃塔·斯图亚特，奥伦治亲王威廉二世的王妃
Mary of Portugal, wife of Philip II	葡萄牙的玛丽，腓力二世的妻子
Matthias, archduke of Austria, later emperor Matthias II	马蒂亚斯，奥地利大公，后来的皇帝马蒂亚斯二世
Matthias Hovius	马蒂亚斯·霍维乌斯
Maurice, prince of Orange, count of Nassau	莫里斯，奥伦治亲王，拿骚伯爵
Maximiliaan of Egmont, count of Buren	埃格蒙特的马克西米利安，比伦伯爵
Maximilian I, emperor	马克西米利安一世，皇帝
Maximilian II, emperor	马克西米利安二世，皇帝
Maximilien de Hénin-Liétard, count of Boussu	马克西米利安·德·埃宁-利塔德，布叙伯爵
Mechelen	梅赫伦
Melsele	梅尔塞勒
Menno Simons	门诺·西门
Mennonites	门诺派
Meurs	默尔索

Michel de Montaigne	米克尔·德·蒙田
Michiel Janszoon van Mierevelt	米希尔·扬松·范·米勒费尔特
Middelburg	米德尔堡
Moluccas	摩鹿加群岛
Monnickendam	蒙尼肯丹
Mons (Hainaut)	蒙斯（埃诺）
Montferrat	蒙费拉
Mook	莫克
moriscos	摩里斯科人
Muiden	默伊登
Münster	明斯特
Naarden	纳尔登
Namur	那慕尔
Naples	那不勒斯
National Synod	全国会议
Nieuwpoort	尼乌波特
Nijmegen	奈梅亨
Norwich	诺里奇
Oldenzaal	奥尔登扎尔
Oostzaan	奥斯特赞
Ootmarsum	奥特马瑟姆
Oran	奥兰
Order of the Golden Fleece	金羊毛骑士团
Øresund	厄勒海峡
Osnabrück	奥斯纳布吕克
Ostend	奥斯坦德
Otto van Veen	奥托·范·费恩
Oudenaarde	奥德纳尔德
Oudewater	奥德瓦特
Overijssel	上艾瑟尔
Overveen	奥弗芬
Pacification of Ghent	《根特协定》
Palace of Coudenberg hill	库登贝格宫
Palatinate	普法尔茨
pater patriae	国父
Paul IV, pope	保罗四世，教皇
Pax Hispanica	西班牙治下的和平
Peace of Arras	《阿拉斯条约》

Peace of Augsburg	《奥格斯堡和约》
Peace of Cateau-Cambrésis	《卡托-康布雷齐和约》
Peace of Münster	《明斯特和约》
Pedro Enríquez de Toledo, count of Fuentes	佩德罗·恩里克斯·德·托莱多，丰特斯伯爵
Peregrine Berty de Eresby, lord Willoughby	佩里格林·贝尔蒂·德·厄斯比，威洛比勋爵
Perpetual Edict	《永久敕令》
Peter Ernst, count of Mansfeld	彼得·恩斯特，曼斯费尔德伯爵
Peter Paul Rubens	彼得·保罗·鲁本斯
Philip II, king of Spain	腓力二世，西班牙国王
Philip III, king of Spain	腓力三世，西班牙国王
Philip IV, king of Spain	腓力四世，西班牙国王
Philip de Croÿ, duke of Aarschot	菲利普·德·克罗伊，阿尔斯霍特公爵
Philip de Montmorency, count of Horn	菲利普·德·蒙特莫伦西，霍恩伯爵
Philip Marnix, lord of Saint-Aldegonde	菲利普·马尼克斯，圣阿尔德贡德领主
Philip the Bold, duke of Burgundy	腓力（大胆者），勃艮第公爵
Philip the Fair, lord of the Netherlands	腓力（美男子），尼德兰勋爵
Philip the Good, duke of Burgundy	腓力（善良的），勃艮第公爵
Philip William of Orange, count of Nassau	奥伦治的腓力·威廉，拿骚伯爵
Philippe de Noircarmes	菲利浦·德·诺伊卡尔姆斯
Philippine	菲利波讷
Piacenza	皮亚琴察
Pierre Jeannin	皮埃尔·让南
Piet Hein	皮特·海因
Pieter Roose	彼得·罗斯
Pieter Titelmans	彼得·蒂特尔曼斯
Pieter van der Does	彼得·范·德·杜斯
Pieter van der Werff	彼得·范·德·韦夫
Plantin-Moretus Museum	普兰廷莫雷图斯博物馆
Pompeo Giustiniano, *Delle guerre di Fiandra*	蓬佩奥·朱斯蒂尼亚诺，《佛兰德战争》
Poperinge	波珀灵厄
Pragmatic Sanction	《国事诏书》
principality Orange	奥伦治公国
Privy Council	枢密院
Raimondo Montecuccoli	雷蒙多·蒙泰库科利
Reinier C. Bakhuizen van den Brink	赖尼尔·C.巴克豪森·范登布林克

René Vermeir	勒内·韦梅尔
Rheims	兰斯
Rheinberg	莱茵贝格
Rijnberk	莱茵贝格，同"Rheinberg"
Robert Dudley, earl of Leicester	罗伯特·达德利，莱斯特伯爵
Robert Fruin	罗伯特·弗勒因
Roermond	鲁尔蒙德
Ronse	龙瑟
Rotterdam	鹿特丹
Rudolf II, emperor	鲁道夫二世，皇帝
Ruy Gómez da Silva, prince of Eboli	鲁伊·戈麦斯·达·席尔瓦，埃沃利亲王
Saint Augustine	圣奥古斯丁
Saint Carolus Borromeus	圣卡洛·博罗梅奥
Saint Franciscus Xaverius	圣方济各·沙勿略
Saint Isidore	圣伊西多尔
Saint Lawrence	圣劳伦斯
Saint Teresa of Ávila	阿维拉的圣特雷莎
Salvador de Bahía	巴伊亚的萨尔瓦多
Sancho Dávila	桑乔·达维拉
Santander	桑坦德
São Tomé	圣多美
Sas van Gent	萨斯范亨特
Savoy	萨伏依
Scheldt river	斯海尔德河
Schenkenschans	申肯尚斯
Scherpenheuvel	斯海彭赫弗尔
Schoonhoven	斯洪霍芬
Schouwen-Duiveland	斯豪文-德伊弗兰
Sebastiaan Matte	塞巴斯蒂安·马特
Seventeen Netherlands	十七省尼德兰
Sevilla	塞维利亚
's-Hertogenbosch	斯海尔托亨博斯
siege of Metz	梅斯之围
silver fleet	白银舰队
Simancas	锡曼卡斯
Sint Philipsland (island)	圣菲利普斯兰（岛）
Sint-Niklaas	圣尼克拉斯
Sint-Truiden	圣特赖登

Sint-Winoksbergen	圣温诺克斯贝根
Slochteren	斯洛赫特伦
Sluis	斯勒伊斯
Spanish Armada	西班牙无敌舰队
Spanish Fury	西班牙人的狂怒
Spanish Inquisition	西班牙宗教裁判所
St. Bartholomew's Day Massacre	圣巴托罗缪惨案
Stadtholder	执政
States General (Brussels)	三级会议（布鲁塞尔）
States General (The Hague)	三级会议（海牙）
States of Artois	阿图瓦议会
States of Brabant	布拉班特议会
States of Flanders	佛兰德议会
States of Friesland	弗里斯兰议会
States of Hainaut	埃诺议会
States of Holland	荷兰议会
States of Zeeland	泽兰议会
Steenvoorde	斯滕福德
Steenwijk	斯滕韦克
Stokkum	斯托库姆
St-Omer	圣奥梅尔
Terschelling	泰尔斯海灵岛
Texel	泰瑟尔岛
The Mast of the Inquisition	《宗教裁判所的桅杆》
the States	议会
Tholen	托伦
Thomas de Armenteros	托马斯·德·阿门特罗斯
Tiel	蒂尔
Tienen	蒂嫩
Toledo	托莱多
Tournai	图尔奈
transubstantiation	变体论
Twelve Years Truce	《十二年停战协定》
une foi, une loi, un roi	一个信仰、一个法律、一个国王
Union of Arras	阿拉斯同盟
Union of Utrecht	乌得勒支同盟
University of Alcalá	阿尔卡拉大学
Utrecht	乌得勒支

Valencia	巴伦西亚
Valenciennes	瓦朗谢讷
Valladolid	瓦尔拉多利德
Veere	费勒
Veluwe	费吕沃
Venlo	芬洛
Veurne	费尔讷
Vianen	菲亚嫩
Viglius van Aytta	维格留斯·范·阿伊塔
Vilvoorde	维尔福德
Vlissingen	弗利辛恩，参"Flushing"。
Voorne	沃恩
Vredenburg	弗里登堡
Waal river	瓦尔河
Waardgelders	雇佣军
Walcheren	瓦尔赫伦
Watergeuzen (sea beggars)	海上乞丐
Wesel	韦瑟尔
Westzaan	韦斯特赞
Wijk aan Zee	滨海卡特韦克
Wilhelmus	《威廉颂》
Willebroek canal	维勒布鲁克运河
Willem Blois van Treslong	威廉·布洛伊斯·范·特雷斯隆
Willem de Gortter	威廉·德·戈特
Willem van Bergen	威廉·范·贝尔亨
Willem van der Marck, lord of Lumey	威廉·范·德·马克，卢梅领主
William I, prince of Orange	威廉一世，奥伦治亲王
William II, prince of Orange	威廉二世，奥伦治亲王
William IV van den Bergh, count	威廉·范·登·贝赫，伯爵
William Louis of Nassau	拿骚的威廉·路易
William of Nassau-Siegen	拿骚-锡根的威廉
Wittenberg	维滕贝格
Woerden	武尔登
Ypres	伊普尔
Zaandam	赞丹
Zeeland	泽兰
Zeelandic Flanders	泽兰-佛兰德
Zeeuws-Vlaanderen	见"Zeelandic Flanders"

Zichem	齐克姆
Zierikzee	济里克泽
Zijpe	齐耶普
Zoutleeuw	佐特莱乌
Zuiderzee	须得海
Zutphen	聚特芬

天壹文化